Pruebas de práctica adicionales

Proporcionamos tres pruebas de práctica adicionales para que las realices en línea, tanto en inglés como en español. Por favor, visita el enlace a continuación o escanea el código QR.

Las instrucciones para acceder a ellos se encuentran en la última página de este libro.

Guía de Estudio para CNA
Edición Bilingüe (Inglés y Español)

CNA Study Guide 2025–2026
2 Full-Length Practice Tests
[Bilingual Edition]

J. M. Lefort

Copyright © 2025 by APEX Publishing

All rights reserved. This book or any portion thereof may not be reproduced or used in any manner whatsoever without the express written permission of the publisher except for the use of brief quotations in a book review.

Written and edited by APEX Publishing.

ISBN 13: 9781637754580

APEX Publishing is not connected with or endorsed by any official testing organization. APEX Publishing creates and publishes unofficial educational products. All test and organization names are trademarks of their respective owners.

The material in this publication is included for utilitarian purposes only and does not constitute an endorsement by APEX Publishing of any particular point of view.

For additional information or for bulk orders, contact info@apexprep.com.

Table of Contents

Pruebas de práctica adicionales 1

Introducción 1

Habilidades de cuidado físico 2

    Higiene   2

    Vestirse y aseo personal   6

    Nutrición e hidratación   7

    Eliminación   11

    Descanso, sueño y comodidad   17

    Habilidades básicas de enfermería   31

    Control de infecciones   33

    Seguridad del paciente   38

    Emergencias   42

    Situaciones de emergencia aguda   44

    Cuidado del paciente en su final de vida   49

    Procedimientos terapéuticos y técnicos   52

    Recolección de datos e informes   60

    Autocuidado/Independencia   63

Habilidades de cuidado psicosocial 65

    Necesidades emocionales y de salud mental   65

    Necesidades espirituales y culturales   72

Rol del auxiliar de enfermería 75

    Comunicación   75

    Derechos del paciente   79

    Comportamiento legal   85

    Comportamiento ético   93

Miembro del equipo de atención médica — 96

Prueba de práctica #1 .... **102**

Respuestas y explicaciones #1 .... **114**

Prueba de práctica #2 .... **124**

Respuestas y explicaciones #2 .... **135**

Prueba de práctica #1 (inglés) **145**

Respuestas y explicaciones #1 (inglés) **156**

Prueba de práctica #2 (inglés) **165**

Respuestas y explicaciones #2 (inglés) **176**

Pruebas de práctica adicionales **185**

   Español — 185

   Ingles — 185

Bienvenido

Estimado cliente:

A medida que mejoramos continuamente nuestros productos, agradecemos cualquier comentario. Puede enviarnos un correo electrónico a **info@apexprep.com**.

Atentamente,
APEX Test Prep

Pruebas de práctica adicionales

Contenido

Introducción 1

Habilidades de cuidado físico 2

   Higiene   2

   Vestirse y aseo personal   6

   Nutrición e hidratación   7

   Eliminación   11

   Descanso, sueño y comodidad   17

   Habilidades básicas de enfermería   31

   Control de infecciones   33

   Seguridad del paciente   38

   Emergencias   42

   Situaciones de emergencia aguda   44

   Cuidado del paciente en su final de vida   49

   Procedimientos terapéuticos y técnicos   52

   Recolección de datos e informes   60

   Autocuidado/Independencia   63

Habilidades de cuidado psicosocial 65

   Necesidades emocionales y de salud mental   65

   Necesidades espirituales y culturales   72

Rol del auxiliar de enfermería 75

   Comunicación   75

   Derechos del paciente   79

   Comportamiento legal   85

   Comportamiento ético   93

   Miembro del equipo de atención médica   96

Prueba de práctica #1 .... **102**

Respuestas y explicaciones #1 .... **114**

Prueba de práctica #2 .... **124**

Respuestas y explicaciones #2 .... **135**

Prueba de práctica #1 (inglés) **145**

Respuestas y explicaciones #1 (inglés) **156**

Prueba de práctica #2 (inglés) **165**

Respuestas y explicaciones #2 (inglés) **176**

Pruebas de práctica adicionales **185**

    Español   185

    Ingles   185

Introducción

Algunos estados como Florida y Massachusetts permiten a los candidatos a CNA realizar su examen de certificación parcial o completamente en español. Recomendamos que verifique con la junta de enfermería de su estado qué opciones están disponibles para usted. Aunque el contenido instructivo en esta guía se presenta en español, hemos incluido las pruebas de práctica tanto en español como en inglés para que pueda prepararse para realizar el examen en cualquiera de los dos idiomas.

Habilidades de cuidado físico

Higiene

Cuidado a.m. y cuidado h.s.

El cuidado A.M. (mañana) se realiza típicamente en la mañana, antes de cualquier procedimiento médico programado. Este cuidado incluye un baño completo, afeitado, vestirse, cuidado del cabello, cuidado bucal y de las uñas, y puede requerir cambiar la ropa de cama.

El cuidado H.S. (hora de sueño) se efectúa al momento de acostarse. Este cuidado comprende una forma abreviada de cuidado de la piel, que incluye lavar la cara y las manos del paciente. También se debe realizar el cuidado bucal. Se puede administrar un masaje en la espalda durante 5 a 10 minutos para asegurar que el paciente esté relajado y listo para dormir. Tareas adicionales pueden llevarse a cabo, dependiendo del nivel de salud y actividad del paciente.

Cuidado del cabello

El cuidado del cabello es un procedimiento que ayuda a mejorar la comodidad y el ánimo del paciente. Estimula la circulación sanguínea en el cuero cabelludo. El lavado del cabello también elimina los aceites y las bacterias en exceso. La frecuencia del cuidado del cabello depende de la cantidad de aceite que se haya acumulado en el cabello del paciente, así como del nivel de sequedad del cuero cabelludo.

El auxiliar de enfermería debe ser vigilante al realizar el cuidado del cabello. La presencia de piojos, una cantidad excesiva de caspa o llagas en el cuero cabelludo debe ser reportada de inmediato a la enfermera si son detectados. Dichos hallazgos pueden requerir que se adopten precauciones especiales al realizar el cuidado del cabello en el futuro.

Procedimiento para realizar el cuidado del cabello

1. Eleve la cabecera de la cama a un nivel confortable y coloque una toalla debajo de la cabeza del paciente.
2. Separe el cabello del paciente en secciones manejables y pase lentamente el peine o cepillo a través de él. Si el cabello está enredado, sostenga el mechón por encima del nudo mientras lo peina para evitar tirar del cabello del paciente.
3. Mientras peina, inspeccione cuidadosamente el cuero cabelludo en busca de cualquier lesión, piojos o signos de sequedad.
4. Trate de dar forma al cabello según el estilo preferido del paciente; incluso separar el cabello en el lado correcto puede proporcionar un mayor nivel de comodidad.
5. Una vez finalizado el cuidado del cabello, retire la toalla y reposicione al paciente para su comodidad.

Cuidado de las uñas

El cuidado de las uñas es importante por varias razones. El objetivo principal del cuidado de las uñas es eliminar bacterias y suciedad de los lechos ungueales del paciente, previniendo la propagación de microorganismos. Un adecuado cuidado de las uñas también asegura que las uñas del paciente no estén afiladas o desiguales, lo que incrementa el riesgo de infección por ruptura de la piel. Mientras se realiza el cuidado de las uñas, el auxiliar de enfermería tiene la oportunidad de inspeccionar los lechos ungueales

en busca de signos de inflamación o crecimiento de hongos. Cualquier signo de infección o decoloración debe reportarse de inmediato a la enfermera.

Ejercer precaución durante el cuidado de las uñas

Antes de realizar el cuidado de las uñas, el auxiliar de enfermería debe revisar las políticas de la institución para asegurarse de que el corte de uñas esté dentro de su ámbito de práctica. El auxiliar de enfermería debe tener precaución al brindar cuidado de las uñas a pacientes específicos:

- Pacientes que reciben terapia anticoagulante: Este tipo de medicación incrementa el riesgo de sangrado del paciente.
- Pacientes con diabetes o enfermedad vascular periférica que disminuye la circulación en los pies: El cuidado de las uñas no debe ser realizado en estos pacientes por el auxiliar de enfermería, ya que requieren que el cuidado de los pies sea efectuado por un profesional. La diabetes y la baja circulación afectan la capacidad del tejido para repararse. Como resultado, incluso el corte más pequeño en la piel pone al paciente en riesgo de desarrollar úlceras graves en los pies.

Procedimiento para un cuidado adecuado de las uñas

1. Sumerja las manos y los pies del paciente en agua tibia para suavizarlos y evitar que las uñas se agrieten.
2. Retire cuidadosamente cualquier suciedad de debajo de las uñas del paciente.
3. Recorte cada uña cortando de forma recta con un cortaúñas, y luego redondee los bordes utilizando una lima para uñas. Tenga cuidado de no cortar demasiado las uñas, ya que esto puede causar irritación en el lecho ungueal.
4. Si lo desea, aplique loción en las uñas del paciente.
5. Una vez finalizado el cuidado de las uñas, reposicione al paciente para su comodidad y lávese las manos.

Cuidado oral

Hallazgos anormales

Realizar el cuidado oral brinda una oportunidad ideal para examinar la mucosa bucal del paciente en busca de anomalías. El auxiliar de enfermería debe observar cuidadosamente la boca del paciente en busca de cualquier llaga, enrojecimiento o sangrado en los labios o encías. Pueden aparecer grietas en los labios del paciente como consecuencia de la sequedad. Asimismo, el auxiliar debe estar atento a cualquier olor que pueda presentarse como resultado de una infección. La candidiasis oral es una infección fúngica que puede desarrollarse como consecuencia de un cuidado oral inadecuado o tras la administración de ciertos medicamentos. Si se detecta candidiasis, el paciente puede presentar manchas blancas que cubren la lengua o las encías, y también puede quejarse de una sensación espesa y vellosa en la boca.

Pacientes inconscientes

Al realizar el cuidado oral en un paciente inconsciente, primero coloque una toalla sobre el pecho del paciente. Ajuste la altura de la cama a un nivel cómodo y eleve la cabecera a más de 30 grados. Gire la cabeza del paciente hacia usted y mantenga la boca abierta utilizando un depresor de lengua con una mano. Limpie los dientes, encías y la lengua del paciente. Una vez finalizada la limpieza, utilice la succión para retirar las secreciones de la boca del paciente. Reposicione al paciente para su comodidad, retire los guantes y lávese las manos.

Habilidades de cuidado físico

Pacientes conscientes

Algunos pacientes conscientes pueden no ser capaces de realizar el cuidado oral por sí mismos debido a parálisis o debilidad en las extremidades superiores; por lo tanto, es responsabilidad del auxiliar de enfermería asistirlos en este proceso. Se debe seguir el procedimiento siguiente:

1. Después de ponerse los guantes, coloque una toalla sobre el paciente.
2. Ajuste la altura de la cama a un nivel cómodo y eleve la cabecera a más de 30 grados.
3. Utilizando un cepillo de dientes, limpie a fondo los dientes, encías y la lengua del paciente.
4. Mientras realiza el cuidado oral, inspeccione cuidadosamente la boca del paciente en busca de cualquier lesión o signo de infección.
5. Si el paciente es capaz de tomar pequeñas cantidades de agua sin riesgo de aspiración, permita que se enjuague la boca y escupa el agua en una palangana para vómito.
6. Reposicione al paciente para su comodidad y lávese las manos.

Cuidado de las dentaduras

El cuidado de las dentaduras es una necesidad común en pacientes de edad avanzada. El procedimiento es el siguiente:

1. Recupere las dentaduras del paciente, que a menudo se guardan en un vaso específico si no se encuentran ya en la boca.
2. Coloque una toalla o un paño en el lavabo para prevenir roturas en caso de que las dentaduras se caigan accidentalmente.
3. Usando un cepillo de dientes, limpie la superficie de las dentaduras del paciente.
4. Coloque las dentaduras en un vaso para dentaduras lleno de agua fría.
5. Proporcione cuidado oral al paciente utilizando hisopos de esponja y enjuague bucal; observe cuidadosamente cualquier lesión o signo de infección.
6. Una vez finalizado el procedimiento, pregunte al paciente si desea volver a ponerse las dentaduras. De lo contrario, coloque las dentaduras en el vaso para dentaduras y póngalo sobre la mesita de noche del paciente.
7. Reposicione al paciente para su comodidad y lávese las manos.

Baño

Propósito

Con el tiempo, los irritantes pueden acumularse en la piel del paciente, lo que puede causar erupciones cutáneas o deterioro de la piel. Además, estos irritantes pueden provocar picazón, lo que puede incitar al paciente a rascarse, creando una fuente de infección. El baño limpia la piel del paciente de estos irritantes. Asimismo, el baño puede promover la relajación del paciente y aumentar la circulación. También brinda la oportunidad de realizar una evaluación minuciosa de la piel; cualquier signo de deterioro o lesiones debe ser reportado de inmediato. Además, se debe vigilar de cerca la piel del paciente en busca de sequedad, ya que esto puede provocar grietas y constituir una vía adicional de entrada para la infección.

Baño en cama, baño en tina y baño parcial

Se prefiere un baño en tina cuando el paciente tiene la fuerza suficiente para entrar y salir de la bañera. Este método implica lavar completamente al paciente, incluida la atención perineal, y puede realizarse a diario. Sin embargo, si la piel del paciente muestra signos de sequedad, la frecuencia puede reducirse a dos o tres veces por semana.

Habilidades de cuidado físico

Un baño en cama se administra a un paciente que no puede movilizarse. Un baño en cama completo implica limpiar la piel del paciente y cambiar la ropa de cama.

Si el paciente es incontinente de orina o heces, se puede realizar un baño parcial. Este método consiste en limpiar únicamente aquellas partes del cuerpo que han sido ensuciadas y cambiar únicamente la ropa de cama que esté sucia.

Suministros necesarios para un baño en cama

El baño en cama puede ser un procedimiento que consume tiempo, dependiendo del nivel de actividad del paciente. Una forma de facilitarlo es asegurarse de que todos los suministros necesarios estén disponibles antes de comenzar. El auxiliar de enfermería necesitará un recipiente con agua, jabón y loción. El agua debe estar tibia, a una temperatura de 105-115 °F. También se requieren varias toallitas y al menos dos toallas. Además, el auxiliar debe contar con un par de guantes para usar durante el baño. La ropa de cama debe cambiarse mientras se realiza el baño. Para cambiar la cama, el auxiliar necesitará una sábana ajustable, un protector de cama, una sábana plana, una manta y fundas de almohada.

Procedimiento para realizar un baño en cama

El procedimiento para realizar un baño en cama es el siguiente:

1. Llene un recipiente con agua a una temperatura de 105-115 °F.
2. Retire la mayor cantidad posible de equipos médicos del paciente.
3. Mantenga al paciente cubierto para preservar su dignidad.
4. Permita que el paciente se bañe en la medida de lo posible por sí mismo.
5. Comience lavando la cara del paciente y continúe descendiendo: brazos, pecho, abdomen, piernas, espalda y área perineal.
6. Utilice una toallita separada para cada área del cuerpo.
7. Si es necesario, cambie la ropa de cama del paciente mientras lava la espalda.
8. Aplique loción si se desea.
9. Una vez completado el baño, reposicione al paciente para su comodidad y lávese las manos.

Procedimiento para realizar un baño en tina

El procedimiento para realizar un baño en tina es el siguiente:

1. Antes de realizar el baño en tina, el auxiliar de enfermería debe asegurarse de que la bañera esté limpia.
2. Coloque toallas dentro de la bañera y en el suelo a su alrededor para prevenir resbalones.
3. Traslade al paciente a la bañera, observando todas las precauciones.
4. Una vez que el paciente esté en la bañera, llénela hasta el nivel deseado, asegurándose de que la temperatura del agua no supere los 115 °F.
5. Proporcione privacidad mientras el paciente se baña, pero mantenga una supervisión cercana para asegurarse de que no se resbale.
6. Lave la espalda del paciente y cualquier área a la que este no pueda llegar por sí mismo.
7. Drene el agua y seque al paciente.
8. Ayude al paciente a ponerse en posición de pie y, con cuidado, ayúdele a salir de la bañera.
9. Asista al paciente para que se vista.
10. Reposicione al paciente para su comodidad, limpie la bañera y lávese las manos.

Habilidades de cuidado físico

Procedimiento para proporcionar cuidado perineal durante el baño

El cuidado perineal es una parte importante del baño, ya que permite al auxiliar de enfermería inspeccionar la piel del área perineal. Si se realiza correctamente, también disminuye el riesgo de infecciones del tracto urinario. El cuidado perineal debe efectuarse durante un baño completo y también después de que el paciente sea incontinente.

1. El auxiliar de enfermería debe lavarse las manos y ponerse un par de guantes.
2. Indique al paciente que separe las piernas.
3. Limpie la piel del área perineal, realizando movimientos de adelante hacia atrás. Nunca lave de atrás hacia adelante, ya que esto puede transferir gérmenes del ano a la uretra.
4. Una vez que la piel esté limpia, seque completamente la zona.
5. No reutilice la ropa de cama que se utilizó para lavar el área perineal.
6. Use una toalla y una toallita limpias para finalizar el baño.

Procedimientos para prevenir la irritación de la piel

La irritación de la piel puede provocar llagas e infecciones. Existen varias medidas que un auxiliar de enfermería puede tomar para evitar que se produzca esta irritación.

- Una forma de prevenir erupciones o irritación es limpiar completamente la piel de cualquier orina o heces si el paciente se ha ensuciado. Debido a que la orina y las heces tienen un carácter ácido, la piel puede deteriorarse rápidamente si se mantienen en contacto con ella.
- Si el paciente es incontinente, la aplicación de una loción resistente al agua protegerá la piel, creando una barrera que previene erupciones o deterioros.
- Asimismo, se debe realizar un reposicionamiento frecuente para evitar el deterioro cutáneo. A un paciente encamado se le debe girar cada dos horas para prevenir el deterioro en áreas de prominencias óseas.

Vestirse y aseo personal

Actividades de la vida diaria (AVD), vestirse y aseo personal

Las Actividades de la Vida Diaria (AVD) son tareas necesarias para mantener a una persona saludable y funcional. A menudo, el nivel de salud de una persona se determina por su capacidad para realizar estas actividades. Las tareas se dividen en dos subgrupos:

- Las AVD básicas son las tareas que las personas deben poder realizar para cuidarse a sí mismas. Estas incluyen el baño, vestirse, alimentarse, usar el inodoro y caminar.
- Las AVD instrumentales son las tareas que las personas deben poder realizar para vivir de manera independiente en la comunidad. Estas incluyen hacer compras, cocinar, realizar las labores del hogar, manejar la medicación y gestionar el dinero.

Vestirse y el aseo personal son actividades básicas importantes de la vida diaria, y un paciente que no pueda realizarlas de manera independiente requiere la ayuda del auxiliar de enfermería. Antes de realizar cualquier elemento relacionado con el vestirse o el aseo personal, el auxiliar de enfermería debe saludar al paciente, lavarse las manos y explicar lo que se va a hacer. Se deben usar guantes si existe algún riesgo de exposición a fluidos corporales.

Habilidades de cuidado físico

Vestir a un paciente con accidente cerebrovascular

Cuando un paciente ha sufrido un accidente cerebrovascular, puede presentar debilidad en un lado de su cuerpo. A menudo, el paciente con accidente cerebrovascular requiere asistencia en actividades diarias, como vestirse. Es importante enseñarle cómo vestirse de manera segura para fomentar la independencia y disminuir el riesgo de caídas. Antes de comenzar a ayudarlo a desvestirse, asegúrese de que el conjunto de ropa limpia esté al alcance. Al ponerse la ropa, se le debe enseñar al paciente a vestir primero el lado debilitado del cuerpo, utilizando el lado fuerte para hacerlo. Por ejemplo, un paciente con debilidad en el lado derecho debe introducir primero el brazo derecho en la manga. Al quitarse la ropa, se le debe enseñar a desvestir primero el lado fuerte.

Afeitar a un paciente

Si el auxiliar de enfermería va a afeitar a un paciente, primero debe ponerse un par de guantes y luego seguir el siguiente procedimiento:

1. Use un paño húmedo para humedecer el vello en la cara y el cuello del paciente.
2. Verifique que la navaja no tenga cuchillas sueltas ni bordes irregulares.
3. Coloque una toalla sobre el paciente y aplique crema de afeitar en el área que se va a afeitar.
4. Con una mano, tire de la piel para tensarla, mientras mueve la navaja con movimientos firmes en la dirección del crecimiento del vello.
5. Enjuague la navaja en un recipiente con agua tantas veces como sea necesario.
6. Use un paño húmedo para retirar toda la crema de afeitar restante.

Nutrición e hidratación

Nutrientes

Los nutrientes son elementos presentes en la naturaleza que los seres humanos deben consumir para vivir. Nuestros cuerpos absorben los nutrientes de los alimentos que ingerimos. Los nutrientes se dividen en los siguientes grupos:

- Los carbohidratos están compuestos principalmente de azúcar y sirven como la principal fuente de energía.
- La proteína está compuesta principalmente de aminoácidos y ayuda en la reparación de tejidos.
- Las grasas están compuestas de ácidos grasos y son esenciales para la integridad de las membranas celulares y la regulación térmica.
- Los minerales y las vitaminas son necesarios para favorecer el metabolismo y diversos procesos corporales.
- El agua actúa como disolvente y también es requerida para numerosos procesos del organismo.

Agua

El agua es un nutriente de vital importancia. Ayuda en el metabolismo, la regulación de la temperatura y la eliminación de desechos del cuerpo. Se pierde constantemente a través del sudor normal, la eliminación y la exhalación. Ciertas condiciones, como la enfermedad y el aumento de la actividad, pueden ocasionar una mayor pérdida de agua. Se recomienda que el paciente ingiera al menos entre 1500 y 2000 mL o 8 a 10 vasos de agua cada día para mantener la hidratación y reponer los fluidos

Habilidades de cuidado físico

corporales perdidos. Si el paciente no recibe un volumen adecuado de líquidos, puede presentarse deshidratación. Si no se corrige, la deshidratación puede convertirse en una condición fatal.

Alimentación de pacientes

Evaluación de la comida y la necesidad de asistencia para alimentarse

Antes de llevar la bandeja a la habitación del paciente, el asistente de enfermería debe verificar que el paciente reciba la bandeja correcta. Revise el brazalete del paciente y compárelo con el nombre y número de habitación que aparecen en la bandeja. Asegúrese de que la bandeja del paciente contenga alimentos apropiados para la dieta prescrita.

La cantidad de asistencia para la alimentación que se debe proporcionar depende de cada paciente. Algunos pacientes no requerirán ayuda para alimentarse por sí mismos. Si el paciente puede alimentarse de forma independiente, se le debe permitir hacerlo para fomentar la independencia. En algunos casos, puede ser necesaria ayuda, como cortar porciones más grandes o abrir bebidas. Algunos pacientes, como aquellos que sufren de ceguera, pueden necesitar solo indicaciones verbales para comer. Otros, debido a debilidad o parálisis de la parte superior del cuerpo, no pueden alimentarse por sí solos; en esos casos, se debe cortar la comida y alimentar al paciente bocado a bocado. Los asistentes de enfermería deben tomarse su tiempo y no apresurar la alimentación, asegurándose de que el paciente haya masticado y tragado cada bocado antes de ofrecer el siguiente.

Proceso para alimentar a un paciente

El proceso para alimentar a un paciente es el siguiente:

1. Lávese las manos y eleve la cabecera de la cama del paciente.
2. Explique al paciente qué alimentos se están sirviendo en la bandeja y permita que éste seleccione cuáles se le ofrecerán primero.
3. Al ofrecer un bocado, asegúrese de que la cuchara esté solo medio llena. Utilice únicamente la punta de la cuchara para alimentar al paciente.
4. Alimente al paciente lentamente, asegurándose de que haya tragado toda la comida en su boca antes de ofrecer el siguiente bocado.
5. Verifique que el paciente haya consumido suficiente comida antes de retirar la bandeja.
6. Si el paciente parece tener dificultad para tragar, detenga inmediatamente la alimentación y notifique a la enfermera.

Método del reloj para alimentar a los pacientes

El método del reloj es una forma de describir la colocación de los alimentos en un plato para un paciente con discapacidad visual que puede alimentarse por sí mismo. Se debe instruir al paciente que imagine el plato como la esfera de un reloj, con las posiciones de los alimentos ubicadas según los números correspondientes. Por ejemplo, la carne puede colocarse en la posición de las 12 en punto, las verduras en la posición de las 3 en punto, el pan en la posición de las 6 en punto y la fruta en la posición de las 9 en punto. El asistente de enfermería debe intentar repetir este patrón en cada comida para que el paciente se familiarice con la ubicación de cada tipo de alimento.

Tareas realizadas después de ayudar al paciente a comer

Después de que el paciente haya terminado de comer, retire la bandeja y calcule la cantidad de alimentos ingeridos. Si el paciente sigue una dieta con control de calorías, determine el porcentaje de comida consumida y la tolerancia a la misma. Si se está monitoreando la ingesta y eliminación, calcule la cantidad

de líquidos que ha tomado el paciente. Informe estos hallazgos a la enfermera. Coloque al paciente en una posición cómoda y ubique el botón de llamada a su alcance. Asegúrese de que todos los elementos necesarios, como la mesa auxiliar de la bandeja y los objetos personales, estén al alcance. Finalmente, realice la higiene de manos.

Ingesta de líquidos

Deshidratación

La deshidratación es una condición que amenaza la vida y ocurre cuando el cuerpo no tiene suficiente agua para realizar sus funciones normales. Los pacientes deshidratados pueden presentar ojos hundidos y membranas mucosas secas. A menudo, se quejarán de debilidad generalizada y sed constante. Su piel puede perder elasticidad como consecuencia de la deshidratación. Pueden presentar un pulso débil y rápido, así como una presión arterial baja. La orina se volverá más oscura y concentrada cuando los pacientes están deshidratados, ya que los riñones conservan la mayor cantidad de agua posible.

Causas de la deshidratación

La deshidratación puede ser causada por una ingesta insuficiente o por una eliminación excesiva de líquidos. La ingesta limitada puede ocurrir si el paciente no puede tomar líquidos debido a náuseas crónicas o dificultad para tragar. Asimismo, el paciente puede no recibir una cantidad adecuada de líquidos si se encuentra confundido o se le mantiene en NPO. La deshidratación también puede resultar de la eliminación excesiva de fluidos. La causa más común de una sobre-eliminación de líquidos es la diarrea frecuente. La sudoración excesiva debido a fiebre o ejercicio también puede ocasionar una pérdida excesiva de líquidos. Además, la pérdida de sangre tras una cirugía o una hemorragia, o la pérdida de líquidos después de una quemadura, también pueden causar deshidratación.

Fomentar la ingesta de líquidos

Si un paciente está deshidratado, debe aumentar el volumen de líquidos que consume para restablecer el equilibrio de fluidos. Para fomentar una mayor ingesta, explíquele al paciente por qué es importante consumir más líquidos y asegúrese de que una jarra de agua y un vaso estén al alcance. Se debe incentivar la ingesta de líquidos cada vez que el asistente de enfermería entre a la habitación del paciente. Además, ponga a disposición otros líquidos, como jugo de fruta o té o café descafeinado. Trate de evitar refrescos azucarados o bebidas con cafeína, ya que podrían no calmar la sed del paciente. Si la familia del paciente está presente, pídales que también lo alienten a beber más.

Dietas terapéuticas

NPO, líquidos claros y dieta blanda mecánica

NPO (nada por boca) es una dieta que se prescribe para pacientes a quienes no se les permite comer. Generalmente se ordena en anticipación a pruebas médicas o a un procedimiento quirúrgico. Además, se establece el estado NPO cuando no es seguro que el paciente ingiera alimentos, por ejemplo, en casos de pacientes que están intubados, sedados o que tienen dificultad para tragar adecuadamente.

La dieta de líquidos claros es la primera que se prescribe una vez que el paciente es retirado del estado NPO. Se ordena típicamente para permitir que el paciente coma sin experimentar náuseas.

La dieta blanda mecánica se prescribe para pacientes que tienen dificultad para masticar, como aquellos que no cuentan con dentaduras postizas. También está diseñada para ayudar a los pacientes a pasar de la condición NPO a una dieta regular.

Dietas específicas para condiciones de salud

La dieta prescrita para un paciente depende de su historial clínico y del diagnóstico actual:

- Una dieta regular no presenta restricciones alimentarias; los pacientes pueden comer lo que deseen.
- Una dieta de conteo de calorías se prescribe típicamente para pacientes diabéticos; limita la cantidad de azúcar que el paciente ingiere y controla el número de calorías y carbohidratos que consume.
- Una dieta baja en sodio se prescribe para limitar la cantidad de sal ingerida por pacientes con antecedentes de deterioro renal o hipertensión.
- Una dieta cardíaca se prescribe para pacientes con antecedentes de problemas cardíacos; durante esta dieta, se les sirven alimentos bajos en grasa, en calorías y en sodio.

Aspiración

Indicaciones

Un paciente indefenso tiene un riesgo significativo de aspirar alimentos. Durante la aspiración, pequeñas cantidades de alimentos y líquidos se desplazan por la tráquea hacia los pulmones del paciente. Una tos forzada o una voz con tono húmedo después de tragar un bocado de comida puede ser una indicación de aspiración. Si un paciente necesita masticar los alimentos durante períodos prolongados o requiere varios intentos para tragar, podría estar aspirando. Otras indicaciones incluyen movimientos inusuales de la cabeza al tratar de tragar, dificultad para respirar, babeo durante la comida o acumular alimentos en las mejillas. Todos estos signos deben ser informados a la enfermera del paciente.

Precauciones contra la aspiración

Las precauciones contra la aspiración son medidas que se toman cuando un paciente tiene dificultad para tragar, con el fin de prevenir que alimentos y líquidos lleguen a los pulmones. Antes de alimentarlo, el paciente debe ser posicionado con la cabecera de la cama a un ángulo de 90°. El asistente de enfermería debe verificar que los alimentos y líquidos del paciente se hayan espesado a la consistencia prescrita. El paciente debe ser alimentado de manera lenta, ofreciendo pequeñas cantidades de comida con una cuchara. Se debe dar al paciente el tiempo suficiente para masticar y tragar. Una vez finalizada la comida, el paciente debe permanecer en posición vertical durante al menos media hora para prevenir el reflujo. Transcurrido ese tiempo, se puede reposicionar al paciente para mayor comodidad.

Atender las necesidades dietéticas personales del paciente

Al ingresar al hospital o a la residencia de cuidados a largo plazo, el asistente de enfermería debe tomar nota de cualquier solicitud cultural o religiosa que el paciente pueda tener respecto a sus necesidades dietéticas personales. Se debe notificar al servicio de dietética de la instalación lo antes posible para garantizar que se le proporcionen los alimentos adecuados al paciente. Antes de llevar la bandeja a la habitación, el asistente de enfermería debe verificar que los alimentos en la bandeja cumplan con las restricciones dietéticas del paciente. Si no es así, se debe informar al servicio de dietética sobre el problema y obtener una comida de reemplazo a la mayor brevedad posible.

Habilidades de cuidado físico

Eliminación

Catéteres permanentes

Un catéter permanente, también conocido como catéter Foley, se coloca de manera habitual en pacientes que no pueden vaciar completamente la vejiga al orinar o que se encuentran sedados, lo que les impide controlar la micción. También se utiliza en pacientes con problemas crónicos en la vejiga. Además, puede colocarse en pacientes incontinentes e inmovilizados para proteger su piel de la acidez de la orina. Los pacientes postquirúrgicos o en cuidados críticos pueden recibir un catéter permanente para medir con precisión su producción de orina. La colocación del catéter permanente es realizada por una enfermera (en algunas instituciones se requiere la presencia de una segunda enfermera) utilizando técnica estéril. Se inserta un catéter de látex o silicona en la uretra y la vejiga del paciente. Un globo en el extremo del tubo se infla con agua estéril, lo que mantiene el tubo en su lugar y previene fugas alrededor del catéter. El uso de un catéter permanente aumenta el riesgo de desarrollar una infección del tracto urinario; por ello, se debe realizar un cuidado frecuente del catéter y retirarlo tan pronto como sea posible.

Hallazgos a reportar

Cuando un paciente tiene un catéter permanente, el auxiliar de enfermería debe reportar lo siguiente:

- Se debe anotar la cantidad de orina drenada del catéter y comunicarla a la enfermera del paciente. Si el paciente no orina lo suficiente (menos de 30 mL por hora) o, por el contrario, orina en exceso sin la administración de un diurético (más de 400 mL por hora), se debe notificar a la enfermera.
- Se debe monitorear también la apariencia de la orina y reportar cualquier anomalía. Entre los hallazgos anormales se incluyen la presencia de opacidad, sedimentos o un color inusual, como ámbar oscuro o verde. Además, se debe informar a la enfermera si la orina contiene sangre o presenta mal olor.
- La enfermera debe ser notificada si el paciente se queja de dolor o de sensación de llenura en la vejiga, ya que esto puede indicar que el catéter está obstruido por un coágulo y requiere irrigación.

Colocar al paciente en el orinal

Cuando un paciente sin catéter permanente se encuentra encamado y solicita usar el baño, se debe proporcionar un orinal. El auxiliar de enfermería debe seguir los siguientes procedimientos al colocar al paciente en el orinal:

1. Lávese las manos y salude al paciente. Explique lo que se va a hacer.
2. Asegúrese de que el paciente tenga privacidad cerrando la cortina y póngase un par de guantes.
3. Coloque al paciente en posición supina (boca arriba) y luego gírelo para que quede de costado.
4. Coloque el orinal sobre los glúteos y ruede cuidadosamente al paciente de vuelta para que quede boca arriba. Algunos pacientes pueden beneficiarse de colocar una almohadilla absorbente sobre el orinal antes de posicionarlo para evitar fugas.
5. Indique al paciente que abra las piernas y asegúrese de que el orinal esté colocado correctamente.
6. Eleve la cabecera de la cama a la posición solicitada por el paciente, entréguele el timbre de llamada y dígale que llame cuando haya terminado.

Habilidades de cuidado físico

7. Retírese los guantes y lávese las manos.
8. Proporcione privacidad cerrando la cortina o la puerta al salir.

Sacar al paciente del orinal

Cuando el paciente esté listo para retirarse del orinal, el auxiliar de enfermería deberá proceder de la siguiente manera:

1. Asegure la privacidad del paciente.
2. Lávese las manos y póngase un par de guantes.
3. Aplane la cabecera de la cama y gire al paciente de lado.
4. Mientras voltea al paciente, sostenga el orinal para evitar que las secreciones se derramen sobre la cama.
5. Retire el orinal y colóquelo a un lado.
6. Proporcione cuidado perineal al paciente.
7. Coloque al paciente en una posición cómoda y permítale lavarse las manos con un paño húmedo o toallita, si lo desea.
8. Mida el volumen de secreciones y dispóngalas de manera adecuada.

Movimientos intestinales anormales

Existen diversas alteraciones en las evacuaciones que el auxiliar de enfermería debe conocer al cuidar a sus pacientes. Se deben reportar a la enfermera los síntomas de cualquiera de los siguientes casos:

- El estreñimiento se produce cuando las heces del paciente están demasiado secas y duras, lo que dificulta su expulsión y le impide tener una evacuación intestinal. Las heces se vuelven secas y duras debido a que se absorbe demasiado líquido por falta de motilidad gastrointestinal. Si el estreñimiento no se trata, el paciente podría desarrollar una obstrucción intestinal.
- La diarrea se refiere al paso frecuente de heces sueltas o acuosas. La diarrea pone al paciente en riesgo de desarrollar deshidratación debido a la gran cantidad de líquido que se pierde con las heces. Además, se pierden electrolitos junto con el líquido, lo que puede provocar desequilibrios electrolíticos potencialmente mortales si no se corrigen adecuadamente.
- El sangrado gastrointestinal (GI) puede ser una complicación peligrosa para los pacientes, por lo que cualquier signo debe ser reportado inmediatamente a la enfermera. Los sangrados GI que se originan en el tracto gastrointestinal superior producen heces oscuras y alquitranadas, mientras que los que tienen su origen en el tracto inferior producen presencia de sangre franca (roja brillante) en las heces. La observación de cualquiera de estos cambios de color debe ser comunicada de inmediato a la enfermera. Además, el auxiliar de enfermería debe permanecer junto al paciente si se presentan síntomas de hipotensión (cambios en el estado mental, pulso o ritmo respiratorio acelerado, presión arterial baja) que puedan indicar una hemorragia gastrointestinal (sangrado que pone en peligro la vida).

Cuidado del paciente con estreñimiento

Durante la hospitalización existe un alto riesgo de que el paciente desarrolle estreñimiento. Esto suele ser resultado de una disminución en la actividad y de la administración de medicamentos que reducen la

Habilidades de cuidado físico

motilidad gastrointestinal (más comúnmente, narcóticos). Se deben monitorear de cerca los hábitos intestinales del paciente.

- Si el paciente utiliza orinal, se debe anotar la consistencia, el color y la cantidad de heces después de cada evacuación.
- Si el paciente puede ir al baño sin asistencia, el auxiliar de enfermería debe preguntar acerca de la calidad y frecuencia de sus evacuaciones.
- A algunos pacientes se les puede aconsejar no tirar de la cadena después de usar el baño, para que el auxiliar de enfermería pueda observar directamente estas características.

Si el paciente está estreñido, es importante fomentar la ingesta de líquidos para evitar que las heces se sequen. Los líquidos tibios y los jugos son especialmente efectivos para mejorar la motilidad gastrointestinal. También se debe recomendar el consumo de alimentos ricos en fibra y se deben evitar las bebidas con cafeína.

Cuidado del paciente con diarrea

Los pacientes que experimentan episodios múltiples de diarrea deben ser monitoreados cuidadosamente ante cualquier signo o síntoma de deshidratación. Se debe controlar la cantidad de evacuaciones y el volumen de líquido perdido.

- Se debe recolectar una muestra de heces lo antes posible para determinar la causa de la diarrea.
- Si el paciente presenta diarrea frecuente, es importante alentarlo a beber líquidos para prevenir la deshidratación.
- Si su dieta lo permite, se le debe recomendar al paciente que beba dos vasos de líquido por cada episodio de diarrea.
- También se debe fomentar una adecuada higiene de manos.

Infección del tracto urinario

Signos y síntomas

El síntoma principal de una infección del tracto urinario es la dificultad o el dolor al orinar. El paciente puede presentar orina turbia, que podría tener un olor fuerte o desagradable. Puede sentir la necesidad de orinar con frecuencia o experimentar una urgencia repentina para orinar. Además, el paciente puede quejarse de dolor en el flanco o de presión en la pelvis. Se pueden observar signos de una infección generalizada, como una temperatura elevada, piel enrojecida o malestar general. En pacientes de edad avanzada, la infección también puede manifestarse con signos de confusión.

Prevención

Existen diversas maneras de prevenir una infección del tracto urinario. Si la dieta del paciente lo permite, se debe fomentar la ingesta de líquidos por vía oral. El jugo de arándano es especialmente útil para prevenir estas infecciones, ya que aumenta la acidez de la orina. Si el paciente necesita asistencia para orinar, ayúdele a llegar al baño lo antes posible, pues retener la orina puede incrementar el riesgo de desarrollar una infección. Al realizar el cuidado perineal, el auxiliar de enfermería debe asegurarse de lavar a las pacientes de adelante hacia atrás. Si el paciente puede deambular, se deben promover las duchas en lugar de los baños.

Habilidades de cuidado físico

Entrenamiento de la vejiga

El entrenamiento de la vejiga generalmente requiere que la persona lleve un diario de evacuaciones durante al menos tres días para poder evaluar los patrones. Existen varios enfoques diferentes:

- La evacuación programada implica ir al baño según un horario regular, generalmente cada 2 a 4 horas durante el día.
- El entrenamiento por hábito consiste en intentar ajustar la evacuación programada a los hábitos individuales de micción de la persona, basándose en el diario de evacuaciones. Esto es útil para quienes tienen un patrón de micción natural y relativamente constante. La evacuación se realiza cada 2 a 4 horas.
- La micción inducida se utiliza con frecuencia en hogares de ancianos y tiene como objetivo enseñar a las personas a evaluar su propio estado de incontinencia, impulsándolas a solicitar asistencia para ir al baño.
- El reentrenamiento de la vejiga es un programa de modificación conductual que enseña a las personas a inhibir el impulso de orinar y a hacerlo según un horario establecido, restaurando en la medida de lo posible la función normal de la vejiga. El entrenamiento de la vejiga puede mejorar la incontinencia en el 80% de los casos.

Micción inducida

La micción inducida es un protocolo de comunicación para personas con deterioro cognitivo leve a moderado. Utiliza el refuerzo positivo para reconocer cuándo se está mojado o seco, mantenerse seco, orinar y beber líquidos.

- Pregunte al paciente cada dos horas (de 8 a.m. a 4-8 p.m.) si está mojado o seco.
- Verifique si tiene razón y ofrezca retroalimentación: "Tiene razón, Sra. Brown, está seca."
- Incite al paciente, ya sea que esté mojado o seco, a usar el inodoro o urinario. Si acepta, ayúdele, registre los resultados y brinde refuerzo positivo mediante elogios y una breve visita. Si no, repita la solicitud una o dos veces. Si está mojado y se niega a ir al baño, cámbiele la ropa y explíquele que regresará en dos horas, pidiéndole que intente esperar para orinar hasta ese momento.
- Ofrézcale líquidos y registre la cantidad.
- Registre los resultados de cada intento de orinar o verificación del estado de humedad.

Reentrenamiento de la vejiga

El reentrenamiento de la vejiga enseña a las personas a controlar el impulso de orinar. Por lo general, se requiere aproximadamente tres meses para rehabilitar un músculo de la vejiga debilitado por la micción frecuente, lo que provoca una disminución de la capacidad urinaria. El intervalo corto entre micciones se va alargando gradualmente hasta llegar a 2-4 horas durante el día, a medida que la persona suprime los impulsos vesicales y se mantiene seca.

- El paciente lleva un diario de micciones durante una semana.
- Se establece un programa individual con horarios de evacuación programados y metas. Por ejemplo, si un paciente orina cada hora, la meta podría ser cada 80 minutos con un mayor volumen.

- Se le enseña al paciente técnicas para retener la orina, tales como sentarse en un asiento duro o sobre una toalla fuertemente enrollada para ejercer presión sobre los músculos del suelo pélvico, realizar cinco contracciones de dichos músculos, respirar profundamente y contar regresivamente desde 50.
- Cuando el paciente cumple la meta de manera consistente, se establece una nueva meta.

El truco para controlar la incontinencia urinaria

El truco consiste en el uso de contracciones musculares ejecutadas en el momento preciso para prevenir la incontinencia de esfuerzo. Es "el truco" de contraer los músculos antes de hacer fuerza. Se trata de una aplicación preventiva de los ejercicios de Kegel. A las mujeres se les enseña a contraer los músculos del suelo pélvico justo antes y durante eventos que habitualmente provocan incontinencia de esfuerzo. Por ejemplo, si una mujer siente que va a toser o estornudar, contrae inmediatamente los músculos del suelo pélvico y los mantiene contraídos hasta que el episodio haya pasado. Esta contracción refuerza el soporte de la uretra proximal, reduciendo el desplazamiento que normalmente ocurre cuando el soporte muscular está comprometido, y de este modo previene la incontinencia. Es particularmente útil si se utiliza antes y durante eventos de esfuerzo, tales como toser, estornudar, levantar objetos, mantenerse de pie, balancear un palo de golf o reír. Estudios han demostrado que las mujeres a las que se les enseña esta técnica para la incontinencia urinaria leve a moderada y la utilizan de manera constante pueden reducir la incontinencia entre un 73% y un 98%.

Entrenamiento intestinal para la defecación

El entrenamiento intestinal para la defecación incluye llevar un diario intestinal para registrar el progreso:

- La defecación programada suele ser diaria, pero para algunas personas puede realizarse 3-4 veces por semana, dependiendo de los hábitos intestinales individuales. La defecación debe efectuarse a la misma hora, por lo que se deben considerar los horarios laborales y las actividades diarias. Se programa la defecación para 20-30 minutos después de una comida, cuando aumenta la motilidad.
- Es necesaria la estimulación. Beber una taza de líquido caliente puede ser efectivo, pero inicialmente muchos requieren estimulación rectal, insertando un dedo enguantado y lubricado en el ano y recorriéndolo alrededor del borde de los esfínteres. Algunas personas necesitan supositorios rectales, como el de glicerina. En ocasiones se utilizan supositorios estimulantes, como Dulcolax (bisacodilo), o incluso enemas Fleet, pero el objetivo es reducir el uso de estimulantes médicos o químicos.
- La posición debe ser sentado erguido, con las rodillas ligeramente elevadas si es posible y con el torso inclinado hacia adelante durante la defecación.
- El esfuerzo implica intentar contraer los músculos abdominales y relajar los esfínteres al defecar.
- El ejercicio aumenta la motilidad intestinal al estimular las contracciones musculares. Caminar es uno de los mejores ejercicios para este fin, y la persona debe intentar caminar 1 o 2 millas al día. Si la persona no puede caminar, otras actividades—como ejercicios en silla que involucren brazos y piernas y que incluyan movimientos de flexión—pueden ser muy efectivos. Quienes están confinados a la cama deben girarse de un lado a otro con frecuencia y cambiar de posición.

Habilidades de cuidado físico

- Los ejercicios de Kegel fortalecen los músculos del piso pélvico. Los ejercicios de Kegel para la incontinencia urinaria y fecal son esencialmente los mismos, pero la persona debe intentar contraer los músculos alrededor del ano, como si tratara de evitar la liberación de heces o flato. Se debe sentir cómo se contraen los músculos manteniendo la contracción durante 2 segundos y luego relajarlos durante 2 segundos, incrementando gradualmente el tiempo de contracción hasta alcanzar 10 segundos o más. Estos ejercicios deben realizarse 4 veces al día.

Estrategias de manejo para el estreñimiento y la impactación fecal

Las estrategias de manejo para el estreñimiento y la impactación incluyen:

- Inicialmente, puede ser necesario el uso de enemas y la remoción manual de la impactación.
- Aumentar la ingesta de fibra con salvado, frutas frescas o secas y granos enteros, hasta alcanzar entre 20 y 35 gramos diarios.
- Incrementar la ingesta de líquidos a 64 onzas cada día.
- El programa de ejercicios debe incluir caminar, si es posible, y realizar actividades físicas diariamente.
- Modificar los medicamentos que causan estreñimiento puede aliviar la condición. Además, el uso de ablandadores de heces, como Colace (docusato), o formadores de masa, como Metamucil (psyllium), pueden disminuir la absorción de líquidos y facilitar el tránsito de las heces por el colon. El uso excesivo de laxantes puede, irónicamente, provocar estreñimiento.
- Es fundamental monitorear cuidadosamente la dieta, los líquidos y el tratamiento médico, especialmente en casos de síndrome del intestino irritable.
- El estreñimiento relacionado con el embarazo puede controlarse mediante modificaciones en la dieta, aumento de líquidos y ejercicio regular.
- Se debe evitar el retraso en el uso del inodoro y seguir un régimen de entrenamiento intestinal que promueva la evacuación a la misma hora cada día. Durante los viajes, el uso de ablandadores de heces, el incremento de líquidos y el ejercicio pueden aliviar el estreñimiento.

Propósito de la fibra en la dieta

La mayoría del estreñimiento se debe a una ingesta insuficiente de fibra en la dieta, especialmente cuando se consumen muchos alimentos procesados. Una cantidad adecuada de fibra es de 20 a 30 gramos diarios. Existen dos tipos de fibra: soluble e insoluble, y ambas añaden volumen a las heces sin ser absorbidas por el cuerpo. Algunos alimentos contienen ambos tipos:

- La fibra soluble se disuelve en líquidos formando una sustancia gelatinosa, por lo que es muy importante consumir líquidos junto con la fibra. Esta fibra ralentiza el tránsito de las heces a través del sistema gastrointestinal. Entre sus fuentes se encuentran los plátanos, las papas, las legumbres secas, las nueces, las manzanas, las naranjas y la avena.
- La fibra insoluble permanece casi inalterada durante el proceso digestivo y acelera el tránsito de las heces a través del colon, por lo que un exceso puede provocar diarrea. Entre las fuentes de fibra insoluble se encuentran el salvado de trigo, los granos enteros, las semillas, las cáscaras de frutas y vegetales, y las nueces.

Habilidades de cuidado físico

Descanso, sueño y comodidad

Hacer una cama desocupada

La ropa de cama de una cama desocupada puede cambiarse fácilmente siempre que el paciente no se encuentre en ella. Lávese las manos y eleve la cama a una altura cómoda. Baje todas las barandas laterales. Póngase guantes y retire toda la ropa de cama actual, teniendo cuidado de colocarla en el contenedor de ropa sucia sin permitir que las sábanas toquen el cuerpo o la piel (ya que, a menudo, las sábanas sucias pueden estar manchadas con fluidos corporales o desechos). Coloque la sábana ajustable limpia sobre la cama, estirándola bien para asegurarse de que no se formen arrugas. Coloque una almohadilla absorbente en la cama de manera que se sitúe debajo de las caderas y la parte superior de las piernas del paciente. Despliegue cuidadosamente la sábana plana limpia y colóquela sobre la cama, doblando los bordes inferiores de la manta firmemente debajo del colchón. Coloque la manta gruesa sobre la cama. Doble la parte superior de la manta y la sábana plana hacia el pie de la cama para permitir que el paciente ingrese a ella. Levante las barandas laterales en un lado de la cama y baje la cama a la posición más baja. Lávese las manos.

Preparar una cama ocupada

Algunos pacientes están confinados a la cama y, por lo tanto, requieren que se les coloque ropa de cama nueva mientras permanecen en ella. Se debe informar al paciente sobre el procedimiento para que no se sorprenda ni se confunda. Es importante proteger la privacidad del paciente cerrando la cortina y manteniéndolo cubierto con su bata.

1. Al preparar una cama ocupada, instruya o asista al paciente para que adopte una posición lateral (de costado) y suelte la sábana ajustable sucia por las esquinas superior e inferior del lado opuesto a donde se encuentra el paciente.
2. Enrolle ese lado de la sábana ajustable sucia (junto con la almohadilla absorbente sucia) hacia el paciente, de modo que el lado que estuvo en contacto con él quede en el interior del conjunto enrollado.
3. A continuación, desdoble la sábana ajustable limpia y colóquela sobre la mitad de la cama que se ha desarmado, metiendo firmemente tanto la esquina superior como la inferior alrededor del colchón.
4. Coloque una nueva almohadilla absorbente sobre la sábana ajustable limpia, de modo que se sitúe debajo de las caderas del paciente.
5. Enrolle la ropa de cama limpia y métala debajo de la ropa de cama sucia enrollada, colocándola bajo el paciente.
6. Gire lentamente al paciente, pasando sobre la ropa de cama enrollada, para que quede de lado opuesto.
7. Tenga en cuenta que algunos pacientes podrán realizar este proceso de forma independiente, mientras que otros pueden necesitar asistencia o experimentar dolor. Por ello, es importante evaluar cuidadosamente las necesidades del paciente.
8. Desplácese hacia el lado opuesto de la cama y retire la sábana ajustable sucia junto con la almohadilla.
9. Coloque la sábana y la almohadilla sucias en el recipiente correspondiente.
10. Desenrolle la sábana ajustable limpia y la almohadilla, tirando de ellos con firmeza para eliminar cualquier arruga.
11. Asegure la sábana ajustable a la cama.

Habilidades de cuidado físico

12. Gire al paciente nuevamente sobre su espalda.
13. Cubra al paciente con una sábana y una manta nuevas y colóquelo en una posición cómoda.
14. Antes de salir de la habitación, pregunte si el paciente necesita algo más.

Transferencias de pacientes

Hacia el lado de la cama

Se debe evaluar la fuerza del paciente antes de trasladarlo al costado de la cama para determinar cuánta asistencia requerirá. Mientras el paciente se encuentra en la cama, asegúrese de que los frenos estén bloqueados y que la cama se encuentre en la posición más baja. Baje la baranda lateral y eleve la cabecera de la cama hasta que esté a un nivel cómodo para el paciente. De frente al paciente, coloque un brazo detrás de sus hombros y el otro debajo de sus rodillas. Ayude al paciente a sentarse al costado de la cama. Permita que permanezca allí durante unos momentos para asegurarse de que no presente mareos por el cambio de posición.

De la cama a la silla de ruedas

Se debe tener especial cuidado al trasladar a un paciente de la cama a la silla de ruedas para prevenir caídas durante el proceso. Antes de mover al paciente, asegúrese de que las ruedas de la cama y de la silla de ruedas estén bloqueadas para evitar movimientos no deseados durante la transferencia. Compruebe que el paciente lleve calcetines o zapatos con suela de goma para evitar resbalones y verifique que no presente mareos o sensación de desmayo como consecuencia de un cambio rápido de posición. Antes de iniciar el traslado, explíquele el proceso al paciente.

Mueva la silla de ruedas lo más cerca posible de la cama y asegúrese de que sus ruedas permanezcan bloqueadas. Levante las almohadillas para las piernas y los apoyapies, retirándolos del camino para evitar tropiezos. Ayude al paciente a adoptar una posición colgante. Coloque los pies en una postura amplia. Indique al paciente que se ponga de pie al conteo de tres y sostenga su torso mientras lo ayuda a erguirse. Gire al paciente de modo que su espalda quede orientada hacia la silla de ruedas. Indíquele que coloque las manos en los reposabrazos y retroceda hasta que sienta el respaldo del asiento contra la parte posterior de sus piernas. Baje lentamente al paciente hasta que se siente y ayúdele a levantar las piernas para colocar las almohadillas para las piernas y los apoyapies debajo de él.

De la cama a la camilla

Mientras el paciente se encuentra acostado en la cama, asegúrese de que las ruedas tanto de la cama como de la camilla estén bloqueadas. Eleve la cama hasta que esté a la misma altura que la camilla. Si está disponible, se puede colocar una tabla deslizante debajo del paciente para facilitar el movimiento y reducir la fricción. Párese al lado de la camilla y pida a un compañero que se coloque junto a la cama. Indique al paciente que cruce sus brazos sobre el pecho para evitar que sus extremidades se arrastren por la cama. Sujete la sábana de tracción y enróllela para mantener un buen agarre. Al contar hasta tres, tire de la sábana de tracción hacia su cuerpo, mientras el compañero, ubicado al lado de la cama, empuja al paciente desde el lado opuesto. Continúe tirando hasta que el paciente se encuentre en el centro de la camilla. Finalmente, acomode al paciente en una posición que le resulte cómoda.

Habilidades de cuidado físico

Ambulación con pacientes

Niveles de asistencia durante la ambulación

SBA (asistencia de apoyo), CGA (asistencia con contacto de seguridad), MIN (asistencia mínima) y MAX (asistencia máxima) se refieren al nivel de ayuda que el paciente requiere durante la ambulación.

- Un paciente que puede moverse de manera independiente requiere SBA. Este paciente no necesita asistencia para caminar y no requiere un cinturón de marcha.
- CGA se refiere a un paciente que no requiere asistencia pero está en riesgo de caerse. El auxiliar de enfermería debe estar lo suficientemente cerca como para tocar al paciente en caso de que se caiga, sin proporcionar apoyo adicional.
- La asistencia MIN se refiere al paciente que necesita un pequeño apoyo al ambular. Se recomienda el uso de un cinturón de marcha para este tipo de paciente.
- Los pacientes que requieren asistencia MAX pueden o no ser capaces de soportar su propio peso. Este tipo de paciente necesita el apoyo de uno o dos miembros del personal para garantizar que no se caiga.

Garantizar la seguridad durante la ambulación

Mientras el paciente ambula, asegúrese de proporcionarle apoyo utilizando un cinturón de marcha. Verifique que el paciente lleve pantuflas con suela de goma. Si el paciente está recibiendo terapia de oxígeno, obtenga un tanque rodante para que pueda continuar usando oxígeno mientras ambula. Monitoree cuidadosamente las respiraciones del paciente y verifique con frecuencia que no se esté fatigando ni sintiendo mareos. Muévase a un ritmo que sea cómodo para el paciente y evite apresurarlo. Si es necesario, permita que el paciente se detenga para tomar un breve descanso en una silla, asegurándose de que no se esfuerce en exceso.

Caminata con muletas

Calce adecuado de la muleta

Aunque es responsabilidad del fisioterapeuta ajustar correctamente las muletas al tamaño del paciente, se debe revisar la muleta antes de cada ambulación para asegurar que continúe con el calce adecuado. Las almohadillas de la muleta deben quedar entre una y una y media pulgada por debajo de la zona axilar. Los empuños deben estar a la altura de las caderas del paciente. Cuando el paciente esté de pie con las manos apoyadas en los empuños, los codos deben estar ligeramente flexionados. Al caminar con muletas, el paciente debe sostener su peso con las manos apoyadas en los empuños. Colocar peso sobre las almohadillas en la zona axilar puede provocar daño en los nervios. El paciente debe mantener la cabeza y los hombros erguidos para limitar la tensión en la espalda y mantener el torso alineado con las muletas, previniendo así la pérdida de equilibrio y lesiones.

Técnica de cuatro puntos y técnica de tres puntos

La técnica de cuatro puntos es el método preferido de ambulación para un paciente con poca fuerza en la parte inferior del cuerpo que utiliza muletas. Mientras el paciente está de pie, se le debe indicar que mueva primero la muleta izquierda hacia adelante, seguida por el pie derecho. Luego, debe mover la muleta derecha hacia adelante, seguida por el pie izquierdo. La ventaja de este método es que el paciente

Habilidades de cuidado físico

tiene al menos tres puntos de contacto con el suelo en todo momento, lo que ofrece mayor estabilidad; la desventaja es que requiere un movimiento lento.

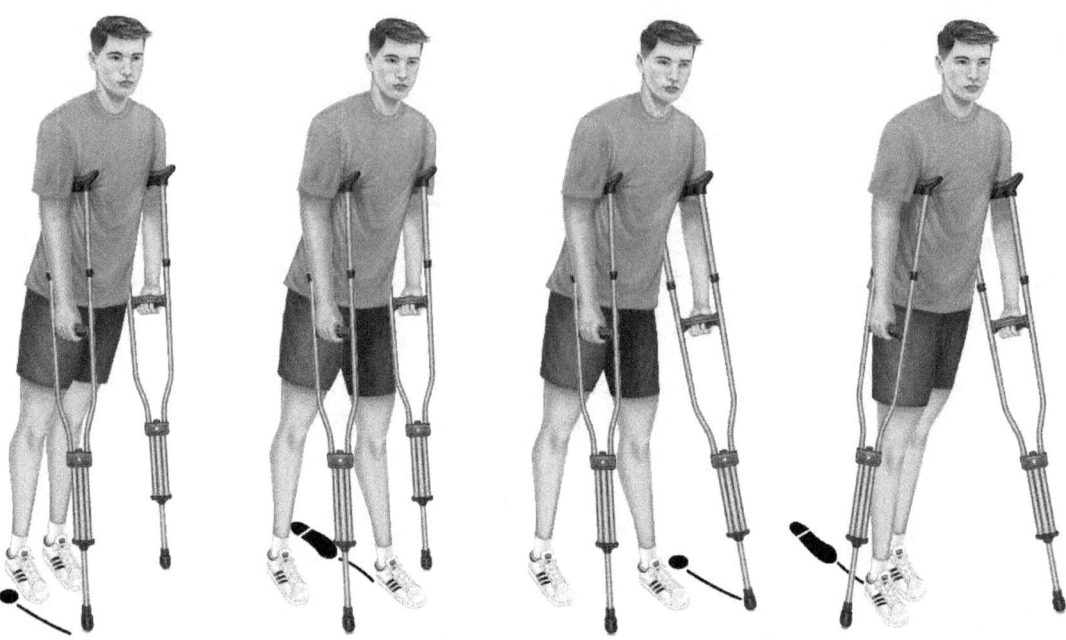

La técnica de tres puntos se recomienda para pacientes que no pueden soportar peso en un pie mientras ambulan con muletas. Con el paciente de pie, se le debe indicar que mueva ambas muletas y la extremidad afectada hacia adelante. Luego, apoyando su peso sobre las muletas, debe mover la pierna fuerte hacia adelante hasta que quede a la par con la extremidad afectada.

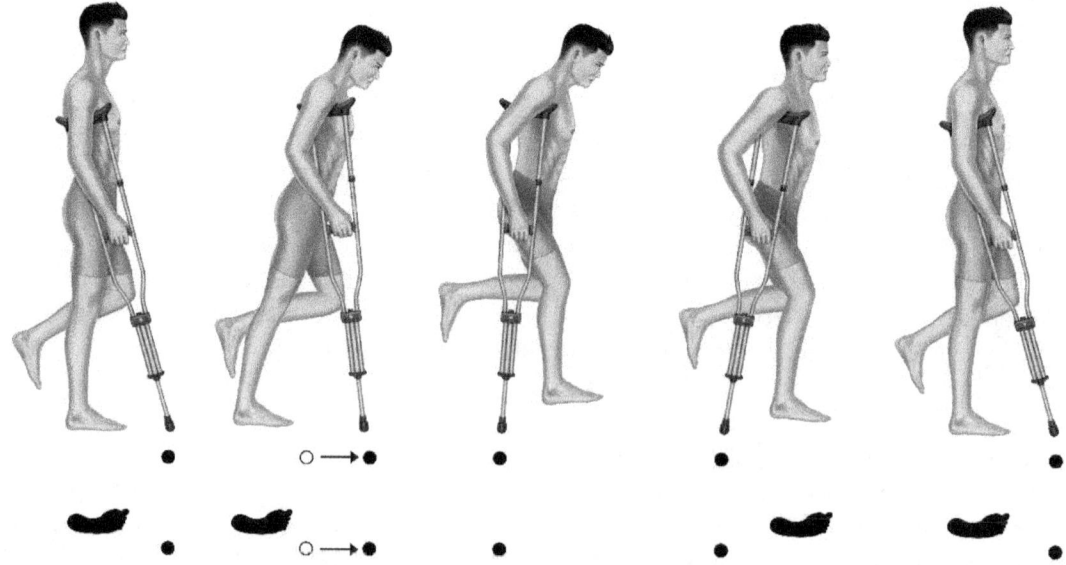

Método swing-to y método swing-through

Los métodos swing-to y swing-through para caminar con muletas están destinados a pacientes con disminuida fuerza en la parte inferior del cuerpo. Ambos métodos tienen la ventaja de ser fáciles de aprender y permiten una marcha rápida. La desventaja es que requieren una gran fuerza en la parte superior del cuerpo.

En el método swing-to, ambas muletas se mueven hacia adelante y se colocan a la distancia de un paso frente al paciente. Luego, este apoya su peso sobre las muletas y desplaza su cuerpo hacia adelante hasta que sus pies queden al nivel de las muletas.

En el método swing-through, ambas muletas se mueven hacia adelante. Apoyando su peso sobre las muletas, el paciente desplaza la parte inferior de su cuerpo hacia adelante y coloca sus pies ligeramente por delante de las muletas.

Traslado del paciente de la silla o posición sentada a la posición de pie utilizando muletas

Mientras el paciente se encuentra sentado en la silla, indíquele que sostenga ambas muletas en una mano, agarrando los empuños. Instrúyale a deslizar sus caderas hacia el borde de la silla y a estirar con la pierna que no soporta peso, manteniéndola recta. Ayude al paciente a ponerse de pie, utilizando el brazo de la silla para apoyar uno de sus brazos y las muletas para sostener el otro. Una vez que el paciente haya equilibrado su peso sobre un pie, indíquele que traslade una de las muletas al lado opuesto y coloque sus manos sobre los empuños.

Traslado del paciente de la posición de pie a la posición sentada utilizando muletas

Para pasar de una posición de pie a sentada, indique al paciente que se acerque a la silla hasta quedar a un paso de distancia de su parte frontal. Luego, indíquele que, cuidadosamente, gire utilizando la pierna que soporta peso y las muletas hasta que su espalda quede orientada hacia la silla. Ayude al paciente a encontrar el equilibrio antes de trasladar una de las muletas al lado opuesto. Instrúyale a agarrar ambas muletas por los empuños. Ayude al paciente a alcanzar el brazo de la silla con la mano libre y, a continuación, indíquele que estire la pierna que no soporta peso hacia adelante. Finalmente, asista al paciente para que baje lentamente su peso en la silla.

Paciente que ambula con andador

Un paciente que está aprendiendo a ambular con un andador debe llevar puesto un cinturón de marcha en todo momento. Indique al paciente que se coloque en el centro del andador, sujetándolo por las manijas. Indique al paciente que mueva el andador hacia adelante hasta que las patas traseras queden a la altura de los dedos de los pies. Mientras mantiene el peso sobre la pierna fuerte, el paciente debe dar un paso hacia adelante con la pierna más débil, colocándola en el centro del andador. Luego, indíquele que apoye su peso sobre las manijas mientras da un paso adelante con la pierna fuerte. Una vez que el paciente haya recuperado el equilibrio, repita el proceso.

Asistir al paciente desde la posición sentada a la posición de pie con andador

Mientras el paciente está sentado en la silla, abra el andador y colóquelo frente al paciente. Asegúrese de que el paciente lleve puesto un cinturón de marcha. Indique al paciente que se deslice hacia adelante hasta quedar sentado en el borde de la silla. Indique al paciente que coloque ambas manos sobre los reposabrazos de la silla. Al contar hasta tres, ayude al paciente a ponerse de pie. Mientras le brinda apoyo, indíquele que mueva sus manos, una a la vez, desde los reposabrazos de la silla hacia las manijas del andador. Espere un momento para asegurarse de que el paciente no se encuentre mareado antes de comenzar a ambular.

Habilidades de cuidado físico

Deambulación de un paciente con bastón

Mientras ayuda a un paciente que está aprendiendo a caminar con bastón, asegúrese de proporcionarle siempre un cinturón de marcha. Indique al paciente que sostenga el bastón con su mano fuerte. Mientras el paciente da un paso hacia adelante con la extremidad afectada, avance el bastón, manteniéndolo alineado con la pierna y con todo el peso del paciente sobre su pierna fuerte. Una vez que la pierna debilitada y el bastón estén en su lugar, indíquele que deposite su peso sobre el bastón mientras da un paso adelante con la extremidad no afectada. Permita que el paciente recupere el equilibrio por un momento antes de repetir el proceso.

Posiciones del paciente

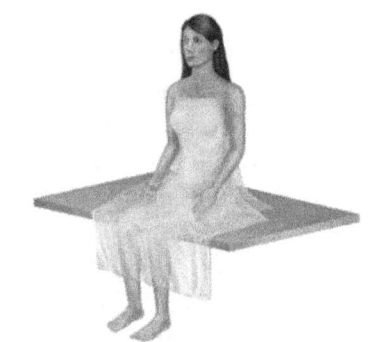

POSICIÓN SENTADA

POSICIÓN FOWLER ALTA

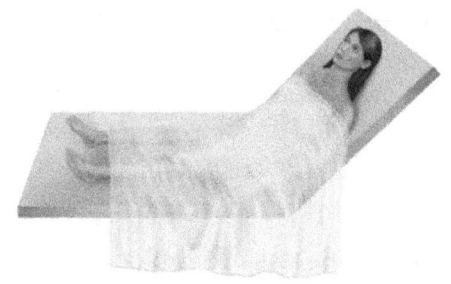

POSICIÓN SEMI-FOWLER

POSICIÓN SUPINA

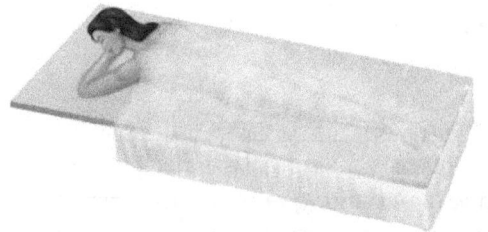

POSICIÓN PRONA

POSICIÓN DE SIMS

Habilidades de cuidado físico

Se utilizan posiciones específicas para diversos procedimientos y condiciones:

- Cuando el paciente se encuentra en posición supina, está acostado boca arriba, con los brazos extendidos a los costados.
- La posición prono consiste en que el paciente descansa sobre el estómago, con la cabeza girada hacia un lado sobre la almohada y los brazos extendidos a los costados.
- Cuando el paciente está en posición lateral, debe estar acostado de lado, con ambas piernas extendidas.
- La posición de Sims es similar a la posición lateral, ya que el paciente se encuentra acostado de lado. Sin embargo, en la posición de Sims, la pierna superior del paciente se flexiona; tanto la pierna flexionada como el brazo superior se elevan sobre una almohada para proporcionar soporte adicional.
- La posición semi-Fowler consiste en que el paciente está acostado de espaldas, con la cabecera de la cama elevada a 45°.
- La posición alta Fowler es similar a la semi-Fowler, pero la cabecera de la cama se eleva a 90°.

Mover al paciente en la cama

Nunca intente trasladar a un paciente en la cama por sí solo. Siempre solicite la ayuda de otro auxiliar de enfermería o enfermero. Antes de mover al paciente, explíquele lo que se va a hacer. Lávese las manos y póngase un par de guantes. Coloque la cabecera de la cama lo más horizontal posible y ajuste el nivel de la cama hasta alcanzar una altura cómoda. Ubíquese cerca de la cabecera de la cama en un lateral, mientras que la otra persona se coloca en el lado opuesto. Indique al paciente que cruce los brazos sobre el pecho para evitar que las extremidades arrastren y que introduzca el mentón hacia el pecho. Si el paciente no puede hacerlo, sostenga la parte posterior del cuello con una mano. Agarre la sábana auxiliar y enrolle el borde para obtener un buen agarre. Al contar hasta tres, levante la sábana auxiliar y tire hacia arriba. Acomode al paciente para que esté cómodo.

Colocar a un paciente en posición lateral

Antes de girar a un paciente a una posición lateral, solicite la ayuda de un enfermero o auxiliar de enfermería. Eleve la cama a una altura cómoda. Utilizando la sábana auxiliar, mueva al paciente hacia el lado de la cama opuesto a la dirección en la que será girado; esto permitirá que el paciente permanezca en el centro de la cama después de ser girado. Sujete la sábana auxiliar y utilícela para mover al paciente hacia su lado. Si el paciente es capaz, pídale que sujete la barandilla mientras se le coloca en posición. Coloque una almohada debajo de la espalda del paciente, por debajo de la sábana auxiliar. Coloque otra almohada debajo de las nalgas del paciente. Coloque una almohada debajo del brazo del paciente y entre sus rodillas para proporcionar soporte. Retire los guantes y lávese las manos.

Logrolling de un paciente

El logrolling es un procedimiento que se realiza cada vez que el paciente ha sufrido una lesión en el cuello o en la médula espinal. Idealmente, los pacientes con este tipo de lesión deben ser volteados lo mínimo posible hasta que el cuello o la columna se estabilicen. En ciertos casos, no se puede evitar voltearlo, como cuando el paciente se ha vuelto incontinente. Si el paciente debe ser movido, se debe mantener la cabeza, el cuello y la espalda en una posición estable para prevenir lesiones adicionales. Esto requiere una buena comunicación entre los cuidadores encargados de mover al paciente, para garantizar que sus movimientos estén coordinados y se mantenga una alineación adecuada.

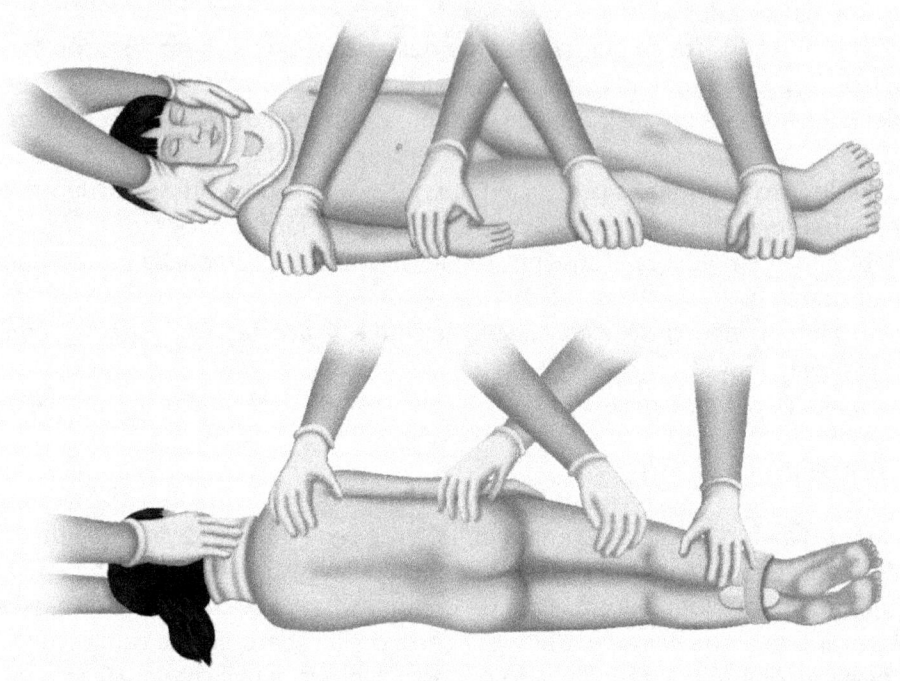

El logrolling de un paciente requiere un mínimo de tres personas para realizarse con éxito. El procedimiento es el siguiente:

1. Lávese las manos, póngase un par de guantes y explique lo que se va a hacer.
2. Ubique a una persona en la cabecera del paciente y a dos en el lado hacia el cual se orientará el paciente.
3. Sostenga la sábana auxiliar y gire al paciente. La persona en la cabecera debe mantener la cabeza del paciente en línea media con el resto del cuerpo, mientras que las personas en el lateral deben mantener la espalda y las caderas alineadas.
4. Realice los procedimientos necesarios y, a continuación, vuelva a colocar al paciente de espaldas. Es imperativo que la cabeza, el cuello y la espalda del paciente se mantengan alineados.
5. Coloque al paciente en una posición cómoda y lávese las manos.

Realización de ejercicios de rango de movimiento en pacientes

Importancia de realizar ejercicios de rango de movimiento en pacientes

Los pacientes encamados corren un mayor riesgo de deterioro muscular por la falta de uso. La falta de ejercicio regular también expone a los pacientes al riesgo de desarrollar contracturas, una condición dolorosa que resulta en el acortamiento permanente del músculo o tendón. Los ejercicios de rango de movimiento se pueden realizar para mantener el tono muscular durante periodos en los que el paciente no posee la fuerza para llevar a cabo otras actividades. Además, se puede asistir a los pacientes para que realicen estos ejercicios si no pueden hacerlo por sí mismos, como es el caso de pacientes sedados o en coma.

Habilidades de cuidado físico

Movimientos utilizados durante los ejercicios de rango de movimiento

Los movimientos específicos utilizados durante estos ejercicios se pueden describir con los siguientes términos:

- Flexión: Se refiere a doblar una articulación, lo que resulta en una disminución del ángulo de la misma. Por ejemplo, cuando el brazo se dobla en el codo, se dice que está en flexión.
- Extensión: Se refiere al estiramiento o enderezamiento de una articulación, aumentando el ángulo. Por ejemplo, cuando se estira el brazo, se dice que está en extensión.
- Abducción: Se refiere al movimiento de alejamiento del tronco. Por ejemplo, cuando el brazo se mueve alejándose del cuerpo, como durante los saltos de tijera, se dice que está en abducción.
- Aducción: Se refiere a un movimiento que acerca una extremidad al tronco. Por ejemplo, cuando el brazo se mueve de nuevo hacia el cuerpo, se dice que está en aducción.
- Rotación: Ocurre cuando una parte del cuerpo gira alrededor de un eje central. Por ejemplo, cuando la cabeza se mueve de un lado a otro, se considera que está en rotación.

Cómo realizar ejercicios de rango de movimiento en pacientes

Los ejercicios de rango de movimiento se realizan típicamente durante el baño del paciente, aunque también se pueden llevar a cabo mientras el paciente está sentado en una silla o acostado en la cama. Cada ejercicio debe realizarse 10 veces para asegurar su eficacia. El procedimiento es el siguiente:

1. Lávese las manos y explique al paciente lo que se va a hacer.
2. Eleve el nivel de la cama hasta que alcance una altura cómoda.
3. Comience realizando ejercicios de rango de movimiento en la cabeza del paciente; instruya al paciente a girar la cabeza de un lado a otro. Este ejercicio no debe realizarse en pacientes que hayan sufrido lesiones en el cuello o en la médula espinal.
4. Continúe con los brazos. Flexione y extienda ambos brazos en el codo, luego realice abducción y aducción. Flexione y extienda ambas muñecas y todos los dedos.
5. Para las piernas, incluya la flexión y extensión en la rodilla, así como la abducción y aducción.
6. Finalmente, flexione y extienda los tobillos y los dedos de los pies.

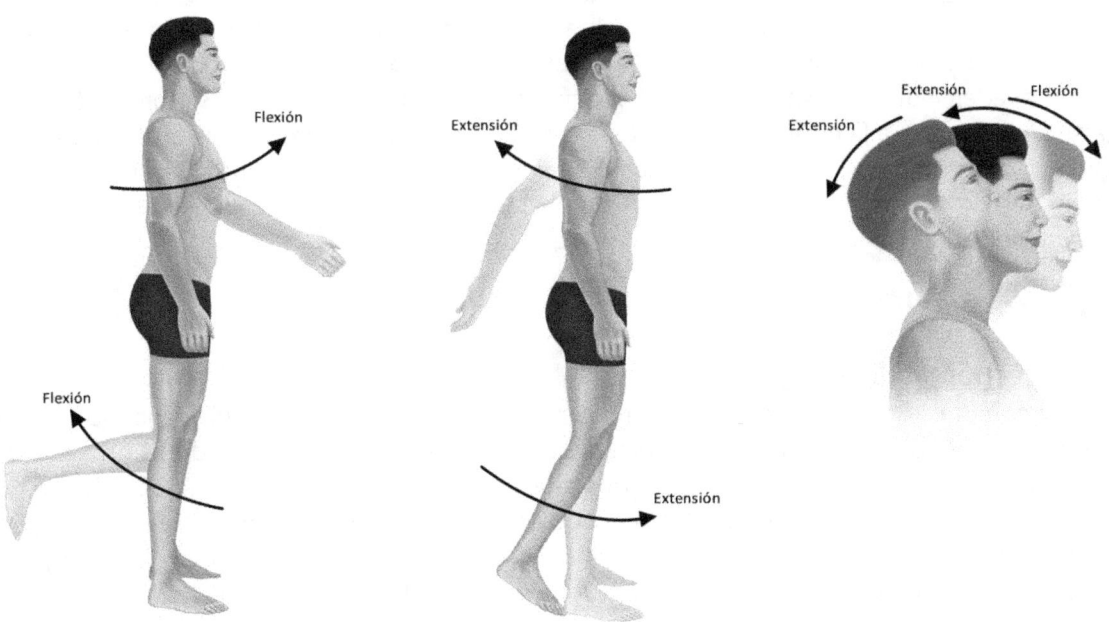

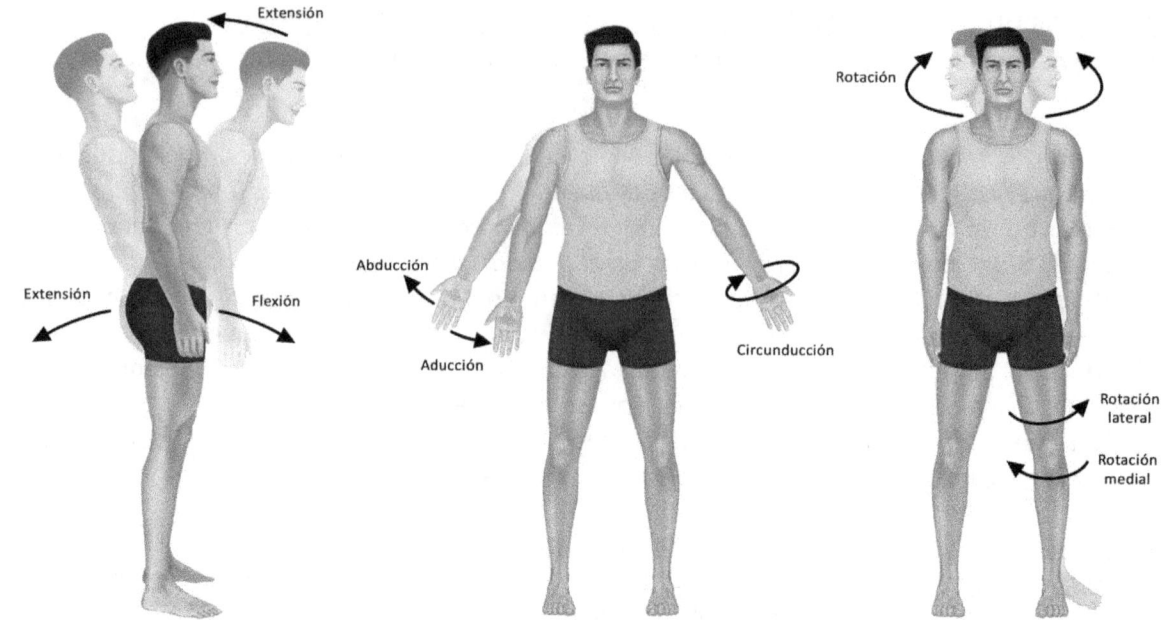

Rango de movimiento activo y rango de movimiento pasivo

El rango de movimiento activo (AROM) se produce cuando los pacientes pueden realizar los ejercicios por sí mismos. Aunque reciben instrucciones del auxiliar de enfermería, el paciente ejecuta la mayor parte del ejercicio.

El rango de movimiento pasivo (PROM) consiste en los mismos ejercicios que en el AROM, pero es realizado por el auxiliar de enfermería en pacientes sedados o en coma para prevenir la debilidad muscular. El PROM también se aplica a pacientes cuya debilidad muscular es tan marcada que requieren asistencia para realizar la actividad.

Hallazgos anómalos

Los ejercicios de rango de movimiento deben realizarse al menos una o dos veces al día para asegurarse de que las articulaciones del paciente no se contraigan. La rigidez o la incapacidad para mover una articulación pueden indicar el inicio de contracturas; si se observa alguno de estos síntomas, debe reportarse de inmediato a la enfermera. Durante la realización de estos ejercicios, el auxiliar de enfermería debe vigilar la aparición de signos de hinchazón o inflamación en las articulaciones. Si el paciente experimenta un dolor intenso de forma repentina o presenta dificultad respiratoria mientras realiza los ejercicios, se debe notificar a la enfermera de inmediato.

Mecánica corporal

Mecánica corporal adecuada

La mecánica corporal adecuada se describe como la realización segura de tareas utilizando los grupos musculares correspondientes para evitar esfuerzos excesivos o lesiones. Los trabajadores de la salud presentan las incidencias más altas de lesiones musculares relacionadas con el trabajo debido al frecuente levantamiento de cargas pesadas, y estas lesiones suelen sanar lentamente. La mecánica corporal adecuada es importante en el ámbito médico debido a la frecuente necesidad de levantar, girar y reposicionar a los pacientes. Una buena mecánica corporal evita el uso indebido de los músculos de la espalda durante el cuidado del paciente, lo que reduce la fatiga y el riesgo de lesiones tanto para el paciente como para el auxiliar de enfermería.

Principios de la mecánica corporal

Existen cuatro principios de la mecánica corporal que deben seguirse para evitar lesiones.

1. El primero es mantener un centro de gravedad adecuado. Esto se logra flexionando y levantando con las piernas, manteniendo la espalda recta al levantar.
2. El segundo principio es mantener una base de apoyo amplia para conservar la estabilidad durante el levantamiento. Establezca esta base de apoyo manteniendo los pies separados al menos 12 pulgadas, con un pie ligeramente adelantado respecto al otro.
3. El tercer principio es mantener una alineación adecuada. Al levantar un objeto pesado, mantenga la espalda recta y el objeto lo más cerca posible del cuerpo. Si el auxiliar de enfermería debe girar con el objeto, debe pivotar todo el cuerpo en lugar de torcerse mientras sostiene el objeto.
4. El cuarto principio es mantener una postura adecuada al levantar. Mantenga la cabeza erguida, la espalda recta, las rodillas flexionadas y las caderas contraídas para prevenir lesiones durante el levantamiento.

Trombosis venosa profunda (TVP)

Una trombosis venosa profunda (TVP) es un coágulo de sangre que se forma en las venas más grandes de una extremidad. Las TVP se desarrollan con mayor frecuencia en las piernas, aunque el riesgo de que se forme una TVP en los brazos aumenta si el paciente tiene una vía intravenosa. Generalmente, las TVP son causadas por la inmovilización, aunque otros factores como la obesidad, la infección, el uso de tabaco y la edad avanzada pueden incrementar el riesgo de desarrollar un coágulo. Los signos más comunes de una TVP incluyen la hinchazón y el enrojecimiento de la extremidad afectada. Además, el paciente puede quejarse de dolor en dicha extremidad. Las TVP presentan un alto riesgo de embolia, cuando una parte del coágulo se desprende y viaja a través del torrente sanguíneo hacia el corazón, los pulmones o el cerebro, lo que puede resultar en una embolia pulmonar, un ataque cardíaco o un accidente cerebrovascular. Si un paciente presenta alguno de estos signos, se debe elevar la extremidad afectada y evitar frotarla o masajearla (ya que esto puede generar una embolia). Se debe notificar a la enfermera de inmediato.

Dispositivo de compresión secuencial (SCD)

Un dispositivo de compresión secuencial (SCD) consiste en un par de manguitos que se colocan en las piernas del paciente para prevenir la formación de coágulos sanguíneos. Mientras los SCD están en funcionamiento, el dispositivo aplica presión en diferentes áreas de las piernas de forma secuencial. La presión aumentada favorece el flujo sanguíneo en las piernas, previniendo la formación de coágulos. Se debe tener cuidado mientras los SCD están en uso para asegurar que los tubos no se doblen, ya que esto impide el correcto funcionamiento del dispositivo. Además, se debe monitorear la circulación en los pies del paciente. Es necesario realizar cuidados frecuentes de la piel, pues la piel debajo de los manguitos puede volverse húmeda y caliente. No se deben utilizar SCD en extremidades que presenten una TVP, ya que podría fomentar la formación de una embolia.

Habilidades de cuidado físico

Medias anti-embolia y vendajes elásticos

Medias anti-embolia

Las medias anti-embolia o medias T.E.D. (disuasión tromboembólica) son medias elásticas ajustadas que se aplican en las piernas del paciente. Por lo general, se prescriben para pacientes que han sido sometidos a cirugía o que tienen una actividad disminuida. Cuando un paciente no puede moverse, la sangre se acumula en las piernas, lo que aumenta el riesgo de desarrollar coágulos sanguíneos y edema. Las medias anti-embolia actúan aplicando presión en las piernas, lo que favorece el flujo sanguíneo. Con una mejor circulación en las extremidades inferiores, se reduce el riesgo de que el paciente desarrolle un coágulo sanguíneo o edema. Se debe tener cuidado de monitorear frecuentemente la circulación en las piernas del paciente mientras las medias anti-embolia estén colocadas.

Aplicación de medias anti-embolia

El proceso para aplicar las medias anti-embolia es el siguiente:

1. Antes de aplicar las medias anti-embolia, verifique que sean del tamaño adecuado para el paciente según su estatura y peso; deben quedar ajustadas sin interrumpir la circulación.
2. Coloque al paciente en posición supina.
3. Reúna el tejido de la media anti-embolia y deslícelo sobre el pie del paciente.
4. Enrolle la media hacia arriba hasta que el borde superior se sitúe por encima de la rodilla del paciente.
5. Verifique que no haya arrugas en la media y que ésta esté colocada correctamente, de modo que los dedos de los pies y los talones queden en las posiciones adecuadas.
6. Una vez que la media esté en su lugar, posicione al paciente para asegurar su comodidad, retire los guantes y lávese las manos.

Aplicación de vendajes elásticos

El proceso para aplicar vendajes elásticos es el siguiente:

1. Antes de aplicar un vendaje elástico, revise la orden médica para confirmar el sitio donde debe colocarse el vendaje.
2. Lávese las manos y póngase un par de guantes.
3. Sujete el extremo del vendaje con una mano y envuélvalo alrededor de la extremidad dos veces para asegurarlo.
4. Continúe envolviendo el vendaje alrededor del área que necesita cubrir, trabajando de abajo hacia arriba.
5. Mientras envuelve, solape el vendaje para evitar que se deslice y para asegurar que el área quede completamente cubierta.
6. Una vez que el vendaje elástico esté en su lugar, asegúrelo con cinta, clips o velcro.
7. Retire los guantes y lávese las manos.

Monitoreo de pacientes con vendajes elásticos o medias anti-embolia

Mientras los pacientes utilizan medias anti-embolia o vendajes elásticos, es importante monitorearlos de cerca para asegurarse de que reciben una cantidad adecuada de circulación en sus extremidades. Evalúe frecuentemente los dedos del paciente (o los dedos de la mano, si el vendaje elástico se encuentra en el brazo) para detectar signos de disminución en la circulación. Cualquier queja de adormecimiento, hormigueo o disminución de la sensibilidad en la extremidad debe ser reportada a la enfermera e

Habilidades de cuidado físico

investigada de inmediato. Asegúrese de retirar las medias anti-embolia del paciente cada 8 horas para permitir la circulación. Los vendajes elásticos deben retirarse según la orden del médico.

Úlceras por presión

Etapas
Las úlceras por presión se dividen en etapas, clasificadas según la profundidad de la herida.

Etapa	Descripción
Etapa I	Un área de enrojecimiento que típicamente se ubica sobre una prominencia ósea. El área enrojecida puede sentirse dolorosa o caliente al tacto.
Etapa II	Desgaste de la primera capa de la piel, dejando al descubierto un lecho de herida de color rosado.
Etapa III	Una úlcera que se extiende más allá del espesor total de la piel hacia el tejido subcutáneo; puede visualizarse tejido graso. Además, puede presentarse túnelización.
Etapa IV	Pérdida de suficiente tejido cutáneo que revela tejido muscular o hueso.
Inclasificable	El lecho de la herida está cubierto con tejido necrótico (muerto, negro) y, por lo tanto, no se puede visualizar ni evaluar para su clasificación.

Prevención
Existen varios métodos disponibles para prevenir la formación de úlceras por presión.

- El método principal de prevención es el cambio frecuente de posición. El paciente debe ser girado y reposicionado al menos cada dos horas para evitar el deterioro de la piel. Se pueden usar almohadas para proporcionar soporte adicional.
- Los pies del paciente deben ser elevados para prevenir el deterioro en los tobillos, y la cabecera de la cama debe mantenerse a un ángulo inferior a 30° para reducir la presión sobre los glúteos.
- La piel del paciente debe ser evaluada con frecuencia.
- Además, se debe monitorear de cerca el estado nutricional del paciente, ya que aquellos con una mala nutrición tienen un riesgo mayor de desarrollar una úlcera por presión.

Colchones de aire y colchones tipo "egg crate"
Las úlceras por presión generalmente se desarrollan cuando el paciente no puede moverse debido a una enfermedad o lesión. Mientras el paciente permanece en la cama, su peso provoca el deterioro en las zonas de prominencias óseas, como los omóplatos y el coxis. Cuando se infla, un colchón de aire disminuye la cantidad de presión aplicada sobre estas prominencias. Un colchón tipo "egg crate" es un cojín de espuma que posee áreas elevadas alternadas con ranuras, lo que reduce la zona de presión sobre dichas prominencias. Aunque estos dispositivos no sustituyen el cambio de posición del paciente, pueden ayudar a prevenir la formación de úlceras por presión en pacientes de alto riesgo.

Tratamiento
Las úlceras por presión son difíciles de curar debido al estado de salud comprometido del paciente. Si un paciente desarrolla una úlcera por presión, es importante evitar que empeore mediante el cambio y

reposicionamiento frecuente. El paciente debe colocarse sobre una superficie de soporte, como un colchón de aire, lo que ayuda a disminuir la presión sobre las prominencias óseas. La piel en el área afectada debe mantenerse limpia y seca. Se pueden aplicar apósitos a la úlcera por presión, aunque el tipo de apósito dependerá de la gravedad de la lesión. También es fundamental asegurar que el paciente mantenga una buena nutrición para favorecer la curación.

Cuidado de un paciente con contracturas

Los pacientes inmóviles tienen un alto riesgo de desarrollar contracturas, que son el acortamiento permanente de músculos o tendones y que resultan en articulaciones rígidas y deformidades. Existen varias opciones de tratamiento para un paciente con contracturas.

Cuando un paciente desarrolla una contractura por primera vez, se debe notificar a la enfermera y al fisioterapeuta. Se deben realizar esfuerzos para movilizar la articulación utilizando técnicas de rango de movimiento. Antes de iniciar la actividad, se puede aplicar terapia de calor para aliviar el dolor y aumentar la flexibilidad. En algunos casos, se puede colocar una férula en la articulación afectada, la cual ejerce un estiramiento continuo sobre la misma. El cuidado de la férula debe realizarse según lo ordenado por el médico. Si la contractura no responde a otros tratamientos, el paciente podría ser sometido a cirugía para manipular el tendón.

Prevención del edema

El edema puede desarrollarse en las extremidades del paciente como resultado de la sobrecarga de líquidos o de la inactividad. El auxiliar de enfermería puede prevenir la hinchazón alentando al paciente a moverse. Si el paciente no puede caminar, se deben realizar frecuentemente ejercicios de amplitud de movimiento. Mientras se encuentre en la cama o en la silla, las piernas del paciente deben elevarse sobre almohadas para evitar la hinchazón en las extremidades inferiores. Masajear las extremidades del paciente utilizando loción también puede prevenir el edema. Si el paciente tiene antecedentes de insuficiencia cardíaca o renal, se debe controlar de cerca su ingesta de líquidos y sodio, ya que un exceso puede resultar en un aumento del edema.

Efectos de la inmovilidad en la autoimagen y la tolerancia a la actividad

Los pacientes pueden presentar inmovilidad por diversas razones, incluyendo edema, debilidad, trauma, dolor, infección grave y enfermedades neuromusculares. La inmovilidad impide que el paciente interactúe normalmente con su entorno y con otras personas, lo que puede hacer que se centre en cuestiones relacionadas con su cuerpo y su salud, volviéndose exigente o, en algunos casos, pasivo. El paciente puede comenzar a sentirse impotente debido a la necesidad de depender de otros para satisfacer sus necesidades y desarrollar una imagen corporal negativa y una baja autoestima. Además, puede llegar a deprimirse, enojarse y retraerse, especialmente si la inmovilidad se prolonga.

Asimismo, la inmovilidad interfiere con la capacidad del paciente para realizar las actividades de la vida diaria sin ayuda. Los músculos se debilitan por la falta de uso, los huesos pierden calcio y son más propensos a fracturarse, y el paciente puede experimentar una caída repentina de la presión arterial al sentarse o ponerse de pie (hipotensión ortostática). El paciente se cansa fácilmente y tiene un mayor riesgo de sufrir caídas.

Habilidades de cuidado físico

Habilidades básicas de enfermería

Cuidado de pacientes con discapacidad visual

El auxiliar de enfermería debe tomar precauciones especiales al cuidar a un paciente que presenta discapacidad visual. Antes de interactuar con el paciente, el auxiliar debe familiarizarse con el tipo de discapacidad visual que presenta. Además, debe asegurarse de identificarse tan pronto como ingrese a la habitación y posicionarse dentro del campo visual del paciente durante la interacción. Al asistir al paciente en su ambulación, el auxiliar de enfermería debe permitir que el paciente se mueva con la mayor libertad posible y proporcionarle indicaciones verbales claras sobre los posibles obstáculos. Los muebles en la habitación del paciente no deben moverse, de modo que el paciente pueda familiarizarse con su entorno.

Cuidado de pacientes con dificultades auditivas

Si el paciente tiene dificultad para oír en uno de sus oídos, el auxiliar de enfermería debe hablar de pie, del lado por donde el paciente pueda oír. El auxiliar debe presentarse y hablar despacio y con claridad. Además, debe dirigir su rostro hacia el paciente para que pueda leer los labios. Mientras conversa, se debe tratar de limitar el ruido de fondo y profundizar el tono de la voz para que se escuche mejor. Si el paciente tiene buena visión, la comunicación se puede lograr mediante mensajes escritos en lugar de hablar.

Cuidado de pacientes con afasia

La afasia se define como una dificultad para hablar que resulta de lesiones en el cerebro. Generalmente, la afasia es causada por un accidente cerebrovascular, lesiones cerebrales, tumores cerebrales o enfermedades progresivas, como la enfermedad de Alzheimer o la enfermedad de Parkinson. La afasia puede presentarse en diversas formas. El paciente puede ser incapaz de hablar o utilizar palabras y frases inadecuadas. Asimismo, el paciente puede llegar a ser incapaz de nombrar objetos o referirse a ellos con nombres incorrectos. La afasia también puede afectar la capacidad del paciente para comprender el lenguaje; en algunos casos, el paciente puede llegar a ser incapaz de leer, escribir o formar oraciones completas.

Antes de interactuar con el paciente, el auxiliar de enfermería debe familiarizarse con el tipo de afasia que presenta y comunicarse en consecuencia. La clave para cuidar a un paciente con afasia es evitar frustrarse. No apresure al paciente; dele tiempo para ordenar sus pensamientos y expresar lo que intenta decir. Evite hablar por el paciente. Intente utilizar un tablero de imágenes o letras para facilitar la comunicación. Si es posible, permita que el paciente escriba mensajes para comunicarse.

Cuidado de pacientes con cambios en la movilidad o parálisis

Los pacientes con cambios en la movilidad o parálisis pueden necesitar diversas intervenciones para garantizar su seguridad y bienestar, incluyendo lo siguiente:

- La posición del paciente debe modificarse al menos cada 2 horas, con los miembros y la espalda apoyados en almohadas si está en cama.
- La piel del paciente debe examinarse cada vez que se cambie de posición y durante el baño para detectar áreas enrojecidas o marcas por presión.

Habilidades de cuidado físico

- Se debe enseñar al paciente a cambiar de posición y recordárselo si es capaz de hacerlo de forma independiente.
- Se deben aplicar lociones o cremas en la piel para mantenerla flexible.
- Se deben utilizar dispositivos de asistencia para mover o trasladar al paciente y para ayudar en la deambulación cuando sea necesario.
- El timbre de llamada debe colocarse en un lugar accesible para el paciente o, alternativamente, se debe proporcionar otro método para alertar al personal de enfermería.
- La asistencia durante las comidas puede incluir la provisión de dispositivos de ayuda o la alimentación del paciente, dependiendo del grado de discapacidad.
- La ropa y los zapatos deben ser modificados para que el paciente pueda vestirse de forma independiente (por ejemplo, con cierres de velcro o cordones elásticos).
- Se pueden requerir dispositivos que disminuyan la presión en camas y sillas.
- Se deben realizar ejercicios de amplitud de movimiento diariamente.

Cuidado del paciente con yeso

Los pacientes que llevan un yeso deben ser monitoreados de cerca para asegurar que mantengan una circulación adecuada. Las razones de preocupación deben ser informadas de inmediato a la enfermera e incluyen lo siguiente:

- Si los dedos (o, en el caso de la extremidad inferior, los dedos de los pies) se vuelven fríos, pálidos o adquieren un tono azulado, podría indicarse una disminución de la perfusión debido a un yeso demasiado apretado o a la hinchazón.
- Un dolor severo repentino, entumecimiento o sensación de hormigueo pueden ser indicativos de mala circulación o de daño en los nervios.
- Un olor desagradable o una sensación de quemazón proveniente del interior del yeso puede ser un indicativo de infección.

Contribuir al manejo del dolor

La responsabilidad del auxiliar de enfermería en contribuir al manejo del dolor comienza con el conocimiento de las expresiones verbales y no verbales de dolor y malestar, así como con el reporte oportuno de estas observaciones a la enfermera licenciada correspondiente (LVN/LPN o RN), de modo que se pueda proporcionar la analgesia prescrita, si es necesario. El auxiliar de enfermería también puede ayudar a aliviar el malestar del paciente mediante medidas de confort, que pueden incluir lo siguiente:

- Preguntar al paciente qué medidas de confort ayudarán a aliviar el malestar, si el paciente se encuentra alerta y responde
- Reposicionar al paciente y apoyar el cuerpo y las extremidades en una alineación adecuada utilizando almohadas o cojines
- Proporcionar una manta cálida
- Hablar con el paciente, mostrando preocupación, empatía y apoyo
- Proporcionar ayudas para la relajación (música, ruido blanco)
- Ofrecer distracción: televisión, música, lectura y actividades (juegos de cartas, rompecabezas)
- Masajear suavemente la espalda del paciente
- Proporcionar un ambiente relajante (disminuir la intensidad de las luces, reducir el ruido)
- Ayudar al paciente con ejercicios de relajación y visualización

Habilidades de cuidado físico

Control de infecciones

Infección localizada vs. sistémica

Las infecciones se dividen en dos grupos: localizadas y sistémicas.

- Una infección localizada ocurre cuando un virus o bacteria comienza a desarrollarse en una pequeña área del cuerpo. Esto puede ocurrir en heridas o en sitios quirúrgicos si no se tratan adecuadamente. Los signos y síntomas de una infección localizada incluyen calor, enrojecimiento e hinchazón alrededor del área; drenaje purulento o de mal olor; o fiebre.
- En una infección sistémica, un virus o bacteria ha accedido al torrente sanguíneo, propagándose a otras partes del cuerpo como consecuencia. Los signos de una infección sistémica incluyen fiebre, malestar, náuseas, vómitos, escalofríos y debilidad generalizada. La infección sistémica puede derivar en sepsis y, si no se trata con prontitud, resultar en la muerte.

Infección bacteriana vs. infección viral

Una infección bacteriana se produce cuando las bacterias ingresan al cuerpo. Estas bacterias se multiplican para infectar al paciente, lo que resulta en una infección. La infección bacteriana es, por lo general, localizada. Por ejemplo, una infección de garganta puede provocar un dolor más intenso en un lado de la garganta. Es necesario que se prescriban antibióticos para ayudar a combatir el crecimiento bacteriano, ya que estas infecciones no suelen resolverse por sí solas.

Las infecciones virales ocurren cuando un virus invade el cuerpo a través de las membranas mucosas. El virus se adhiere a una célula viva y utiliza su material genético para producir más copias de sí mismo, lo que resulta en la muerte de la célula huésped. Las infecciones virales no responden al tratamiento con antibióticos. Aunque algunos medicamentos antivirales existen, el tratamiento habitual en una infección viral consiste en tratar los síntomas y fortalecer el sistema inmunológico para combatir la infección. Algunas infecciones virales graves se controlan mediante el uso de vacunas que refuerzan el sistema inmunológico del cuerpo contra un virus específico, proporcionando las defensas adecuadas para reconocer y combatir el virus al ingresar. La FDA ha aprobado vacunas para la influenza, el sarampión, las paperas, la rubéola y la polio, entre otras.

Transmisión de microorganismos

Los microorganismos deben trasladarse de un huésped a otro para sobrevivir. Existen diversos medios de transmisión de microorganismos:

- Algunos microorganismos se transmiten a través de gotas o aerosoles que se liberan cuando un huésped infectado tose o estornuda. Los microorganismos presentes en las gotas o aerosoles pueden invadir a un nuevo huésped a través de las membranas mucosas de los ojos, la nariz o la boca.
- Los microorganismos también pueden transmitirse por contacto oral directo, como al besar a una persona infectada o al beber del mismo vaso que la persona enferma.
- La transmisión iatrogénica ocurre cuando los microorganismos se trasladan a un nuevo huésped durante un procedimiento médico, como una cirugía o la colocación de una vía intravenosa.

Habilidades de cuidado físico

- En ocasiones raras, los microorganismos pueden transmitirse por la vía fecal-oral. Esto ocurre típicamente como resultado de un contacto indirecto con material fecal, ya sea por un lavado de manos inadecuado o por consumir alimentos que hayan sido contaminados.

Precauciones universales

Las precauciones universales implican tratar todas las secreciones del paciente como si contuvieran un patógeno, evitando así el contacto directo con cualquier secreción. Se aplican en el entorno sanitario siempre que exista el riesgo de entrar en contacto con sangre o fluidos corporales. Estas precauciones incluyen el uso de guantes al recolectar sangre o manipular cualquier objeto que pueda haber sido contaminado con sangre. Puede ser necesario utilizar otros equipos de protección, por ejemplo, un escudo facial al aspirar secreciones copiosas o una mascarilla para protegerse de las secreciones aéreas. Si una superficie de trabajo ha sido contaminada con sangre o fluidos corporales, se debe limpiar utilizando el desinfectante adecuado.

Lavado de manos

Propósito

Los microorganismos están presentes en todas las superficies y pueden transferirse al tocar. Ciertos microorganismos pueden causar enfermedades o infecciones si entran en contacto con una persona cuyo sistema inmunológico se ha visto comprometido. Por ello, el lavado de manos es una parte vital del control de infecciones. Si se realiza correctamente, el lavado de manos elimina la suciedad visible y los gérmenes de las manos. Esto previene la transmisión de gérmenes desde el auxiliar de enfermería al paciente o de un paciente a otro. El agua tibia, el jabón antimicrobiano y la fricción firme aplicada a todas las áreas de la mano durante el lavado son factores clave para asegurar que las manos queden limpias y libres de gérmenes.

Procedimiento adecuado

El procedimiento correcto para lavarse las manos con jabón y agua es el siguiente:

1. Antes de comenzar a lavarse, retire cualquier joyería de las manos y muñecas.
2. Abra el grifo y deje correr el agua hasta que esté tibia; moje las manos hasta las muñecas.
3. Aplique una pequeña cantidad de jabón. Continúe frotando el jabón hasta obtener espuma durante al menos 30 segundos, utilizando una fricción firme entre los dedos, debajo de las uñas y hasta las muñecas.
4. Asegúrese de mantener las manos por debajo del nivel de los codos para evitar que los gérmenes asciendan por el brazo.
5. Si las manos han estado contaminadas con fluidos corporales, el lavado de manos debe efectuarse durante al menos un minuto.
6. Enjuague bien las manos con agua tibia y luego séquelas.
7. Una vez las manos estén secas, utilice parte de la toalla para cerrar el grifo.

El lavado de manos adecuado es la clave para el control de infecciones. Debido a que los gérmenes pueden desprenderse de las manos durante el lavado, es importante asegurarse de que las manos no toquen el interior del lavabo mientras se lavan. Si las manos del auxiliar de enfermería llegan a tocar el interior del lavabo, se debe repetir el lavado para garantizar que no se hayan contaminado. La superficie húmeda del jabón en barra puede servir como medio para el crecimiento de gérmenes. Antes de

Habilidades de cuidado físico

comenzar a lavarse las manos, frote vigorosamente el jabón para eliminar la capa exterior. Luego, una vez finalizado el lavado, enjuague el jabón con agua tibia.

Desinfectante de manos a base de alcohol

Los desinfectantes de manos a base de alcohol han sido aprobados como complemento al lavado de manos en el entorno sanitario. Funcionan eliminando la capa externa de aceites de la mano, matando cualquier bacteria presente en el proceso. Para utilizar el desinfectante, tome una cantidad del tamaño de una moneda de diez centavos en la mano dominante. Frote las manos vigorosamente durante al menos treinta segundos. Asegúrese de frotar entre los dedos, entre las articulaciones de los nudillos y debajo de las uñas. Si, después de treinta segundos, las manos aún están húmedas, déjelas secar al aire. Una vez que las manos estén secas, se consideran limpias.

Lavado de manos en lugar de utilizar desinfectante de alcohol

Existen casos en los que se recomienda el lavado de manos en lugar del uso de un desinfectante a base de alcohol:

- Incluso si se utiliza el desinfectante de manos de manera adecuada, se deben lavar las manos ocasionalmente para eliminar cualquier residuo que pueda acumularse por el uso frecuente del desinfectante.
- El auxiliar de enfermería debe lavarse las manos con jabón y agua si han estado contaminadas con secreciones (sangre, orina, saliva/esputo, vómito, heces, secreciones orales, etc.).
- El lavado de manos se debe realizar antes de comer y después de usar el baño.
- Es obligatorio el lavado de manos después de cuidar a pacientes infectados con Clostridium difficile*, una bacteria infecciosa que no se elimina eficazmente con el desinfectante de manos a base de alcohol.

Equipo de protección personal (EPP)

Los tipos de equipo de protección personal (EPP) incluyen lo siguiente:

- Guantes: Los guantes son el elemento de protección más utilizado en el entorno sanitario. Por lo general, están hechos de vinilo fino o caucho nitrílico y están destinados a un solo uso. Se deben utilizar siempre que exista el riesgo de tener contacto con material infeccioso o fluidos corporales.
- Batas: Las batas suelen estar confeccionadas con plástico fino o fibras sintéticas impermeables. Normalmente se llevan sobre el uniforme cuando el paciente está en aislamiento por contacto o cuando existe la posibilidad de salpicaduras de fluidos corporales.
- Opciones de protección facial incluyen lo siguiente:
  - Mascarillas: Se utilizan sobre la nariz y la boca para evitar la inhalación de material infeccioso.
  - Gafas: Se colocan sobre los ojos para impedir la introducción de material infeccioso en ellos.
  - Cuando se manejan grandes cantidades de secreciones, se puede usar un protector facial en lugar de la mascarilla y las gafas.

Habilidades de cuidado físico

Colocación y retiro del EPP

El equipo de aislamiento debe ponerse antes de ingresar a una habitación de aislamiento. El orden para colocarse el EPP es el siguiente:

1. La bata debe ser desplegada y sostenida con la abertura orientada hacia la parte posterior. Coloque los brazos a través de las mangas y ate la bata de manera segura detrás del cuello y a la cintura.
2. A continuación, debe colocarse la mascarilla, asegurándose de que cubra tanto la nariz como la boca.
3. Finalmente, póngase los guantes, de modo que cubran los puños de la bata de aislamiento.

El equipo de aislamiento debe retirarse antes de salir de la habitación en el siguiente orden:

1. En primer lugar, retire los guantes. Agarre el primer guante por la muñeca y tíre de él para quitarlo. Luego, forme una bola con el guante usado en la mano que aún los tiene puestos. Agarre el guante restante por la muñeca y tíre para retirarlo.
2. A continuación, retire la bata y la mascarilla.
3. Una vez que se hayan retirado los guantes, la bata y la mascarilla, lávese las manos.

Precauciones básicas para cambiar la ropa de cama

Al cambiar la ropa de cama, el auxiliar de enfermería debe usar guantes y evitar mantener la ropa cerca del cuerpo. La ropa de cama sucia no debe agitarse, ya que esto puede liberar gérmenes en el aire. Una vez que toda la ropa sucia haya sido retirada de la cama y depositada en el recipiente adecuado, el auxiliar deberá quitarse los guantes y lavarse las manos. Luego, se debe atar de forma segura la bolsa de ropa sucia y colocarla en el cuarto de utilidades para ropa sucia. La ropa de cama limpia debe desplegarse cuidadosamente y colocarse sobre la cama. Cualquier prenda que haya caído al suelo se considerará contaminada; debe depositarse en el contenedor destinado a la ropa sucia y reemplazarse con ropa limpia.

Aislamiento

El aislamiento se refiere a medidas especiales tomadas para prevenir la propagación de gérmenes. El objetivo es proteger a otros pacientes y al personal del hospital, mientras se brinda atención al paciente. El aislamiento puede ser requerido si el paciente tiene una enfermedad particularmente infecciosa, como la tuberculosis o la varicela. Además, el paciente puede ser colocado en aislamiento si posee una bacteria resistente a medicamentos, como el Staphylococcus aureus resistente a meticilina (MRSA) o Clostridium difficile (C. diff). Dependiendo del tipo de aislamiento, el auxiliar de enfermería deberá usar una bata de aislamiento, guantes y/o mascarilla al atender al paciente.

Precauciones de aislamiento

Existen tres tipos de precauciones de aislamiento:

- Las precauciones por contacto tienen la finalidad de limitar la propagación de microorganismos que pueden transmitirse mediante el contacto directo con una superficie contaminada. Si un paciente está en aislamiento por contacto, debe estar en una habitación privada claramente señalizada. Al proporcionar atención al paciente, el auxiliar de enfermería debe usar siempre una bata de aislamiento y guantes dentro de la habitación.

Habilidades de cuidado físico

- Las precauciones por gotas tienen la finalidad de limitar la propagación de microorganismos transmitidos por secreciones mucosas o respiratorias. Un paciente que requiera precauciones por gotas debe ser ubicado en una habitación privada. El auxiliar de enfermería debe usar mascarilla y guantes al atender a un paciente bajo precauciones por gotas.
- Las precauciones por vía aérea tienen como objetivo prevenir la propagación de microorganismos transmitidos por el aire que pueden sobrevivir durante largos períodos en el ambiente. Durante estas precauciones, el paciente debe ser ubicado en una habitación de presión negativa. Al atender al paciente, el auxiliar de enfermería debe usar una mascarilla N95 o respirador de ajuste adecuado y guantes.

Elementos requeridos para pacientes en aislamiento

El auxiliar de enfermería debe asegurarse de que los gérmenes de un paciente en aislamiento no se propaguen entre la población de pacientes. Se debe colocar un carro fuera de la habitación del paciente que contenga el equipo de aislamiento que debe ponerse antes de ingresar a la habitación. Esto incluye batas de aislamiento impermeables, guantes y mascarillas, así como una bolsa de basura para la eliminación de desechos. También deben estar disponibles toallitas germicidas para limpiar el equipo que se comparte con el resto de la población. Al paciente en aislamiento también se le puede proporcionar equipo desechable que normalmente se comparte entre los pacientes, como estetoscopios de un solo uso y manguitos para medir la presión arterial.

Retiro especial de ropa de cama sucia de una habitación de aislamiento

Se debe tener cuidado al retirar la ropa de cama sucia de una habitación de aislamiento. Debido a que la bolsa de ropa se encontraba en la habitación de aislamiento, se considera contaminada. La bolsa de ropa sucia debe colocarse dentro de una bolsa limpia para evitar la contaminación. Mientras el auxiliar de enfermería baña al paciente, la ropa sucia debe colocarse en una bolsa de plástico para ropa de cama. Una vez completado el baño, la bolsa debe atarse de manera segura. Otro auxiliar, ubicado fuera de la puerta, debe sostener una segunda bolsa de ropa de cama abierta mientras se coloca la primera bolsa en su interior; la segunda bolsa también debe atarse de manera segura. La bolsa de ropa de cama embolsada doblemente debe dejarse fuera mientras el auxiliar de enfermería se quita la bata de aislamiento, los guantes y la mascarilla, y luego se lava las manos. Finalmente, la ropa de cama sucia puede ser llevada al cuarto de utilidades destinado a la ropa sucia.

Mantenimiento de equipos

Infección por equipos de atención al paciente

El nivel de riesgo de infección por equipos de atención al paciente se refiere a la probabilidad de que un equipo contenga patógenos infecciosos en su superficie; esto ayuda a determinar el nivel adecuado de limpieza antes de su uso posterior.

- Los artículos de bajo riesgo o no críticos son aquellos equipos que entran en contacto con la piel intacta, como los estetoscopios. Los artículos no críticos también incluyen objetos inanimados del entorno, como mostradores y paredes. Estos artículos solo requieren limpieza con un detergente antes de su uso posterior.
- Los artículos de riesgo intermedio o semi-críticos son aquellos que tienen contacto cercano con las membranas mucosas, pero no penetran la piel, como termómetros o equipos respiratorios. Estos artículos requieren limpieza con un desinfectante de alto nivel antes de estar listos para su uso.

Habilidades de cuidado físico

- Los artículos de alto riesgo o críticos, como los instrumentos y dispositivos quirúrgicos, han penetrado o penetrarán la piel y tienen un alto riesgo de contaminación por microorganismos. Estos artículos deben ser esterilizados antes de estar listos para su uso posterior.

Limpieza, desinfección y esterilización

La limpieza se refiere al proceso que elimina la suciedad visible o el material sucio de una superficie. Por lo general, implica el uso de agua o un detergente para enjuagar la superficie. La limpieza debe realizarse antes de proceder a la desinfección o esterilización.

La desinfección se define como el proceso que destruye la mayoría de los microorganismos en la superficie de un equipo. El desinfectante utilizado es típicamente de naturaleza química, aunque algunos equipos pueden ser desinfectados mediante calor.

La esterilización se refiere al proceso que elimina todas las formas de vida microbiana de un equipo.

Proceso para la limpieza de equipos

La limpieza es el proceso de eliminar la suciedad o el material orgánico de la superficie de un equipo. Si un artículo no se limpia correctamente, la desinfección o esterilización posterior puede no ser efectiva. Se deben usar guantes durante la limpieza del equipo.

- Frote cada pieza de equipo cuidadosamente con un detergente, aplicando presión firme para eliminar cualquier suciedad o material orgánico.
- Una vez eliminado el material orgánico y la suciedad, enjuague la superficie completamente con agua y déjela secar antes de su uso posterior.
- Lávese las manos después de limpiar cualquier equipo.

Proceso para la esterilización de equipos

La esterilización requiere que un equipo sea expuesto a calor seco extremo o a un esterilizante químico para eliminar todos los microorganismos. Generalmente, el equipo se somete a calor seco durante el proceso de autoclave, el cual se considera el método más efectivo de esterilización. La esterilización química se utiliza para aquellos equipos que no pueden tolerar altas temperaturas, como los fluidos y el caucho. Es fundamental tener cuidado al manipular equipos estériles, ya que cualquier contacto con una superficie no estéril introducirá nuevos microorganismos en el equipo. Cuando se prepara un equipo estéril para su uso, debe manipularse utilizando técnica estéril.

Seguridad del paciente

Caídas de pacientes

Factores de riesgo y prevención

Las caídas de los pacientes son un problema considerable en el ámbito de la atención médica. Las lesiones derivadas de una caída se consideran una causa principal de morbilidad en los adultos mayores. La pérdida de coordinación y densidad ósea con el envejecimiento aumenta el riesgo de sufrir fracturas tras una caída; la consiguiente pérdida de independencia puede conducir a un deterioro en la salud e, incluso, a la muerte. Sin embargo, caerse no es una parte normal del proceso de envejecimiento. Una prevención adecuada puede disminuir considerablemente el riesgo de caídas. Como auxiliar de enfermería, es importante seguir las precauciones contra caídas para evitar este tipo de incidentes en el entorno hospitalario.

Habilidades de cuidado físico

Precauciones necesarias

Existen diversas medidas que se pueden adoptar para prevenir las caídas de los pacientes. El primer paso en la prevención es identificar las necesidades específicas del paciente. Si se determina que el paciente tiene riesgo de caídas, se debe colocar un letrero en la puerta para que el personal conozca que el paciente requiere cuidados especiales de movilidad. Mientras el paciente esté en la cama, se deben mantener al menos dos barandillas laterales en posición elevada para evitar que se caiga. Antes de levantarse con ayuda, se debe permitir que el paciente se siente o se balancee al borde de la cama para prevenir mareos que puedan surgir del cambio de posición. Además, el paciente debe usar zapatos con suela de goma o calcetines antideslizantes. El piso debe mantenerse libre de riesgos, eliminando charcos de agua y alfombras pequeñas que puedan ocasionar resbalones. Mientras el paciente se sienta o se levanta de la silla o de la silla de ruedas, se deben asegurar los frenos.

Precauciones de seguridad para pacientes en cama

Los pacientes encamados tienen un riesgo especialmente alto de sufrir caídas. Mientras el paciente se encuentre en la cama, asegúrese de que las barandillas laterales estén levantadas para evitar que intente salir por ellas. Si es necesario, se puede instalar una alarma en la cama para alertar al auxiliar de enfermería cuando el paciente intente levantarse sin ayuda. El botón de llamada del paciente debe estar al alcance, al igual que la bandeja y cualquier otro objeto que pueda necesitar. Se debe ofrecer asistencia para ir al baño al menos cada dos horas, y el paciente debe ser volteado cada dos horas para prevenir la formación de úlceras por presión.

Técnica adecuada en caso de caída con un paciente

Incluso si se aplican todas las precauciones pertinentes durante la movilización, el paciente sigue estando en riesgo de caer. Una caída puede ocurrir si las piernas del paciente flaquean o si pierde el conocimiento mientras se desplaza. Si se produce una caída repentina, es fundamental proteger tanto al paciente como a usted mismo de posibles lesiones. Sostenga al paciente utilizando el cinturón de marcha y su brazo libre, y bájelo suavemente al suelo o a una silla cercana, cuidando de proteger la cabeza del paciente. Si la caída ocurre de manera incontrolada debido a la pérdida de equilibrio, concéntrese en ofrecer el máximo apoyo al paciente sin descuidar su propia seguridad. Trate de evitar tensar los músculos antes del impacto, ya que esto podría ocasionar lesiones adicionales.

Dispositivos comunes utilizados para promover la seguridad del paciente

Los dispositivos comunes utilizados para promover la seguridad del paciente incluyen lo siguiente:

- Elevadores: El uso de elevadores, como el elevador Hoyer, para asistir en el traslado y levantamiento de los pacientes reduce el riesgo de caídas y lesiones.
- Dispositivos de asistencia: Diversos dispositivos de asistencia, tales como bastones, andadores, sillas de ruedas, agarradores, dispositivos de alcance y dispensadores de medicamentos, ayudan a prevenir caídas, facilitan la movilidad y promueven la seguridad.
- Alarmas: Existen muchos tipos de sensores con alarmas disponibles, incluidos sensores de alfombra, sensores de silla, sensores de cinturón de seguridad y sensores de movimiento. Las alarmas instaladas en las puertas pueden activarse al abrirse para alertar al personal.
- Sistemas de gestión de la deambulación: Sistemas como Wanderguard y RoamAlert* requieren que el paciente lleve un dispositivo (como una pulsera) que contiene un localizador y, además, pueden incluir un controlador de puertas que bloquea automáticamente las puertas a medida que el paciente se acerca o que activa una alarma si el paciente pasa por una puerta abierta.

Habilidades de cuidado físico

Contenciones

Tipos
Existen diferentes tipos de contenciones que se pueden utilizar en un entorno de atención médica.

- Las contenciones emocionales son un método que utiliza señales verbales o emocionales para intentar modificar el comportamiento del paciente. Esto puede incluir el establecimiento de límites o la formalización de un contrato con el paciente para garantizar su seguridad.
- Las contenciones ambientales son dispositivos utilizados para restringir el movimiento del paciente. Esto incluye barandillas laterales en la cama o puertas cerradas con llave dentro de la institución. Cuando las cuatro barandillas laterales de la cama se encuentran en posición elevada, se considera que existe una contención.
- Las contenciones físicas son dispositivos que se pueden aplicar al paciente para limitar su movimiento. Estos incluyen contenciones para muñecas y chalecos de contención, cinturones de regazo y almohadillas para restringir el movimiento.
- Las contenciones químicas son medicamentos administrados al paciente para modificar su conducta.

Propósito
Las políticas de contención varían de una institución a otra, pero su propósito es el mismo. Se aplican contenciones para proteger al paciente de causarse daño a sí mismo o a otras personas. Una contención puede aplicarse para evitar que el paciente interfiera con dispositivos médicos o se mueva de forma que pueda perjudicar su salud. También puede emplearse si el paciente muestra signos de agresión. La contención debe aplicarse únicamente después de haber agotado todas las alternativas y nunca como forma de castigo ni por conveniencia del personal.

Consideraciones previas a la aplicación de contenciones
Antes de aplicar una contención, se deben agotar todas las alternativas disponibles. El personal de atención médica debe intentar identificar y abordar los comportamientos que puedan requerir la aplicación de una contención. Se debe obtener una orden del médico del paciente antes de aplicar cualquier contención, y el médico debe evaluar al paciente de forma visible dentro de las 24 horas posteriores a la aplicación. Además, se debe obtener el consentimiento del familiar más cercano o del apoderado (POA). Es fundamental escoger la forma de contención menos restrictiva posible. Al paciente se le debe explicar el tipo de contención que se aplicará, las razones para su uso y los requisitos para su retirada.

Alternativas a las contenciones
Existen diversas medidas que se pueden implementar como alternativa a la aplicación de contenciones. El tipo de alternativa a utilizar puede variar según las necesidades del paciente. Se deben evaluar todas las necesidades y realizar todas las alternativas razonables antes de proceder con la contención.

- El paciente puede necesitar ser trasladado a un ambiente más tranquilo.
- El paciente puede requerir mayor estímulo, como tener la televisión o la radio encendida de fondo.
- El paciente puede necesitar redirección.
- El paciente puede necesitar asistencia para ir al baño o para hidratarse.
- El paciente puede necesitar tener cerca sus objetos personales.

Habilidades de cuidado físico

- El paciente puede requerir distracción si el equipo de atención está intentando retirar un dispositivo médico.
- Si el paciente tiene alguna enfermedad o requiere reposo, podría comportarse de manera confusa o inapropiada.

Aplicación de contenciones a las extremidades

Las contenciones en las extremidades se aplican a los brazos y piernas para restringir el movimiento. Se debe obtener una orden médica y el consentimiento de la familia o del apoderado antes de aplicar estas contenciones.

1. El auxiliar de enfermería debe lavarse las manos y ponerse un par de guantes.
2. Salude al paciente y explíquele la necesidad de la contención, así como los criterios para su retirada.
3. Aplique la contención según las instrucciones del fabricante y fíjela al marco de la cama utilizando un nudo de liberación rápida.
4. Asegúrese de dejar un margen razonable para que el paciente pueda moverse; el auxiliar debe poder introducir dos dedos entre la extremidad del paciente y la contención para confirmar que ésta no está demasiado apretada.

Contención con chaleco

Un chaleco de contención es un dispositivo que se coloca sobre el pecho del paciente para restringir su movimiento. Generalmente se utiliza para evitar que el paciente se levante sin asistencia. Se debe obtener una orden médica, así como el consentimiento de la familia o del apoderado, antes de aplicar esta contención.

1. El auxiliar de enfermería debe lavarse las manos y colocarse un par de guantes.
2. Coloque el chaleco de contención en el paciente de modo que la abertura quede hacia la espalda y las correas se crucen en esta área.
3. Fije las correas con un nudo de liberación rápida directamente a la silla o al marco de la cama.
4. Verifique que se puedan introducir al menos dos dedos debajo del chaleco para asegurarse de que no esté demasiado ajustado.
5. Una vez aplicada la contención, retire los guantes y lávese las manos.
6. Monitoree al paciente según la política de la institución.

Monitoreo del paciente en contenciones

Los pacientes que se encuentran en contenciones deben ser vigilados de cerca para garantizar su seguridad.

- Se debe verificar con frecuencia que exista una adecuada circulación sanguínea.
- Mientras el paciente esté contenido, se le debe cubrir las piernas con una manta para mantener su privacidad.
- La contención debe retirarse cada 2 horas para permitir el rango de movimiento.
- Además, se debe cambiar la posición del paciente para mayor comodidad y ofrecerle agua y asistencia para ir al baño cada dos horas.
- Es importante reforzar continuamente la enseñanza sobre la contención para fomentar la comprensión del paciente acerca de la necesidad de la misma y de los requisitos para su retirada.

Habilidades de cuidado físico

Asegurar las contenciones

Cuando se aseguran contenciones en un paciente que se encuentra en una silla de ruedas, se debe tener especial cuidado de que la contención se fije utilizando un nudo de liberación rápida atado directamente al marco de la silla. La silla debe estar bloqueada y se debe evitar que las contenciones se sujeten a las ruedas. De igual manera, cuando el paciente está en la cama, la contención debe fijarse con un nudo de liberación rápida atado directamente al marco de la cama, ya que sujetarla a la barandilla lateral podría causar lesiones si la misma se desprende.

Emergencias

Asegurar la seguridad contra incendios

La seguridad contra incendios es muy importante tanto en el hospital como en la instalación de cuidados prolongados. Debido a la presencia de materiales altamente inflamables, como tanques de oxígeno, se debe observar con especial cuidado la seguridad contra incendios. El auxiliar de enfermería debe prestar atención a la presencia de válvulas de cierre de oxígeno, alarmas contra incendios y extintores, y conocer la política de la institución respecto a las alarmas. Se deben realizar simulacros de incendio de forma regular, y los residentes deben estar informados sobre las precauciones necesarias para la seguridad contra incendios. Los extintores deben mantenerse y revisarse periódicamente para asegurar su correcto funcionamiento. El auxiliar de enfermería también debe estar familiarizado con el código de la institución que indica un incendio. Aunque típicamente un incendio se anuncia como "Código Rojo" por los altavoces, cada instalación podría utilizar diferentes códigos de alarma.

PASS

PASS es un mnemotécnico que se refiere a la manera correcta de utilizar un extintor:

Tirar	Un anillo de plástico impide que el extintor se descargue accidentalmente. Quite el anillo de plástico del extintor para dejarlo listo para usar.
Apuntar	Apunte la boquilla del extintor hacia la base del fuego.
Apretar	Aprete el gatillo del extintor para iniciar el flujo.
Barrer	Mueva la boquilla de lado a lado, cubriendo completamente el área del incendio. Continúe apuntando a la base del fuego y no interrumpa el flujo del agente extintor hasta que el fuego se haya extinguido.

RACE

RACE es un mnemotécnico que explica el procedimiento adecuado que se debe seguir al detectar un incendio en el hospital o en la instalación de cuidados prolongados:

Rescatar	La primera prioridad es retirar a los pacientes que estén en peligro inmediato debido al incendio. El auxiliar de enfermería solo debe intentar rescatar a un paciente si puede hacerlo sin ponerse en peligro.
Avisar	Una vez retirados los pacientes del peligro, el auxiliar de enfermería debe activar el sistema de alarma contra incendios, si no se ha hecho ya.

Habilidades de cuidado físico

Contener	Se deben cerrar las puertas cortafuegos para privar al incendio de oxígeno.
Extinguir	Si es seguro hacerlo, intente extinguir el incendio utilizando el extintor apropiado.

Extintores de incendio

Existen varios tipos de extintores que normalmente se encuentran en un hospital o en una instalación de cuidados prolongados. Los más comunes son los siguientes:

- El primer tipo es el extintor de incendio Tipo A. Normalmente es de color plateado y dispara agua a presión. Los extintores Tipo A están destinados para combatir materiales combustibles ordinarios, como papel, madera o tela.
- Un extintor de incendio Tipo C dispara productos químicos secos. Generalmente es de color rojo y está diseñado para incendios provocados por una fuente eléctrica, como un cable deshilachado o un equipo defectuoso.
- El tercer tipo, que es el más común, se conoce como extintor de incendio Tipo ABC o multipropósito. También son de color rojo y están destinados a combatir incendios que se inician por combustibles, líquidos químicos o fuentes eléctricas.

Antes de utilizar un extintor, es importante identificar cuál tipo se está usando; un extintor Tipo A no debe utilizarse en incendios de origen eléctrico.

Tratamiento de emergencia para quemaduras

Dependiendo de la gravedad y del porcentaje de la superficie corporal afectada, una quemadura puede representar una lesión que amenace la vida. El shock inducido por la quemadura y la consecuente alteración del sistema inmunológico pueden causar daños serios al paciente. Es importante actuar de inmediato si el paciente ha sufrido quemaduras severas. Una quemadura que afecta una pequeña área del cuerpo debe tratarse aplicando agua fría en la zona afectada. Se debe aplicar un apósito estéril sobre la quemadura para proteger la piel y evitar la entrada de gérmenes. También se deben utilizar compresas de hielo para proteger la piel y las terminaciones nerviosas.

Asegurar la seguridad eléctrica para la prevención de incendios

La adecuada seguridad eléctrica es un paso fundamental en la prevención de incendios. El departamento de mantenimiento debe revisar y dar servicio regularmente a todos los equipos de atención al paciente. El auxiliar de enfermería debe comprobar periódicamente que todo el equipo se encuentre dentro de su periodo de mantenimiento. Si algún equipo parece estar fallando, debe retirarse de inmediato del servicio. Antes de utilizar cualquier equipo, este debe revisarse cuidadosamente para asegurarse de que sus cables estén intactos. Al conectar un equipo, asegúrese de que los circuitos no se sobrecarguen. Además, vigile la zona del suelo cerca del equipo para cerciorarse de que no se formen charcos.

Protocolo de respuesta a emergencias y desastres hospitalarios

Se deben contar con planes de respuesta a desastres/emergencias en la instalación, basados en el Hospital Incident Command System (HICS), que proporciona un modelo de gestión, responsabilidades y comunicación. Los desastres pueden incluir una afluencia de múltiples víctimas derivada de una emergencia comunitaria, como un accidente de tren, una epidemia, un incendio u otro problema interno

Habilidades de cuidado físico

del hospital que requiera evacuación, o la insuficiencia de personal para atender de forma segura a los pacientes del departamento de emergencia (DE). Los planes deben incluir o abordar lo siguiente:

- Información disponible de inmediato y simulacros de preparación ante desastres
- Activación del plan, incluyendo a la o las personas responsables
- Cadena de mando
- Evaluación de daños en la instalación, normalmente realizada por el oficial de seguridad de la institución
- Capacidad del hospital/DE para recibir a las personas
- Clasificación de la prioridad de atención, tanto en la comunidad como en el DE
- Protocolos de transferencia para distribuir a las personas hacia otras instalaciones
- Dotación de personal, incluyendo un sistema de aviso telefónico para notificar al personal que se presente en la institución
- Comunicación intra e interinstitucional y comunicación con el personal de EMS prehospitalario
- Suministros disponibles y métodos para obtener suministros adicionales
- Delimitación de las áreas de recepción y tratamiento

Procedimientos de evacuación

Los procedimientos de evacuación para la respuesta a desastres en el entorno hospitalario deben formar parte del plan de desastres de la institución, y la ruta de evacuación debe estar señalizada en cada unidad. Los pacientes ambulatorios deben ser reunidos y guiados a un área segura de concentración o a la parte exterior del edificio. Se debe seguir el protocolo establecido para evacuar a los pacientes que no son ambulatorios. Algunos pueden ser trasladados en silla de ruedas, pero otros, como aquellos que utilizan ventiladores y cuentan con múltiples dispositivos invasivos, pueden necesitar ser trasladados en sus camas si se requiere una evacuación rápida. En el caso de evacuaciones verticales (en instalaciones de varios pisos), la evacuación de pacientes no ambulatorios puede depender de la asistencia del personal de bomberos si no se pueden utilizar los ascensores. Si la evacuación rápida es crítica (por ejemplo, en caso de incendio), los pacientes pueden ser colocados sobre sábanas y deslizados por el suelo usando dichas sábanas, para luego ser arrastrados por el pasillo hasta las escaleras, las cuales pueden estar forradas con colchones en uno de sus lados. Posteriormente, los pacientes (contenidos en cabestrillos improvisados con sábanas) son deslizados por las escaleras sobre los colchones.

Situaciones de emergencia aguda

Sobrecarga de líquidos

Signos y síntomas

Si se sospecha que un paciente presenta sobrecarga de líquidos, debe ser monitoreado de cerca. El signo más significativo de sobrecarga de líquidos es el aumento de dificultad respiratoria o la presencia de crepitaciones en las bases de los pulmones. El paciente puede presentar edema en las extremidades, hinchazón alrededor de los ojos o acumulación de líquido (ascitis) en el abdomen. A medida que se acumula el líquido, el paciente puede experimentar un aumento de peso inexplicable en un corto período de tiempo. Un paciente en sobrecarga de líquidos puede tener un pulso palpitante, hipertensión o venas abultadas. Si se observa alguno de estos signos, se debe notificar inmediatamente a la enfermera o al enfermero.

Habilidades de cuidado físico

Causas

La sobrecarga de líquidos puede ser causada por una ingesta excesiva de líquidos o por condiciones médicas agudas o crónicas. La ingesta excesiva puede ocurrir si el paciente recibe demasiado líquido por vía intravenosa o presenta una ingesta oral excesiva. Se debe monitorear de cerca el balance de ingesta y eliminación para asegurar que el paciente no continúe recibiendo más líquido del que elimina. También se debe controlar la ingesta de sodio, ya que un consumo excesivo de sal puede aumentar la absorción de líquido por los riñones, lo que resulta en sobrecarga de líquidos. Ciertas condiciones médicas, como la insuficiencia cardíaca, incrementan el riesgo de complicaciones por sobrecarga de líquidos, ya que el corazón puede no ser capaz de manejar un aumento en la cantidad de líquido. Los pacientes con antecedentes de insuficiencia renal pueden no compensar de manera efectiva la sobrecarga de líquidos y deben ser monitoreados de cerca.

Vómitos en la cama

Si el paciente comienza a vomitar mientras se encuentra en la cama, el auxiliar de enfermería debe actuar rápidamente para asegurarse de que el paciente no aspire el vómito. El paciente debe ser volteado de inmediato sobre su costado. Se debe proporcionar un recipiente para recoger el vómitos. Si se dispone de un catéter de succión, utilícelo para limpiar cualquier resto de vómito de la boca del paciente. Una vez que el paciente haya terminado de vomitar, permita que permanezca de costado hasta que se recupere. Enjuague la boca y la cara del paciente con agua fresca y cambie la ropa de cama si es necesario.

Convulsiones

Si un paciente experimenta una convulsión, la respuesta adecuada es la siguiente:

- Llame inmediatamente a la enfermera (luz de emergencia).
- Baje la cabeza del paciente (si está en la cama) o ayúdele a sentarse en el suelo si se encuentra en una silla.
- Si el paciente está en la cama, eleve las barandas para evitar caídas y colóquelas con una manta u otra tela para prevenir lesiones.
- Afloje la ropa del paciente, especialmente alrededor del cuello.
- Gire al paciente sobre su costado para prevenir la aspiración y apoye su cabeza con una almohada o manta.
- Retire de la zona al paciente todos los muebles y/u otros objetos que puedan representar un peligro si se encuentra en el suelo.
- No intente sujetar al paciente ni colocar nada en su boca.
- Anote la hora en que comenzó y terminó la convulsión, así como las partes del cuerpo involucradas.
- Pida a los visitantes o a otras personas presentes que le otorguen privacidad al paciente.
- Una vez que la convulsión haya cesado, cúbralo con una manta y permítale descansar hasta que esté lo suficientemente alerta como para moverse.

Emergencias diabéticas

La diabetes mellitus es una enfermedad crónica en la cual el paciente no produce suficiente insulina para transportar la glucosa (azúcares) a las células, o el cuerpo no es capaz de utilizar la insulina de manera

Habilidades de cuidado físico

efectiva. Los pacientes con diabetes mellitus (tipo 1 o tipo 2) están en riesgo de sufrir las siguientes emergencias diabéticas:

- Hipoglucemia (consumo excesivo de insulina, que resulta en niveles peligrosamente bajos de azúcar en sangre): El paciente puede presentar confusión, temblores, piel fría y sudorosa, y puede quejarse de adormecimiento, hormigueo y visión borrosa. El auxiliar de enfermería puede proporcionarle jugo de naranja, dulces u otro alimento azucarado bajo la dirección de una enfermera licenciada como tratamiento inicial para la hipoglucemia.
- Hiperglucemia (alto nivel de azúcar en sangre): El paciente puede experimentar un aumento de la sed, incremento en la frecuencia urinaria, somnolencia, náuseas, dificultad para respirar y un aliento con olor afrutado. Es posible que el paciente requiera una dosis mayor de insulina, lo cual necesita una orden médica y la administración por parte de la enfermera.
- Cetoacidosis diabética (nivel muy elevado de azúcar en sangre que provoca la descomposición de las grasas como fuente de energía, liberando cetonas que causan acidosis): El paciente puede manifestar los signos de hiperglucemia, así como un pulso anormal (lo que aumenta el riesgo de paro cardíaco) e hiperventilación. Estos pacientes requieren la administración urgente de insulina y líquidos.

En todos los casos, el auxiliar de enfermería debe llamar de inmediato a la enfermera (utilizando la luz de emergencia, si es necesario) y permanecer junto al paciente.

Sangrado agudo

El sangrado agudo (grandes cantidades de sangre roja brillante) puede resultar de una lesión (como una caída con laceraciones grandes o profundas), sangrado rectal, sangrado vaginal, sangrado intracraneal (debido a la ruptura de una arteria), hemorragia nasal severa o la remoción por parte del paciente de un catéter intravenoso o intraarterial. Este sangrado puede ser visible externamente o interno, lo cual se refleja en un cambio agudo en los signos vitales (disminución de la presión arterial, aumento del pulso y de la frecuencia respiratoria, y alteración del estado mental). El auxiliar de enfermería debe mantener la calma e inmediatamente llamar a la enfermera (usando la luz de emergencia si es necesario) y permanecer al lado del paciente, poniéndose guantes para evitar el contacto de la piel con la sangre.

- Si hay una herida sangrante, se debe elevar la zona afectada y aplicar presión sobre la herida con gasa o tela limpia hasta que llegue la enfermera.
- Si el paciente presenta una hemorragia nasal aguda, el auxiliar de enfermería (o el propio paciente) debe aplicar presión en la nariz, presionando directamente por encima de las fosas nasales. Indique al paciente que se incline hacia adelante para minimizar el riesgo de aspiración o asfixia por sangre.
- No se debe administrar ningún alimento o bebida al paciente; además, este debe ser cubierto para mantenerlo abrigado y se le debe brindar seguridad de que la ayuda está en camino.
- El auxiliar de enfermería puede tomar los signos vitales del paciente si tiene las manos libres, ya que el paciente puede entrar en shock si la pérdida de sangre es excesiva. Los signos de shock incluyen piel pálida, fría y sudorosa, pulso rápido y presión arterial baja.

Dolor en el pecho

Cuando un paciente se queja de dolor en el pecho, la respuesta inmediata debe ser llamar a una enfermera para que evalúe y asista al paciente (si el dolor es severo o el paciente se encuentra en angustia, utilice la luz de emergencia). El auxiliar de enfermería debe permanecer junto al paciente, aflojar

Habilidades de cuidado físico

su ropa (especialmente alrededor del cuello) y medir su pulso y respiraciones. Si hay equipo disponible en la habitación, la enfermera también debe medir la presión arterial y el nivel de saturación de oxígeno. El auxiliar de enfermería puede recabar información si el paciente es capaz de explicar cuándo comenzó el dolor, cómo se siente (sordo, punzante, agudo, aplastante, ardiente) y exactamente dónde se localiza. Esta información es especialmente valiosa en caso de que el paciente sufra un paro cardíaco antes de que llegue la enfermera. El auxiliar de enfermería debe evitar darle alimentos o líquidos al paciente.

Paro cardíaco

El tiempo es esencial para tratar a un paciente que se encuentra inconsciente. Si el paciente no responde, llame de inmediato por ayuda. Verifique la respiración acercándose a la nariz y la boca del paciente, escuchando los sonidos respiratorios y observando el movimiento ascendente y descendente del pecho, mientras palpa la arteria carótida (en el lado del cuello) para comprobar el pulso del paciente. Si el paciente no tiene pulso, está experimentando un paro cardíaco. En este caso, si la ayuda aún no ha llegado, el auxiliar de enfermería debe llamar de inmediato por ayuda utilizando la señal adecuada ("¡Código azul!"), bajar la cabecera de la cama (si el paciente está en ella) y preparar al paciente para la RCP. Si está disponible, se puede colocar una tabla espinal y aflojar la ropa del paciente. Si el paciente está en una silla, se debe trasladar suavemente al suelo y colocarlo en posición supina. Según el entrenamiento y protocolo de RCP, el auxiliar de enfermería puede iniciar las compresiones torácicas si el paciente se encuentra en la posición correcta y no hay una enfermera disponible. La RCP solo con compresiones se realiza a una velocidad de 100 a 120 compresiones por minuto. Si hay dos rescatadores presentes, se debe aplicar una relación de 30 compresiones por 2 ventilaciones, comenzando con las compresiones. La RCP debe continuarse hasta que llegue el desfibrilador externo automático (DEA) al lugar. Tan pronto como el DEA esté disponible, se debe encender la máquina y colocar las almohadillas en el pecho del paciente según las instrucciones del DEA. Luego, el DEA analizará el ritmo cardíaco del paciente. Durante el análisis, nadie debe tocar al paciente. Posteriormente, la máquina indicará si es necesario aplicar una descarga eléctrica o si se debe reanudar la RCP. Con frecuencia, el auxiliar de enfermería ayuda a reunir el equipo, como el carro de emergencias y el DEA, para apoyar los esfuerzos de resucitación de la enfermera.

Atragantamiento

Los indicios comunes de que un paciente se está atragantando son que se sujeta o señala la garganta, produciendo poco o ningún sonido. La maniobra de Heimlich solo debe iniciarse si el paciente está consciente pero no puede hablar ni emitir sonidos. El auxiliar de enfermería debe colocarse detrás del paciente y rodearlo con sus brazos. Forme un puño con una mano y colóquelo sobre el abdomen del paciente, con el pulgar aproximadamente dos pulgadas (unos 5 cm) por encima del ombligo. Luego, envuelva la otra mano alrededor del puño. Empuje el puño hacia adentro y hacia arriba con toda la fuerza posible. Continúe realizando esta maniobra hasta que el objeto sea desalojado de las vías respiratorias o hasta que el paciente pierda el conocimiento. Si el paciente pierde el conocimiento, se debe evaluar su pulso. Si no se detecta pulso, se debe tratar como un paro cardíaco.

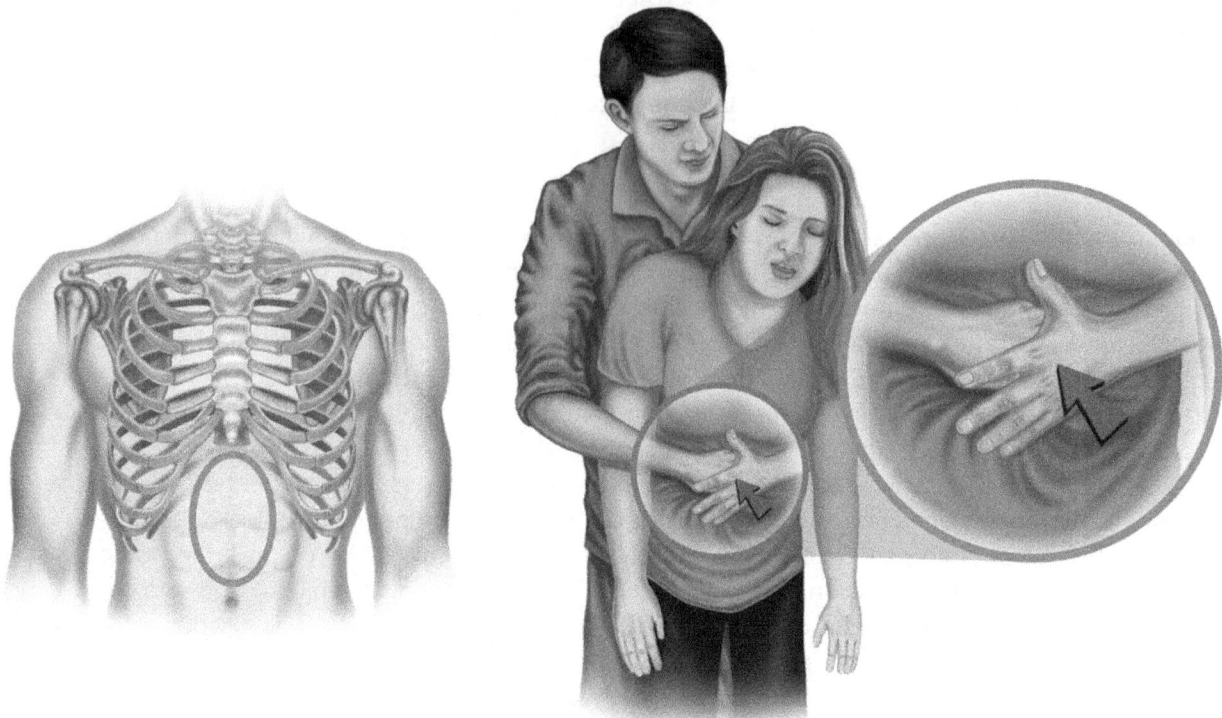

Responsabilidades del auxiliar de enfermería en situaciones de código

En una situación de código, es vital que el equipo de atención médica trabaje conjuntamente para lograr un resultado positivo para el paciente. Antes de iniciarse un código, el auxiliar de enfermería debe estar al tanto de sus responsabilidades. Debe conocer la ubicación del carro de emergencias en caso de ser requerido para buscarlo y saber cómo activar el sistema de código si encuentra a un paciente sin respuesta. En una situación de código, la función principal del auxiliar de enfermería será obtener todo el equipo necesario. Si cuenta con certificación en RCP, el auxiliar de enfermería también puede proporcionar RCP de relevo. Es importante que el auxiliar de enfermería escuche todas las instrucciones que se le proporcionen. Si la sala se encuentra llena, debe salir pero permanecer cerca de la puerta para poder escuchar cualquier indicación o necesidad de asistencia.

Precauciones de seguridad durante la administración de oxígeno

- Se debe monitorear cuidadosamente al paciente para asegurar que reciba la cantidad adecuada de oxígeno.
- Se debe recordar al paciente y a sus familiares la política de no fumar de la instalación, ya que el oxígeno es altamente inflamable.
- No se deben utilizar productos a base de petróleo mientras el paciente esté recibiendo oxígeno, ya que también son altamente inflamables.
- Se debe tener cuidado para evitar que el paciente se enrede con la manguera de oxígeno.
- Los tanques de oxígeno deben almacenarse en sus soportes adecuados; un tanque de oxígeno puede causar un daño grave si se derriba.

Habilidades de cuidado físico

Cuidado del paciente en su final de vida

Cuidados de hospicio

Los cuidados de hospicio son una serie de servicios disponibles para proporcionar atención al final de la vida a pacientes con enfermedades terminales. Generalmente, estos cuidados se ofrecen a pacientes que tienen una expectativa de vida de seis meses o menos, lo que requiere la firma de dos médicos para confirmar dicho diagnóstico. Un paciente puede recibir cuidados de hospicio en casa, en un hospital o en un centro de atención prolongada. El propósito de los cuidados de hospicio es ayudar al paciente moribundo a fallecer con dignidad, gestionando el dolor y otros síntomas, y proporcionándole comodidad. El paciente recibe atención médica, junto con apoyo espiritual y psicológico. Se brinda un apoyo emocional similar a los familiares del paciente.

Etapas del duelo para el paciente en fase terminal

Cuando se informa a un paciente que su condición es terminal y que la muerte es inevitable, generalmente atraviesa cinco etapas del duelo. Estas etapas pueden ocurrir en cualquier orden antes de aceptar el diagnóstico, y el tiempo dedicado a cada una depende del paciente.

- La primera etapa es la negación. El paciente es incapaz o se niega a aceptar que va a morir y, a menudo, afirma que se ha cometido un error.
- El siguiente paso es la ira. El paciente no puede negar la enfermedad y reacciona con resentimiento e ira.
- La siguiente etapa es el regateo. El paciente intenta hacer un pacto con una fuerza superior para prolongar la vida.
- La depresión es la etapa que sigue, ya que el paciente se da cuenta de que el regateo no servirá para cambiar la situación.
- La etapa final es la aceptación, en la que el paciente comprende la realidad y comienza a prepararse para el final de la vida.

Cuidado del paciente en su final de vida

El cuidado del paciente que se encuentra en la etapa final de la vida debe brindarse con la frecuencia que se requiera. Se debe mantener al paciente limpio; si es necesario bañarlo mientras la familia está en la habitación, se debe solicitar a la familia que se retire durante la prestación del cuidado. La única excepción es si el paciente solicita que ciertos miembros permanezcan o si su cultura requiere que la familia se encargue del baño. Se debe proporcionar cuidado bucal cada dos horas y adicionalmente cuando sea necesario. Si se acumulan secreciones orales excesivas, se debe notificar a la enfermera para que se ventile la boca de manera suave. El paciente debe ser reposicionado cada dos horas, a menos que esto cause un dolor excesivo; en ese caso, la comodidad del paciente debe ser prioritaria. Normalmente, no se solicitan signos vitales para el monitoreo rutinario en un paciente que se encuentra en proceso de morir.

Prioridades

Si un paciente está en proceso activo de morir, existen varias prioridades que deben tenerse en cuenta durante su cuidado. Se debe mantener al paciente lo más libre de dolor posible. Si el paciente se queja de dolor, notifíquese a la enfermera de inmediato para que se administre la medicación apropiada. Además, se debe procurar que el paciente esté lo más cómodo posible. Permítale comer y beber lo que desee. Escuche las preocupaciones del paciente y ofrezca apoyo emocional tanto al paciente como a la familia.

Habilidades de cuidado físico

Permita que la familia permanezca al lado del paciente. Tenga en cuenta que, aunque el paciente parezca estar en coma, el sentido del oído es el último en perderse antes del fallecimiento. El auxiliar de enfermería debe animar a la familia a seguir hablando con el paciente, y debe tener cuidado con la elección de sus propias palabras.

Alimentación

Un paciente en proceso de morir no está recibiendo una nutrición adecuada, por lo que su metabolismo cambia y disminuye su energía. Cuando esto ocurre, el paciente pasará menos tiempo despierto, lo cual puede generar preocupación en la familia. La comida suele estar asociada al confort, y la incapacidad de la familia para brindar esta sensación de bienestar a su ser querido puede causar angustia. El auxiliar de enfermería o la enfermera pueden ayudar a la familia educándola sobre los problemas que el paciente podría experimentar al consumir más de lo deseado en este momento. El metabolismo alterado del paciente en proceso de morir significa que su cuerpo no puede procesar los nutrientes de manera normal. El exceso de alimentos provocará un aumento en las secreciones respiratorias y gástricas, lo que puede resultar en disnea, distensión abdominal, dolor y edema periférico. Todas estas condiciones ponen al paciente en riesgo de infecciones, escaras y mayor dolor.

Administración de líquidos

La mayoría de los pacientes en proceso activo de morir se encuentran deshidratados debido a que ya no consumen alimentos y líquidos en cantidad suficiente, aunque este estado genera poco malestar. Se debe informar a la familia que la deshidratación ayuda a reducir la náusea, el vómito y el edema en pacientes en etapa terminal. La queja más común es la sequedad en los labios, membranas nasales y boca. Esta sequedad bucal y nasal suele deberse a la respiración por la boca, a los efectos secundarios de medicamentos (por ejemplo, antihistamínicos) y al oxígeno suplementario administrado mediante máscara o cánula nasal. Es posible que la familia desee ofrecer líquidos al paciente como forma de aliviar el sufrimiento y brindar confort. Sin embargo, el resultado podría ser aumentar el malestar del paciente al incrementar, al igual que sucede con la alimentación, las secreciones respiratorias y gastrointestinales. Un incremento en las secreciones puede conducir a disnea, dolor y distensión abdominal, así como a edema periférico. Un paciente con sensación de hinchazón está en riesgo de sufrir escaras, infecciones y dolor. El auxiliar de enfermería debe limpiar frecuentemente la boca y los labios del paciente con agua fría o gel protector, para ayudar a retener la humedad y aliviar el malestar sin causar complicaciones adicionales.

Signos y síntomas de la muerte inminente

Cuando la muerte es inminente, el paciente experimenta un cambio significativo en sus signos vitales. La frecuencia cardíaca se vuelve lenta e irregular, y el pulso se siente débil al palparlo. El ritmo respiratorio se vuelve más superficial, con respiraciones poco frecuentes e/ó irregulares. La respiración puede adquirir un sonido traqueteante debido a la presencia de moco en las vías respiratorias; este fenómeno se conoce como "ruido de la muerte." La presión arterial y la temperatura disminuyen. Como resultado de la reducción de los signos vitales, el paciente se vuelve irresponsive. Por lo general, la muerte ocurre en cuestión de minutos después de que se pierde la presión arterial.

Habilidades de cuidado físico

Proporcionando medidas de confort y dignidad a medida que se acerca la muerte

El auxiliar de enfermería debe preparar a la familia y a los amigos para los cambios que observarán a medida que el paciente se acerca a la muerte y brindar orientación sobre las medidas de confort para el paciente en proceso de morir:

- Asegúrese de que el manejo del dolor sea adecuado, incluyendo medicamentos como analgésicos y relajantes musculares (si el paciente presenta espasmos musculares), así como terapias complementarias, tales como masaje, Reiki y musicoterapia.
- Proporcione cuidado bucal utilizando hisopos humedecidos previamente.
- Lave suavemente e hidrate la piel del paciente con un paño tibio si el paciente tiene frío, o con un paño frío si presenta fiebre.
- Hable con el paciente en tono suave, incluso si parece estar en coma y no responde.
- Acepte y no cuestione al paciente si parece estar viendo o comunicándose con seres queridos fallecidos.
- Utilice la tecnología de videoconferencia para permitir la participación de familiares o amigos que no se encuentran presentes.

Después de que el paciente haya fallecido, algunas personas querrán pasar tiempo junto al cuerpo y pueden desear participar en el lavado y vestido del cuerpo; en esos casos, el auxiliar de enfermería debe respetar estos deseos.

Rigor mortis

El rigor mortis es el endurecimiento de los músculos que ocurre tras la muerte, lo que dificulta enormemente el movimiento de las extremidades. Por lo general, se presenta dentro de unas pocas horas después de la muerte y puede durar hasta 72 horas. Se debe a la degradación del tejido muscular, que libera sustancias químicas en los músculos y provoca su endurecimiento. El rigor mortis es importante porque el cuerpo del paciente puede quedar "fijo" si se deja en cierta posición tras la muerte. Por ello, es fundamental colocar al paciente en posición supina lo antes posible después de la muerte. Algunas políticas de la institución requieren atar ligeramente las manos del paciente durante el cuidado postmortem para evitar que las extremidades queden en posiciones inusuales.

Algor mortis

La temperatura corporal normal es de aproximadamente 37 °C (98.6 °F), pero cuando cesan las funciones corporales al momento de la muerte, comienza el algor mortis ("muerte fría"), que es una disminución gradual de la temperatura corporal, aproximadamente una hora después. El cuerpo empieza a enfriarse a razón de alrededor de 1 °C (1.8 °F) por cada hora hasta alcanzar la temperatura ambiente. La temperatura en la superficie externa se enfría más rápidamente que la temperatura interna, y la velocidad general de enfriamiento puede variar según la temperatura interna del paciente en el momento de la muerte, la temperatura ambiente del entorno, el tamaño del paciente (masa muscular, grasa) y la presencia y grosor de la ropa o mantas. Las temperaturas elevadas (ya sean internas o externas) ralentizan el proceso de enfriamiento. A medida que el cuerpo se enfría, la piel pierde elasticidad y adquiere una apariencia cerosa. Esta etapa del proceso de la muerte finaliza cuando la temperatura comienza a subir nuevamente como parte de la descomposición, generalmente en un plazo de 24 horas.

Habilidades de cuidado físico

Cuidados postmortem

El cuidado postmortem es el proceso de preparar un cuerpo para ser trasladado a la morgue. El auxiliar de enfermería debe asegurarse de tratar el cuerpo con el máximo respeto. Asegure la privacidad cerrando la cortina, luego lávese las manos y póngase un par de guantes. Si el paciente tiene dentadura postiza, colóquela en la boca del paciente. Cierre los ojos del paciente. Lave el cuerpo como si realizara un baño de cama completo, antes de vestir al paciente con una bata limpia. Coloque una almohadilla sobre el área perineal. Retire cualquier tubo y línea, y coloque un apósito sobre los sitios de inserción para prevenir filtraciones. Si la política de la institución lo requiere, cubra el cuerpo con una sábana. Coloque el cuerpo en una bolsa plástica para cadáver, metiéndolo de forma similar a como se cambian las sábanas de una cama ocupada. Etiquete al paciente según el protocolo, lo que generalmente incluye poner una etiqueta en el dedo del pie del paciente y otra etiqueta adicional en el exterior de la bolsa del cuerpo. Cierre la bolsa, aten las cremalleras para sellarla y deslice el cuerpo sobre un carro de morgue con la ayuda de al menos un colega.

Brindar apoyo a los familiares en duelo

Si la familia no está presente cuando el paciente fallece, el auxiliar de enfermería debe esforzarse por dejar el cuerpo presentable antes de la llegada de la familia. El cuerpo debe colocarse en posición supina y cubrirse con una manta hasta el pecho. Si es necesario, se debe colocar una bata limpia sobre el cuerpo. Se debe otorgar a la familia el tiempo que necesite para observar el cuerpo. El auxiliar de enfermería debe ofrecer consuelo a la familia, escuchándola y brindando apoyo emocional cuando sea necesario. Asimismo, debe proporcionar a la familia todo lo que requiera, como pañuelos o agua. Mientras se observa el cuerpo, se debe garantizar la privacidad de la familia, cerrando la cortina y la puerta.

Procedimientos terapéuticos y técnicos

Medición de ingesta y egreso

La ingesta y el egreso (I&E) son indicadores importantes del equilibrio de líquidos. La ingesta se calcula midiendo todos los líquidos que el paciente consume de forma oral e intravenosa. El egreso se calcula midiendo todos los líquidos que el paciente excreta, incluyendo orina, heces y vómito. Todas las mediciones deben registrarse en mililitros (mL). Calcular la ingesta y el egreso durante un período de varios días puede proporcionar una indicación del estado del equilibrio de líquidos del paciente. Idealmente, la ingesta debería ser igual al egreso. Si la ingesta supera al egreso, el paciente podría estar sobrecargado de líquidos. Si el egreso supera a la ingesta, el paciente podría estar deshidratado.

Ingesta

Para medir la ingesta de un paciente, el auxiliar de enfermería debe cuantificar todos los líquidos que el paciente ingiere durante un período de 24 horas. Esto incluye cualquier agua, leche y jugo que el paciente pueda beber, así como alimentos que se derritan a temperatura ambiente, como helado, pudín o gelatina. Al medir la ingesta, el auxiliar de enfermería también debe incluir cualquier alimentación por sonda o cualquier líquido utilizado para enjuagar una sonda nasogástrica. Si el paciente está recibiendo tratamiento intravenoso, todos los fluidos intravenosos y los medicamentos diluidos en el líquido intravenoso deben incluirse en la ingesta total del paciente. La ingesta intravenosa también debe incluir los fluidos que el paciente recibió durante la cirugía. La ingesta debe calcularse en mililitros (mL) y sumarse durante un período de 24 horas. Ese total debe ser informado a la enfermera.

Habilidades de cuidado físico

Egreso

El egreso mide la cantidad de líquido que el paciente excreta durante un período de 24 horas. Toda la orina debe medirse antes de desecharla. La cantidad de heces líquidas en un orinal debe estimarse antes de desecharlas. Si el paciente tiene una sonda nasogástrica conectada a succión mural, el auxiliar de enfermería debe anotar la cantidad de drenaje que ha salido por la sonda. El contenedor debe estar marcado con la hora y la fecha para permitir una medición precisa de un turno al siguiente. Si el paciente tiene una herida conectada a succión, anote la cantidad de sangre que se ha extraído de la herida. Si el paciente presenta drenaje de una herida que no está conectada a succión, el auxiliar de enfermería debe anotar cuántas veces se necesita cambiar el vendaje. La pérdida de sangre estimada durante la cirugía también debe incluirse como egreso. Sume todas las secreciones a lo largo de un período de 24 horas y regístrelo en la ficha del paciente.

Cálculo

Después de calcular la ingesta y el egreso durante un período de 24 horas, se deben comparar ambos números. Idealmente, la ingesta debería ser igual al egreso, lo que indica un balance de líquidos equilibrado. Una ingesta excesiva pone al paciente en riesgo de sobrecarga de líquidos, mientras que un egreso excesivo lo pone en riesgo de deshidratación. Luego de comparar la ingesta y el egreso durante un período de 24 horas, el auxiliar de enfermería debe comparar la ingesta y el egreso de los últimos días. Esto brinda una mejor indicación del estado continuo del equilibrio de líquidos del paciente. Por ejemplo, una ingesta alta en un día puede compensarse al día siguiente con un egreso elevado, manteniendo el balance de líquidos del paciente en un nivel equilibrado.

Medición de altura y peso

Uso de una balanza vertical

Se puede utilizar una balanza vertical para medir la altura y el peso del paciente si éste tiene la fuerza necesaria para mantenerse de pie sobre ella. El proceso para utilizar una balanza vertical es el siguiente:

1. Antes de medir la altura y el peso del paciente, el auxiliar de enfermería debe lavarse las manos, saludar al paciente y explicar lo que se va a realizar.
2. Confirmar la identidad del paciente utilizando dos identificadores.
3. Ayudar al paciente a ponerse de pie y guiarlo hacia la balanza vertical.
4. Indicar al paciente que se coloque de pie sobre la balanza, de espaldas a ésta.
5. Bajar la barra de altura hasta que repose sobre la cabeza del paciente. Anotar la altura.
6. Ayudar al paciente a girarse hasta que quede de frente a la balanza.
7. Mover los pesos sobre la balanza hasta que la barra quede equilibrada o esperar a que la balanza digital se estabilice en un peso; anotar el peso del paciente.
8. Ayudar al paciente a regresar a la silla o cama y posicionarlo para su comodidad.
9. Lavarse las manos.

Mientras el paciente está en la cama

Un paciente encamado necesitará que se le mida la altura y el peso mientras se encuentra en la cama. Existen dos métodos para medir el peso de un paciente en la cama: utilizando una almohadilla de pesaje para cama o usando el sistema de pesaje incorporado en la tecnología de la cama.

Habilidades de cuidado físico

Para utilizar una almohadilla de pesaje en la cama, primero verifique la identidad del paciente utilizando dos identificadores, y luego siga el siguiente proceso:

1. Solicite ayuda de un colega. Pase al paciente sobre la almohadilla de pesaje.
2. Pese al paciente utilizando la balanza para cama y anote el peso.
3. Retire la almohadilla de pesaje.

Para utilizar el sistema de pesaje incorporado en la cama, es importante primero asegurarse de que la cama se haya tarado antes de la llegada del paciente. Esto permite incorporar en el sistema el peso de todos los elementos de la cama (colchón, sábanas, etc.) para que posteriormente se pueda calcular el peso del paciente y restar el peso de estos elementos adicionales, proporcionando una lectura precisa. Esta tecnología permite obtener mediciones de peso diarias de forma rápida y sencilla, simplemente presionando el botón en el panel de control de la cama y asegurándose de que no haya elementos adicionales sobre la cama que no estuvieran presentes al tararla. La lectura más precisa se logra cuando la cama está en posición horizontal. Registre la lectura que produzca la cama y devuelva los objetos personales al paciente.

Para obtener la altura del paciente mientras se encuentra en la cama, siga el siguiente proceso:

1. Coloque el cabecero de la cama en posición horizontal y deslice una manta de baño o una sábana debajo del paciente. Esto puede requerir la ayuda de una segunda persona.
2. Marque en la manta la posición de los talones del paciente y la parte superior de su cabeza.
3. Retire al paciente de la manta y mida la distancia entre las dos marcas en la almohadilla. Registre esta medida como la altura del paciente.
4. Reposicione al paciente para su comodidad y lávese las manos.

Signos vitales

Los signos vitales se refieren a mediciones en tiempo real de la fisiología de un individuo que indican su salud y bienestar. Los que se miden de manera más común incluyen la temperatura, el pulso, la frecuencia respiratoria, la presión arterial, la saturación de oxígeno y el nivel de dolor.

- La temperatura mide la temperatura central del cuerpo del paciente.
- El pulso (frecuencia cardíaca) mide la cantidad de veces que el corazón del paciente late por minuto.
- La frecuencia respiratoria mide la cantidad de respiraciones que el paciente realiza cada minuto.
- La presión arterial se registra como dos números. El número superior se conoce como presión sistólica; mide la presión en las arterias del paciente durante la contracción del corazón. El número inferior es la presión diastólica; este refleja la presión en las arterias mientras el corazón se llena y está en reposo entre cada contracción.
- La saturación de oxígeno mide la cantidad de oxígeno en la sangre utilizando un electrodo que se coloca en el dedo. Esto puede medirse de forma continua o intermitente.
- El nivel de dolor evalúa la presencia o ausencia de dolor, indicando la severidad del mismo según el paciente.

Antes de tomar los signos vitales del paciente, el auxiliar de enfermería debe lavarse las manos, colocarse un par de guantes y saludar al paciente. Explique lo que se va a realizar y verifique la identidad del paciente utilizando dos identificadores.

Habilidades de cuidado físico

Temperatura

Temperatura axilar

Para tomar una temperatura axilar, primero asegúrese de que la zona debajo del brazo del paciente esté seca. Coloque una funda plástica sobre la sonda del termómetro. Sitúe el termómetro en el área axilar e instruya al paciente para que mantenga el brazo bajado. Deje el termómetro en su lugar hasta que indique una lectura. Deseche la funda plástica en la basura. Registre la temperatura, retire los guantes, lávese las manos y limpie el termómetro antes de utilizarlo en otro paciente.

Temperatura oral

Para tomar una temperatura oral, primero asegúrese de que el paciente no haya ingerido nada en los últimos 15 minutos, ya que esto podría hacer que la lectura sea falsamente baja. Cubra el termómetro con una funda plástica y colóquelo debajo de la lengua del paciente. Instruya al paciente para que mantenga la boca cerrada y no hable mientras el termómetro obtiene la lectura. Espere hasta que el termómetro indique que la temperatura ha sido leída. Deseche la funda plástica en la basura. Anote la temperatura, limpie el termómetro, retire los guantes y lávese las manos.

Temperatura rectal

Para tomar una temperatura rectal, primero coloque una funda plástica sobre la sonda del termómetro. Ayude al paciente a colocarse en posición lateral. Aplique lubricante al termómetro y deslícelo 1 pulgada en el recto del paciente. Déjelo en su lugar hasta que se registre una lectura de temperatura. Retire el termómetro, inspecciónelo para asegurarse de que esté intacto y deseche la funda plástica. Registre la temperatura. Coloque al paciente en una posición cómoda. Limpie el termómetro, retire los guantes y lávese las manos.

Indicaciones de temperatura anormal

La temperatura central de una persona se regula minuciosamente para asegurar un ambiente óptimo para las complejas reacciones químicas dentro del cuerpo. El rango normal de temperatura para un paciente adulto es de 97-99 °F (36.1-37.2 °C). Una temperatura central baja puede indicar el inicio de una infección. La temperatura del paciente también puede ser baja después de haber estado en un entorno frío, como el quirófano. La principal causa de una temperatura elevada (fiebre) es la infección. Debido a que la fiebre es el resultado de que el sistema inmunológico monta una defensa contra una infección, puede no ser necesario tratar la fiebre a menos que la temperatura supere los 101.5 °F (38.6 °C).

Pulso

Pulso periférico

Para medir el pulso periférico, tome la mano del paciente y deslice el dedo índice y el dedo medio a lo largo del pulgar, hasta llegar a la hendidura de la muñeca. Aplique una presión suave hasta que se pueda sentir el pulso. Esta área corresponde a la arteria radial y también se conoce como pulso radial. Si la frecuencia cardíaca del paciente es regular, cuente el número de latidos durante 30 segundos y multiplique ese número por dos. Si la frecuencia cardíaca es irregular, cuente el número de latidos durante un minuto completo. Registre el número en la ficha del paciente y lávese las manos.

Pulso apical

El pulso apical mide el número de veces que el corazón late por minuto mediante la auscultación en el ápex del corazón. Coloque la campana del estetoscopio sobre el pecho izquierdo del paciente y localice el

Habilidades de cuidado físico

área en la que el pulso se escuche con mayor intensidad. Si la frecuencia cardíaca del paciente es regular, cuente el número de latidos durante 30 segundos y multiplique ese número por dos. Si la frecuencia cardíaca es irregular, cuente el número de latidos durante un minuto completo. Registre el pulso del paciente, limpie el estetoscopio y lávese las manos.

Indicaciones de pulso anormal

El rango normal de pulso en un adulto es de 60 a 100 latidos por minuto. Los pacientes pueden presentar una frecuencia cardíaca baja si están en buena forma física o en reposo/durmiendo. Algunos medicamentos también pueden disminuir la frecuencia cardíaca. Una frecuencia cardíaca elevada puede ser el resultado del ejercicio, el estrés, el consumo de drogas o cafeína. Ciertos medicamentos pueden, asimismo, aumentar la frecuencia cardíaca. Si el paciente tiene una temperatura elevada o una infección, la frecuencia cardíaca se incrementará. Un aumento del pulso también puede deberse a una hemorragia incontrolada y/o a una presión arterial baja (hipotensión) como mecanismo compensatorio.

Frecuencia respiratoria

Medición de las respiraciones

La medición de las respiraciones se realiza para evaluar la cantidad de veces por minuto que el paciente respira. Normalmente, cuando una persona es consciente de su respiración, no respira de manera profunda ni regular. Por esta razón, el auxiliar de enfermería no debe informar al paciente al medir la frecuencia respiratoria, ya que esto puede hacer que sea consciente de su respiración y producir un resultado inexacto.

El momento ideal para medir la frecuencia respiratoria del paciente es inmediatamente después de tomar su pulso. Mantenga el dedo en la muñeca del paciente para que este crea que aún se está midiendo su pulso, pero cuente el número de veces que respira, considerando una elevación y descenso de la pared torácica como una respiración.

Cuente el número de respiraciones durante un minuto, observando la profundidad de cada respiración y el uso de músculos accesorios. Registre la frecuencia respiratoria en el registro del paciente y lávese las manos.

Indicaciones de respiraciones anormales

El rango normal de la frecuencia respiratoria es de 12 a 20 respiraciones por minuto.

Una serie de factores pueden afectar la tasa de respiración del paciente. El paciente puede respirar de manera más lenta si está en reposo o si se encuentra en posición supina.

Algunos narcóticos también pueden deprimir el impulso respiratorio, resultando en menos respiraciones por minuto.

Una frecuencia respiratoria elevada puede ser provocada por un aumento de la actividad, dolor o estrés. Una temperatura elevada o una infección pueden hacer que la frecuencia respiratoria del paciente aumente.

Otras condiciones, como el malestar respiratorio, la sobrecarga de líquidos o un infarto, también pueden causar un aumento en la frecuencia respiratoria.

Habilidades de cuidado físico

Presión arterial

Medición de la presión arterial

Para medir la presión arterial de un paciente, envuelva el manguito alrededor del brazo superior del paciente, aproximadamente a una pulgada por encima del espacio antecubital (la curva del codo), y coloque la campana del estetoscopio sobre la arteria braquial. Bombee el bulbo del manguito, inflándolo hasta alcanzar entre 150 y 180 mmHg. Libere la presión lentamente mientras escucha a través del estetoscopio. Anote la presión a la que se oye el primer pulso; esta es la presión arterial sistólica. Continúe escuchando el pulso y anote la presión en la que se desvanece; esta es la presión arterial diastólica del paciente. Si la lectura resulta excesivamente alta o baja, repita el procedimiento para confirmar y realice la medición en la extremidad opuesta. Registre los hallazgos en la ficha del paciente y lávese las manos.

Medición de la presión arterial ortostática

La hipotensión ortostática es una condición en la que la presión arterial del paciente disminuye debido a un cambio en la posición. Esto puede ocasionar mareos o sensación de desmayo al ponerse de pie, lo que podría derivar en caídas. Para evaluar la hipotensión ortostática, mida la presión arterial del paciente mientras está acostado. Luego, ayúdele a pasar a una posición sentada y vuelva a medir la presión arterial en la misma extremidad. Si el paciente es capaz de ponerse de pie, asístalo en esa transición y mida la presión arterial por tercera vez. Si la presión disminuye en más de 20 mmHg en la sistólica o 10 mmHg en la diastólica, se considera que el paciente presenta hipotensión ortostática. Notifique a la enfermera o al enfermero de inmediato.

Indicaciones de presión arterial anormal

La presión arterial sistólica normal es de 120 mmHg y la diastólica normal es de 80 mmHg. La hipotensión (presión arterial anormalmente baja) se define como una presión sistólica menor a 90 mmHg y/o una presión diastólica menor a 60 mmHg. El paciente puede tener la presión baja porque se encuentra en reposo o como resultado de ciertos medicamentos. El sangrado, la infección, la insuficiencia cardíaca o la deshidratación también pueden ocasionar hipotensión. La hipertensión (presión arterial anormalmente alta) se define como una presión sistólica mayor a 140 mmHg y/o una presión diastólica mayor a 90 mmHg. La presión arterial alta puede ser causada por enfermedades crónicas (insuficiencia renal, enfermedades cardíacas o ciertos trastornos neurológicos), el dolor o el estrés.

Saturación de oxígeno

La oximetría de pulso mide de forma no invasiva el nivel de oxihemoglobina (saturación de oxígeno) de un paciente utilizando un pequeño dispositivo similar a un clip, equipado con un sensor que mide la saturación en el sitio donde se aplica. Este es un método indoloro para monitorear el estado respiratorio y la perfusión de una persona durante un período, ya sea de manera continua o intermitente, como parte de una evaluación física.

Coloque el sensor del oxímetro en uno de los tres dedos principales del paciente (índice, medio o anular). Si las manos del paciente están dañadas o excesivamente frías con baja perfusión, utilice un dedo del pie o el lóbulo de la oreja. Considere usar la frente, la nariz u otras partes del pie solo como último recurso.

El rango normal debe estar entre el 95% y el 100%; sin embargo, pacientes con ciertas condiciones, como la EPOC, pueden presentar una saturación crónicamente inferior. Si la saturación de oxígeno de un paciente cae de manera persistente por debajo del rango normal, el auxiliar de enfermería debe informar

Habilidades de cuidado físico

de inmediato a la enfermera o al enfermero, ya que esto puede indicar que el paciente está hipóxico (no recibe suficiente oxígeno).

Muchos oxímetros de pulso también miden la frecuencia cardíaca del paciente al mismo tiempo. Un oxímetro de pulso no ofrece lecturas precisas si el paciente es severamente anémico, tiene mala circulación (debido a frío o a anomalías vasculares), presenta edema, se mueve excesivamente o utiliza uñas postizas o esmalte de uñas muy oscuro.

Nivel de dolor

Áreas abordadas al evaluar el dolor

La información sobre el dolor del paciente se puede obtener de una variedad de fuentes, que incluyen observaciones, entrevistas con el paciente y su familia, registros médicos y evaluaciones realizadas por otros profesionales de la salud. Sin embargo, es importante recordar que el dolor de cada paciente es subjetivo y personal. El dolor se define según lo que el paciente indique. Solicitar al paciente que describa la calidad, la localización, la duración, la rapidez de aparición e intensidad del dolor puede ser de gran ayuda para que el equipo de atención médica elabore un plan de tratamiento basado en las necesidades del paciente. Además, el dolor está influenciado por factores psicológicos, sociales y espirituales. Los signos vitales pueden ser útiles para precisar aún más los parámetros del dolor del paciente.

Signos físicos del dolor

La evaluación más precisa del dolor proviene del propio informe del paciente. Toda la información adicional se considera de apoyo a este reporte. Sin embargo, cuando este método está limitado o no es posible, los signos y síntomas físicos pueden complementar la evaluación de la enfermera. Es importante conocer la situación basal o de reposo del paciente para tener una imagen clara de los cambios que el cuerpo puede experimentar al sufrir un dolor significativo. La presión arterial sistólica, la frecuencia cardíaca y la frecuencia respiratoria pueden aumentar por encima de los parámetros normales del paciente. Puede sentirse tensión o rigidez en los principales grupos musculares. También puede observarse alteración en la postura: el paciente puede proteger ciertas áreas del cuerpo, acurrucarse en posición fetal o mantener rígidas solo algunas partes del cuerpo. Gritos, aumento en el volumen de la voz y gemidos también pueden ser indicadores. Las expresiones faciales, tales como falta de emoción o muecas, y la distracción de su entorno indican un incremento significativo en los estímulos estresantes. El auxiliar de enfermería debe anotar qué factores agravan el dolor del paciente y notificarlo a la enfermera. Asimismo, debe registrar cualquier aparición repentina o aguda de dolor, ya que esto podría indicar una emergencia.

Herramientas unidimensionales para la evaluación del dolor

Las herramientas unidimensionales para la evaluación del dolor se centran en un único aspecto: el nivel de dolor del paciente. Al recoger el nivel de dolor del paciente como parte de los signos vitales, existen diversos métodos que el auxiliar de enfermería puede utilizar:

- Escala analógica numérica: Una escala de 1 a 10 presentada de forma visual o verbal, de la cual el paciente elige un número para describir el grado de dolor que experimenta. 0 representa ausencia de dolor, 1 un dolor muy leve y 10 el dolor más severo que el paciente puede imaginar.
- Descriptiva: El dolor se describe en términos simples de los que el paciente puede elegir: leve, moderado o severo. Esto puede ser especialmente útil para pacientes de otros países o culturas en los que la escala del 1 al 10 no es de uso común.

Habilidades de cuidado físico

- FACES: Un gráfico muestra una escala de expresiones faciales mediante dibujos simples que representan rostros con diferentes emociones, como felicidad, miedo y dolor. Se utiliza principalmente para niños mayores de 3 años y para adultos no verbales, aunque se dispone de versiones tanto infantil como adulta. Una versión revisada asigna valores numéricos a las expresiones, permitiendo así evaluar el dolor mediante una escala numérica.

Recolección de muestras de orina

Recolección de muestra de orina de sonda Foley

Al recolectar una muestra de orina de la bolsa del catéter, se debe tener cuidado de no introducir bacterias en el tubo de la sonda Foley, ya que esto puede causar una infección del tracto urinario. Coloque una pinza en el tubo del catéter a 6 pulgadas por encima de la bolsa de drenaje y permita que la orina se acumule en el segmento del tubo que queda por encima de la pinza. Limpie minuciosamente el puerto de recolección con un hisopo de alcohol. Acceda cuidadosamente al puerto de recolección (ubicado en el tubo, cerca del paciente) utilizando una jeringa Luer-Lok. Recoja la cantidad de orina deseada. Transfiera la orina de la jeringa al envase para la muestra, teniendo cuidado de no tocar el envase con la jeringa. Cierre herméticamente la tapa del envase para la muestra y colóquelo en una bolsa para muestras de laboratorio. Retire la pinza del tubo del catéter. Deseche la jeringa. Quítese los guantes y lávese las manos.

Recolección de muestra de orina captura limpia

Se debe tener especial cuidado al recolectar una muestra de orina para asegurarse de que no se contamine durante el proceso. Una muestra de orina captura limpia se puede obtener de un paciente que sea capaz de orinar. Proporcione al paciente un envase estéril para la muestra. Indíquele que se lave bien las manos y el área perineal antes de orinar. El paciente debe iniciar el flujo de orina y orinar durante al menos 2 segundos antes de comenzar a recolectar la muestra en el envase. Póngase un par de guantes. Una vez que el paciente haya obtenido una muestra adecuada, cierre herméticamente el envase y colóquelo en una bolsa para muestras de laboratorio. Anime al paciente a lavarse las manos. El auxiliar de enfermería debe, posteriormente, retirarse los guantes y lavarse las manos.

Recolección de muestra de heces

Se recolecta una muestra de heces del paciente si se sospecha de una infección o sangrado en los intestinos. Cuando el paciente necesite evacuar, lávese las manos, póngase un par de guantes y explíquele lo que se va a hacer. Coloque un sombrero recolector de muestras en el inodoro para recoger las heces sin captar también la orina. Ayude al paciente a llegar al inodoro junto a la cama, bríndele privacidad y permita que evacue. Después de ayudar al paciente a regresar a la cama, coloque una pequeña cantidad de heces en un envase estéril para muestras utilizando un depresor lingual o un palo aplicador y cierre la tapa herméticamente. Coloque el envase en una bolsa de recolección para laboratorio. Deseche las heces restantes y el sombrero recolector. Quítese los guantes y lávese las manos.

Recolección de muestra de esputo

A menudo se recoge una muestra de esputo para detectar infecciones en el tracto respiratorio del paciente. Para recolectar una muestra de esputo, anime al paciente a toser con fuerza para expulsar el esputo desde las vías respiratorias superiores. Indíquele que escupa la muestra de esputo en la taza. Si las secreciones son delgadas y claras, puede tratarse simplemente de saliva; esto no constituye una muestra

Habilidades de cuidado físico

adecuada. Cierre herméticamente la tapa de la taza de muestra y colóquela en una bolsa para muestras de laboratorio. Quítese los guantes y lávelos las manos.

Observaciones durante la terapia intravenosa

Una línea intravenosa (IV) es un pequeño tubo que perfora la piel del paciente y se coloca en la vena. Sirve como método para suministrar al paciente medicamentos y líquidos. Durante la terapia intravenosa, se debe vigilar de cerca al paciente para asegurarse de que la línea IV permanezca en su lugar. Si la línea presenta fugas o secreción en el sitio de inserción, podría indicar que el conector no está adecuadamente asegurado. Si el paciente experimenta dolor en el sitio de inserción junto con sensación de calor, enrojecimiento o hinchazón, podría ser una señal de que la línea intravenosa ya no se encuentra correctamente en la vena. Todos estos signos deben ser reportados a la enfermera.

Recolección de datos e informes

Cadena de mando en unidades de enfermería

La cadena de mando en la unidad de enfermería puede variar de acuerdo con el tamaño, el tipo y la complejidad de la instalación y de la unidad. Sin embargo, la cadena de mando habitual se determina según las responsabilidades de reporte.

Rol	Responsabilidades
Supervisor o gerente	Esta persona es responsable de la gestión de la unidad y de todo el personal. También puede ser designada como enfermera encargada o jefa de enfermería.
Profesional de enfermería o líder de equipo	Esta persona es responsable de la atención de un grupo de pacientes, así como de delegar y supervisar a las enfermeras y al personal auxiliar involucrado en su cuidado.
RN	Esta persona es miembro del equipo o puede desempeñarse como líder del equipo o enfermera supervisora en ciertos entornos. Una enfermera del personal puede tener asignadas funciones específicas, como administrar medicamentos a los pacientes o llevar a cabo tratamientos médicos, y además puede delegar y supervisar al personal auxiliar.
LVN o LPN	Esta persona generalmente trabaja bajo la supervisión de una enfermera registrada y puede realizar algunos tratamientos médicos, además de delegar y supervisar al personal auxiliar, según el alcance de la práctica permitido en el estado.
CAN	Esta persona proporciona cuidados al paciente bajo la supervisión de personal licenciado.

Datos objetivos y subjetivos

Los datos objetivos se refieren a información que puede considerarse un hecho. Son cuantificables, como los signos vitales, el peso del paciente o la ingesta y eliminación de líquidos. Estos datos también incluyen todo aquello que puede ser observado por otra persona. Por ejemplo, si el paciente presenta mejillas sonrojadas, esto se considera un hecho objetivo.

Habilidades de cuidado físico

Los datos subjetivos hacen referencia a lo que el paciente piensa, siente o reporta. El paciente puede describir su dolor, explicar que se siente mareado o con náuseas, o manifestar que tiene dificultad para respirar. También puede informar de vómitos o diarrea que ocurrieron antes del ingreso. Debido a que estos datos se recogen fuera de un entorno de observación directa, se consideran subjetivos.

Registro

Propósitos

El propósito del registro es crear un registro preciso sobre la atención brindada al paciente, así como la respuesta del paciente a dicha atención. Los elementos que se incluyen típicamente en el registro son los signos vitales, la ingesta y eliminación, las evaluaciones y las notas de procedimientos. Las evaluaciones generalmente se registran en formularios preimpresos; cualquier anomalía en la evaluación del paciente se incluye en las notas narrativas. Esto se conoce como registro por excepción. Se realizan anotaciones en el registro del paciente cada vez que se lleva a cabo un procedimiento. La realización de notas narrativas por parte del auxiliar de enfermería depende de la política del hospital.

Principios

El auxiliar de enfermería debe considerar los siguientes principios para el registro:

- Al escribir en el registro del paciente, utilice únicamente tinta azul o negra. No use lápiz.
- Escriba de forma legible, incluyendo solo información objetiva. Evite especular o volverse excesivamente emocional en la nota.
- En el registro en papel, si se comete un error, trace una única línea sobre la información equivocada. Encima de dicha información, escriba "Error", la razón del error y sus iniciales. No raye ni garabatee el error, ni utilice líquido corrector para cubrirlo.
- No edite la nota de otra persona ni escriba sobre la escritura ajena.

Requisitos legales de la documentación del auxiliar de enfermería

Los requisitos legales para el registro que debe llevar el auxiliar de enfermería incluyen la documentación de:

- Actividades de atención: Baño, cuidado de la piel, ejercicios, deambulación y conversaciones importantes
- Cambios en el estado: Signos vitales, estado mental, eliminación urinaria y fecal, color de la piel y ocurrencias inusuales

El auxiliar de enfermería solo puede acceder a aquellas partes del expediente del paciente a las que tenga autorización, y toda la documentación debe ser basada en hechos (en lugar de opiniones), precisa (hora, cantidades, duración) y completa. La documentación debe realizarse a lo largo del turno en lugar de realizarla únicamente al final, y debe efectuarse lo más cerca posible del momento en que se prestó la atención. La documentación nunca debe hacerse con antelación en previsión de brindar atención, ya que ello es ilegal e inexacto.

Habilidades de cuidado físico

Reportes de rutina y urgentes

Reportes de rutina

Los reportes de rutina incluyen el cuidado diario habitual, como el baño, el cuidado bucal, el uso del inodoro, la asistencia en actividades (por ejemplo, sentarse en una silla) y la realización de ejercicios (rango de movimiento) con el paciente. Estos reportes comprenden actividades para las cuales no se requiere intervención adicional por parte de la enfermera supervisora.

Reportes urgentes

Los reportes urgentes abarcan cambios en el estado del paciente que puedan indicar la necesidad de evaluación o tratamiento, tales como aumento del dolor, evidencia de sangrado o lesiones. Si el paciente está restringido (según las órdenes del médico), su estado debe ser comunicado a la enfermera supervisora. Todas las demás circunstancias especiales deben reportarse de inmediato. Esto incluye caídas, cambios en la condición de la piel, quejas del paciente, ideación suicida y comportamientos difíciles o peligrosos, tales como la manipulación de equipos, el hallazgo de alcohol o medicamentos en posesión del paciente, el incumplimiento de la dieta y la negativa a cooperar con las actividades de cuidado.

Datos a reportar si se observan problemas
Si se produce un cambio en el estado del paciente, el auxiliar de enfermería debe notificar de inmediato a la enfermera del paciente. La información debe comunicarse de forma sucinta. Se debe incluir el nombre del paciente, así como el número de habitación y de cama. Además, se debe explicar la naturaleza del problema, indicando la hora de su inicio. El auxiliar de enfermería debe reportar cualquier observación que acompañe al problema. Por ejemplo, si el paciente desarrolló confusión hace dos horas, se debe incluir la forma en que se manifiesta dicha confusión.

Reporte de incidentes

Obligación legal de reportar incidentes y observaciones a una enfermera con licencia

El auxiliar de enfermería tiene la obligación legal de reportar de inmediato los incidentes y las observaciones que generen preocupación a una enfermera con licencia, incluyendo cualquier situación por la cual la organización pueda ser responsable. Los incidentes generalmente implican algún tipo de lesión o potencial de lesión (como una lesión por punción accidental con aguja, la cual podría provocar una infección posteriormente), y todos los incidentes (ya se observe o no una lesión) deben ser reportados. El reporte de incidentes lo inicia el miembro del personal que estuvo involucrado en el incidente o lo presenció, pero debe ser revisado por un supervisor antes de su presentación. Los incidentes pueden involucrar:

- Miembros del personal: Pueden incluir incidentes que involucren a la propia persona (por ejemplo, lesión por punción accidental con aguja, caída, lesión en la espalda) o a otros (por ejemplo, maltrato a un paciente, administración de tratamiento al paciente equivocado, dejar caer a un paciente).
- Visitantes: Pueden incluir tropiezos, caídas, cualquier tipo de lesión, acciones abusivas hacia los pacientes o el personal, así como quejas.
- Pacientes: Generalmente involucran algún problema en la prestación del cuidado (por ejemplo, tratamiento incorrecto), abuso o lesión accidental, como la ocasionada por caídas o contenciones.

Habilidades de cuidado físico

Elementos incluidos en el reporte de incidentes

Los elementos que deben incluirse en un reporte de incidentes son los siguientes:

- Nombre: Se debe incluir el nombre de la persona que estuvo directamente involucrada o es responsable del incidente, así como el de aquellos afectados y de los que presenciaron el suceso.
- Otra información de identificación: Se debe proporcionar información que permita identificar y contactar a las partes lesionadas y a los testigos. Esto incluye fechas de nacimiento, géneros, direcciones y números de teléfono.
- Hora, fecha y lugar: Se debe documentar con precisión la hora exacta, la fecha y el lugar del incidente. Si no se conoce la hora exacta (por ejemplo, cuando se encuentra a un paciente en el suelo), se debe documentar la hora en que se descubrió el incidente y la última vez que se observó a la persona.
- Narrativa: Se debe documentar una descripción de lo sucedido y de cualquier acción tomada en ese momento (por ejemplo, levantar a un paciente) o como consecuencia (por ejemplo, transporte al departamento de radiología).

Presenciar el comportamiento negligente de un proveedor de atención médica

El auxiliar de enfermería debe estar atento a cualquier signo de negligencia en la institución de atención médica. La negligencia puede incluir la omisión de realizar tareas importantes, como cambiar la posición del paciente o ayudarlo a movilizarse, o llevar a cabo actividades de atención al paciente de manera insegura. Si el auxiliar de enfermería observa a otro miembro del equipo de atención médica comportándose de manera negligente, deberá reportar dicho comportamiento a la enfermera supervisora. Si es la enfermera supervisora quien se comporta de manera negligente, el auxiliar de enfermería debe utilizar la cadena de mando adecuada para asegurar que se aborde el problema. Los auxiliares de enfermería no deben intentar enfrentar a sus compañeros negligentes por su cuenta.

Autocuidado/Independencia

Procedimiento de masaje en la espalda

Brindar un masaje en la espalda al paciente induce relajación y confort, elementos críticos en el proceso de recuperación. El proceso es el siguiente:

1. Antes de dar un masaje en la espalda, lávese las manos, salude al paciente y explíquele lo que se realizará.
2. Asegúrese de que se garantice la privacidad y póngase un par de guantes.
3. Si es necesario, lave la espalda del paciente con agua tibia y séquela completamente.
4. Caliente la loción en el recipiente con agua y aplique una pequeña cantidad en las manos.
5. Comience el masaje en la zona baja de la espalda del paciente y proceda hacia los hombros utilizando movimientos largos y firmes. Use un movimiento circular al frotar sobre áreas óseas para evitar irritar la piel.
6. Mientras realiza el masaje, observe cuidadosamente la piel del paciente en busca de signos de deterioro.
7. Una vez finalizado el masaje, acomode al paciente para su comodidad y lávese las manos.

Habilidades de cuidado físico

Programa de autocuidado

El propósito de un programa de autocuidado es enseñar al paciente cómo realizar sus propios cuidados después de una hospitalización prolongada o de una enfermedad debilitante. El enfoque de este programa puede variar según las áreas de debilidad del paciente. Por ejemplo, a un paciente que ha sufrido un accidente cerebrovascular y presenta debilidad en un lado del cuerpo se le debe enseñar cómo realizar las actividades de autocuidado de manera segura y efectiva. Los programas de autocuidado pueden incluir fisioterapia, terapia ocupacional y terapia nutricional. Además, el paciente puede recibir asistencia con el manejo de medicamentos, la preparación de alimentos y otras actividades necesarias para vivir de manera independiente en la comunidad.

Cuidado restaurativo

El cuidado restaurativo se brinda a un paciente de edad avanzada para prepararlo a satisfacer sus necesidades de autocuidado después del alta hospitalaria. Generalmente, se ofrece a pacientes que han permanecido en el hospital durante un período prolongado, como tras romperse un hueso o someterse a una cirugía de emergencia. El tipo de actividades que se realizan durante el cuidado restaurativo depende de las necesidades individuales de cada paciente. Este cuidado se enfoca comúnmente en las actividades de la vida diaria, incluyendo fisioterapia, terapia nutricional y terapia ocupacional. Además, se proporciona apoyo emocional al paciente para ayudar a tratar la ansiedad y la depresión que suelen acompañar una estancia hospitalaria prolongada.

Cuidado de la salud en el hogar

El cuidado de la salud en el hogar es un servicio que se brinda a los pacientes que están lo suficientemente sanos como para regresar a su domicilio, pero que aún requieren la atención de un profesional de la salud. El tipo de cuidado proporcionado dependerá de las necesidades específicas del paciente. Entre los servicios que un auxiliar de enfermería en visita puede ofrecer se incluyen: ayudar con la higiene diaria, asistir al paciente a vestirse, preparar comidas, alimentar al paciente o realizar ejercicios de amplitud de movimiento. Además, un auxiliar de enfermería también puede brindar otros servicios, como cambiar apósitos, hacer compras de alimentos o tomar los signos vitales.

Habilidades de cuidado psicosocial

Necesidades emocionales y de salud mental

Jerarquía de necesidades de Maslow

Abraham Maslow definió la motivación humana en términos de necesidades y deseos. Su jerarquía de necesidades se presenta clásicamente como una pirámide que descansa sobre su base, dividida en capas horizontales. Teorizó que, a medida que las personas satisfacen las necesidades de una capa, su motivación se dirige hacia la capa superior. También postuló que, para alcanzar los niveles superiores de necesidades, es imprescindible que previamente se satisfagan las necesidades de los niveles inferiores. Las capas se componen de lo siguiente (de abajo hacia arriba):

- Fisiológicas: La necesidad de aire, líquidos, alimentos, refugio, calor y sueño.
- Seguridad: Un lugar seguro para vivir, un empleo estable, una sociedad con reglas y leyes, protección contra el daño y un seguro o ahorros para el futuro.
- Amor/Pertenencia (Social): La necesidad de contar con una red que incluya una pareja significativa, familia, amigos, compañeros de trabajo, religión y comunidad.
- Estima y respeto propio: El conocimiento de que uno es una persona exitosa y digna de estima, atención, estatus y admiración.
- Autorrealización: La aceptación de la propia vida, decisiones y situación, así como la aceptación empática de los demás, sumado a la sensación de independencia y la satisfacción de poder expresarse de manera libre y competente.

Mecanismos de defensa

Los mecanismos de defensa comúnmente empleados por los pacientes incluyen los siguientes:

- Negación: Rehusar reconocer realidades inaceptables, como una enfermedad terminal o la incapacidad para realizar actividades cotidianas. Un grado de negación es normal, especialmente al inicio, y ayuda a evitar que el paciente se sienta abrumado por el miedo o la ansiedad. Sin embargo, la negación prolongada puede impedir que la persona busque tratamiento o enfrente sus sentimientos.
- Retiro: No mostrar interés en personas o actividades y negarse a participar. Esto suele ser una indicación de que el paciente se está volviendo cada vez más deprimido. El retiro, en ocasiones, actúa como un mecanismo de protección que le permite evitar confrontar preocupaciones, como la limitada autonomía.
- Proyección: Acusar a otros de cometer errores, tener pensamientos o realizar acciones que el propio paciente ha experimentado pero considera inaceptables. Esto le ayuda a proteger su autoimagen.
- Culpar: Afirmar que otros son responsables de las acciones del paciente para proteger su propio yo de la reacción o del juicio.

Orientar a un paciente nuevo en la instalación

Existen varios métodos que un auxiliar de enfermería puede utilizar para orientar a un paciente en una nueva instalación. Si el paciente se encuentra allí por una estancia corta, puede ser suficiente orientarlo únicamente en su habitación. Esto incluye familiarizar al paciente con los controles de la cama, el botón de llamada y cualquier equipo continuo que esté utilizando, como equipos de telemetría u oximetría de pulso. Además, se le debe proporcionar al paciente toda la información necesaria acerca de las políticas de la unidad y el horario de visitas. Si se espera que el paciente permanezca por un período prolongado, como en una instalación de cuidados a largo plazo, también se le debe ofrecer un breve recorrido por la unidad. Si la instalación lo permite, el paciente podría beneficiarse de ser presentado a otros pacientes ambulatorios.

Apoyo emocional a los pacientes

La mayoría de los pacientes requiere cierto grado de apoyo emocional debido al estrés ocasionado por la enfermedad y el malestar. El primer paso para brindar apoyo emocional a un paciente es observar cuidadosamente y escuchar atentamente. Los pacientes que parecen retraídos o muestran poco interés en las actividades pueden estar manifestando signos de depresión. El auxiliar de enfermería debe incentivar al paciente a tomar decisiones sobre aquellos aspectos que están bajo su control, tales como la elección de alimentos, de prendas de vestir y los horarios de las actividades. Asimismo, debe ofrecer refuerzo positivo ("Lo hiciste bien" o "Estás fortaleciéndote") cuando sea posible y tomarse el tiempo para conversar con el paciente, especialmente con aquellos que tienen pocos o ningún visitante. Cuando los pacientes expresen sentimientos negativos, por ejemplo, "Odio estar enfermo", el auxiliar de enfermería debe tranquilizarlos demostrando empatía, diciendo: "Entiendo cómo te sientes." Además, debe utilizar el lenguaje corporal (mirar directamente al paciente, sonreír, asentir) para mostrar interés y preocupación.

Habilidades de cuidado psicosocial

Asistencia a los pacientes para afrontar pérdidas y adaptarse al ingreso en un hogar de ancianos

Las estrategias de intervención para ayudar al paciente a sobrellevar las pérdidas y adaptarse al ingreso en un hogar de ancianos incluyen lo siguiente:

- Control: El auxiliar de enfermería debe brindar a los pacientes la mayor cantidad de oportunidades posibles para ejercer control, solicitando sus opiniones y ofreciéndoles opciones siempre que sea posible (por ejemplo, "¿Quiere caminar antes o después del almuerzo?").
- Autonomía: La autonomía es la capacidad del paciente para actuar o tomar decisiones basadas en su conocimiento y experiencia personal. Los pacientes deben comprender que tienen el derecho de decidir sobre su propio cuidado. Si el hogar de ancianos dispone de un espacio privado para sus pertenencias (ropa, fotografías), el auxiliar de enfermería debe preguntarles cómo y dónde desean colocar sus objetos personales.
- Privacidad: El auxiliar de enfermería debe asegurarse de cerrar las cortinas de la cama y las puertas al trabajar con los pacientes para evitar exponerlos innecesariamente. Además, es importante hablar en privado con los pacientes al abordar asuntos personales, como el uso del baño.

Depresión

La depresión es un trastorno en el que el paciente experimenta un estado de ánimo consistentemente bajo, acompañado de sentimientos de inutilidad, tristeza o autodesprecio. El paciente puede experimentar insomnio (dificultad para dormir) o hipersomnia (dormir excesivamente). Además, puede quejarse de dificultades digestivas o de dolores de cabeza frecuentes. Los casos graves de depresión pueden ocasionar un aumento en la pérdida de memoria o alucinaciones. La depresión puede ser causada por varios factores físicos, psicológicos o sociológicos. Características físicas, como un hipocampo pequeño en el cerebro, pueden desencadenar la aparición de la depresión. También puede ser provocada por enfermedades que cambian la vida, como la enfermedad de Parkinson, un infarto o un accidente cerebrovascular. Eventos trágicos y la incapacidad para afrontarlos de manera efectiva pueden, asimismo, conducir a la aparición de la depresión.

Trastornos neurológicos

Enfermedad de Alzheimer

La enfermedad de Alzheimer es un trastorno degenerativo del cerebro. Es la causa más común de demencia. Normalmente afecta a personas de 65 años o más, aunque puede presentarse Alzheimer de inicio temprano. La causa de la enfermedad de Alzheimer es desconocida. Los síntomas iniciales incluyen pérdida de memoria a corto plazo y olvidos frecuentes. A medida que la enfermedad progresa, el paciente experimenta una creciente confusión y agresividad, además de la pérdida de la memoria a largo plazo, de las habilidades lingüísticas y de otras funciones cognitivas. La muerte suele producirse por el fallo de las funciones corporales. Aunque la enfermedad de Alzheimer es incurable, su manejo es clave para extender la esperanza de vida tras el diagnóstico.

Demencia

La demencia es un término utilizado para describir cualquier disfunción cognitiva que pueda ocurrir como resultado de enfermedades de larga duración, tales como la enfermedad de Alzheimer, la depresión y el accidente cerebrovascular. La demencia abarca las dificultades resultantes en la memoria, el lenguaje o la capacidad para resolver problemas. Generalmente, se considera que un paciente presenta demencia

Habilidades de cuidado psicosocial

después de seis meses de disfunción cognitiva; si esta se presenta por menos de seis meses, se le denomina típicamente delirio. La demencia puede ser tratable, dependiendo de la causa. Si el paciente comienza a mostrar signos de confusión, se debe informar de inmediato a la enfermera.

Demencia irreversible

La demencia multiinfarto es la segunda causa más común de disfunción cognitiva irreversible (siendo la enfermedad de Alzheimer la primera). Se produce por el daño del tejido cerebral cuando una placa aterosclerótica en la pared de un vaso se desprende y migra a otra parte del cerebro, donde ocasiona un bloqueo. Debido a que el tejido cerebral no recibe un suministro adecuado de sangre, la zona afectada muere por hipoxia. Aunque los bloqueos pueden ser tratados, la función cognitiva no se recupera después del tratamiento. La enfermedad de Huntington, caracterizada por la degeneración de ciertos tipos de células cerebrales, también puede provocar demencia, la cual suele desarrollarse en las etapas avanzadas de la enfermedad.

Demencia reversible

Existen diversas enfermedades y trastornos que pueden provocar la aparición de demencia. La causa más común de demencia reversible es la infección cerebral, como en el caso de la meningitis o la encefalitis. Tanto la infección como la demencia resultante suelen resolverse tras el tratamiento con antibióticos. Los trastornos que generan presión excesiva en el cerebro, tales como lesiones en la cabeza, hidrocefalia y tumores cerebrales, pueden causar demencia. Existen tratamientos para aliviar esa presión, y la demencia disminuye una vez que se ha reducido. Asimismo, enfermedades que afectan a otros sistemas del organismo, como las enfermedades hepáticas, renales o pancreáticas, pueden causar demencia al alterar el delicado equilibrio químico del cuerpo. Para restablecer el estado mental previo del paciente, es necesario normalizar dicho equilibrio.

Síndrome de Sundowner

El síndrome de Sundowner es una condición en la que los pacientes se vuelven cada vez más confusos a media tarde o al comienzo de la noche. Es más común en pacientes con antecedentes de enfermedad de Alzheimer o demencia; sin embargo, también puede aparecer en pacientes sin historial de demencia. Aunque existen diversas teorías acerca de su origen, la causa real es desconocida. Los pacientes que padecen el síndrome de Sundowner pueden presentar un aumento de la confusión, inquietud o agitación. Algunos pueden experimentar alucinaciones o deambulación.

Pasos para aliviar los síntomas

Existen varias medidas que un auxiliar de enfermería puede tomar para disminuir la gravedad del síndrome de Sundowner:

1. Por la mañana, abrir las cortinas y persianas para permitir que el paciente vea el exterior y ayudar a reorientarlo respecto a la hora del día.
2. Fomentar la realización de ejercicios durante el día.
3. Planificar todas las actividades extenuantes para la mañana, de modo que haya suficiente tiempo para relajarse antes de acostarse.
4. No permitir que el paciente duerma durante el día, ya que esto dificultará el sueño nocturno.
5. Programar algunas actividades relajantes antes de acostarse, como un masaje terapéutico o un tiempo de lectura tranquila.
6. Realizar estas actividades a la misma hora cada noche para establecer una rutina.
7. A la hora de dormir, oscurecer la habitación lo máximo posible para reforzar la percepción de la hora del día.

Habilidades de cuidado psicosocial

Enfermedad de Parkinson

La enfermedad de Parkinson es un trastorno que ocasiona la degeneración del sistema nervioso. Provoca un deterioro en el habla y en las habilidades motoras, y puede afectar también la función cognitiva. Los signos típicos incluyen temblores, una marcha arrastrada, dificultades para girar, problemas al hablar o tragar y una expresión facial similar a una máscara. En casos avanzados, la enfermedad de Parkinson puede causar pérdida de memoria a corto plazo y demencia. En la mayoría de los casos, la causa de esta enfermedad es desconocida, aunque en algunos casos puede ser genética o consecuencia de antecedentes de traumatismo craneal. El tratamiento consiste en la administración de medicamentos, el manejo de los síntomas y, en algunos casos, cirugías.

Cuidado del paciente confundido

La confusión que se desarrolla en el hospital o en una institución de atención prolongada suele ser un síntoma de un problema fisiológico. Si el auxiliar de enfermería observa confusión en un paciente que anteriormente estaba orientado, debe notificarse de inmediato a la enfermera. El auxiliar de enfermería debe intentar averiguar cuál era la orientación normal del paciente antes de ingresar al hospital; esto se puede lograr revisando los registros y conversando con los familiares. Asimismo, debe estar atento a cualquier signo del problema fisiológico que pudiera estar causando la confusión. Por ejemplo, la orina turbia puede indicar una infección del tracto urinario, lo que podría generar confusión en las personas mayores. Hasta que se determine la causa de la confusión, el auxiliar de enfermería debe proporcionar un ambiente seguro y no amenazante, al mismo tiempo que intenta reorientar al paciente respecto a su entorno.

Orientación a la realidad

La orientación a la realidad consiste en un conjunto de actividades que se realizan con un paciente confundido, con el objetivo de reorientarlo en su entorno. El primer paso de la orientación a la realidad es acercarse al paciente de manera amigable y sin generar amenaza. Durante la interacción, el auxiliar de enfermería debe ofrecer recordatorios verbales sobre la hora y el lugar. Además, es importante proporcionar al paciente recordatorios físicos del entorno, por ejemplo, escribiendo la fecha en una pizarra situada dentro de su campo visual o señalando dónde se encuentra un reloj.

Cuidado del paciente agitado

Cuando un paciente se muestra agitado, lo principal es mantener la calma. Reoriente al paciente de manera suave hacia su entorno y situación. Hable en voz baja pero clara e intente averiguar qué está causando la agitación. Mientras se comunica con el paciente, adopte una postura no amenazante. Si es posible, solicite la ayuda de los familiares para tranquilizar al paciente. Si todas estas medidas fallan y el paciente actúa de forma que pueda causarle daño a sí mismo o a otras personas, podría ser necesario recurrir a medidas de contención.

Seguridad y confort de pacientes con alteraciones psicológicas

Las alteraciones psicológicas pueden ser el resultado de una enfermedad psiquiátrica (esquizofrenia, trastorno bipolar, depresión), una enfermedad física (tumor cerebral, encefalitis, Parkinson, accidente cerebrovascular) o ansiedad. Los pacientes con alteraciones psicológicas a menudo tienen dificultades para realizar las actividades de la vida diaria y pueden presentar habilidades sociales deficientes, lo que

podría interferir en su capacidad para interactuar con los demás o expresar sus necesidades. Algunas consideraciones especiales para la seguridad y el confort del paciente incluyen:

- Utilizar un recinto cerrado o un sistema de manejo de la deambulación.
- Ayudar al paciente con las actividades de la vida diaria y la higiene básica.
- Observar cambios en el comportamiento, la actitud o el estado emocional y reportarlos a la enfermera.
- Controlar la ingesta y la eliminación para asegurarse de que la dieta sea adecuada y nutritiva.
- Utilizar en todo momento las precauciones de seguridad prescritas.
- Asegurarse de que no haya objetos peligrosos (cuchillos, tijeras) al alcance de pacientes que puedan ser violentos o autolesionarse.
- Anticipar las necesidades del paciente y responder de manera adecuada.
- Interactuar con el paciente y fomentar las relaciones interpersonales.
- Tranquilizar al paciente asustado o ansioso.

Necesidades relacionadas con la edad

Observaciones al interactuar con pacientes de edad avanzada

Durante la interacción con un paciente de edad avanzada, el auxiliar de enfermería debe estar atento para observar cualquier cambio en el estado mental del paciente. Verifique si el paciente se encuentra alerta o si parece ser difícil de despertar. Evalúe al paciente en busca de señales de confusión, como la desorientación respecto al lugar o al tiempo. Tome nota de cualquier cambio, como un aumento de la debilidad, dificultad para articular el habla o la incapacidad para seguir órdenes. Si el paciente presenta alguno de estos signos, se debe notificar de inmediato a la enfermera, ya que podrían indicar problemas físicos o neurológicos graves.

Cambios mentales relacionados con el envejecimiento

El deterioro cognitivo en los adultos mayores se vuelve perceptible a partir de los 60 años, aunque la tasa de declive varía según el individuo. A medida que una persona envejece, normalmente experimenta un leve deterioro en la capacidad para recuperar palabras y nombrar objetos comunes. La memoria también tiende a deteriorarse con la edad. La capacidad para codificar nueva información disminuye, generalmente como resultado de una reducción en las habilidades sensoriales. La memoria a corto plazo también puede disminuir, aunque cambios significativos en la memoria a largo plazo normalmente no se observan hasta los 70-80 años de edad. La tasa de deterioro de la memoria puede contrarrestarse mediante ejercicios de memoria y habilidades para resolver problemas.

Características del abuso

El abuso es cualquier acción que resulta en daño físico, daño mental o la muerte del paciente. Es un acto delictivo y, en la mayoría de los casos, conlleva prisión. Las acciones abusivas pueden ser deliberadas o el resultado de negligencia. El abuso puede manifestarse de diversas formas, incluyendo la física, psicológica, verbal, sexual o económica. Además, el abuso puede ser sutil y algunas víctimas pueden mostrarse reacias a denunciarlo. El auxiliar de enfermería debe estar atento a cualquier signo de abuso y reportar de inmediato cualquier hallazgo a la enfermera encargada.

Habilidades de cuidado psicosocial

Abuso psicológico

El abuso psicológico o emocional ocurre cuando una persona utiliza ataques psicológicos para intimidar o humillar a otra persona. Generalmente se hace con el fin de coaccionar a la víctima para que realice acciones que no desea. El abuso psicológico puede incluir burlas, amenazas de causar daño o abandono. Este tipo de abuso puede ser difícil de identificar, ya que no necesariamente deja marcas físicas. Una persona que ha sido víctima de abuso psicológico puede manifestar síntomas vagos, como depresión crónica, ansiedad, irritabilidad o trastorno de estrés postraumático. En muchos casos, el abuso psicológico se acompaña de otros tipos de maltrato.

Abuso financiero

El abuso financiero ocurre cuando una persona se apropia del dinero y las pertenencias de otra. Los adultos mayores son, por lo general, las víctimas de este tipo de abuso. Las formas de abuso financiero incluyen obligar a una persona a ceder su propiedad, utilizar los cheques mensuales por discapacidad para adquirir artículos que no se destinan al cuidado del adulto mayor o falsificar la firma de otra persona. Ser observador es la mejor manera de detectar el abuso financiero. Es posible que el paciente esté siendo víctima de abuso financiero si carece de comodidades básicas, como ropa adecuada o artículos personales necesarios (por ejemplo, gafas o audífonos), a pesar de contar con la asistencia financiera adecuada.

Abuso verbal

El abuso verbal se refiere al uso de palabras y amenazas con el fin de menospreciar o perturbar a otra persona. Incluye amenazar a alguien, elevar la voz en señal de enojo o usar profanidades y expresiones despectivas hacia la otra persona. Puede ser difícil identificar a alguien que está siendo víctima de abuso verbal. La persona afectada puede quejarse de síntomas inespecíficos, tales como depresión, ansiedad, irritabilidad o una sensación de desesperanza. En muchos casos, la víctima se culpa a sí misma por el abuso o se siente tan abrumada por la desesperanza que cree que el abuso no puede detenerse. A menudo, el abuso verbal va acompañado de abuso físico.

Abuso físico

El abuso físico es la forma más evidente de abuso. Ocurre cuando una persona inflige daño deliberadamente a otra y puede ir acompañado de abuso verbal, emocional o sexual. Los signos de abuso físico incluyen moretones o abrasiones con una forma distintiva, como la de un puño o de un pie. Se debe sospechar de cualquier lesión que no coincida con la explicación proporcionada. Por ejemplo, si un cuidador afirma que el paciente se quemó mientras cocinaba, la explicación sería sospechosa si las quemaduras se encuentran en un lugar inusual, como en el interior del brazo o en el abdomen. Además, si un cuidador se niega a abandonar el lado del paciente durante una entrevista o insiste en hablar por el paciente, ese comportamiento también es sospechoso y debe ser reportado a la enfermera.

Abuso sexual

El abuso sexual es cualquier comportamiento sexual no deseado dirigido de una persona a otra. Incluye comentarios o gestos sexualmente sugestivos, tocamientos o caricias no deseadas, o la coacción para realizar un acto sexual. Otras formas de abuso sexual comprenden el acoso sexual o comportamientos que resultan sexualmente degradantes. Además, otras formas de abuso pueden acompañar al abuso sexual con el fin de intimidar a la víctima e inducir el silencio. Entre los posibles signos de abuso sexual se

Habilidades de cuidado psicosocial

encuentran moretones alrededor del área perineal, quejas de dolor abdominal o infecciones recurrentes por levaduras o del tracto urinario. El paciente también puede presentar síntomas de depresión, ansiedad aumentada o irritabilidad.

Reporte del abuso de un paciente por parte de la familia

Es obligación de la institución de atención médica informar cualquier incidente de abuso al estado para proteger a la víctima y sacarla de la situación. La auxiliar de enfermería debe estar atenta a cualquier indicio de abuso y reportar dichos signos a la enfermera encargada. Esto incluye cualquier signo físico de abuso, cualquier declaración realizada por el paciente acerca del abuso o cualquier indicio de negligencia. Una vez que los hallazgos hayan sido informados a la enfermera encargada, el equipo de salud determinará si se ha cometido algún abuso y notificará a las autoridades correspondientes. La auxiliar de enfermería no debe intentar discutir el tema con la víctima por sí sola ni tratar de confrontar o acusar al abusador.

Carga del cuidador y abuso

En muchos casos de abuso, el cuidador es responsable de infligir daño al paciente. El comportamiento abusivo puede derivarse de sentimientos de agotamiento o frustración relacionados con el cuidado de otra persona. A esto se le conoce a menudo como la carga del cuidador, un sentimiento que también puede resultar pesado para las auxiliares de enfermería. Cada vez que una auxiliar de enfermería se sienta frustrada con una persona o una situación, debe alejarse de la misma lo más rápidamente posible para evitar que esta carga se transforme en alguna forma de abuso. Se debería tomar un momento para intentar reconocer el origen de esa frustración. A la auxiliar le podría resultar útil hablar con la enfermera encargada acerca de sus sentimientos o intentar trabajar con un grupo diferente de pacientes en su próximo turno. Si estas medidas no resultan efectivas, sería beneficioso que la auxiliar de enfermería buscara asesoramiento a través de su empleo, para protegerse a sí misma y a los pacientes.

Necesidades espirituales y culturales

Factores que influyen en la perspectiva en el cuidado a largo plazo

Cultura

La cultura se define como el conjunto de comportamientos y sistemas de creencias de un grupo determinado de personas. La perspectiva cultural de una persona se moldea por su etnia, género y edad. Esto influye en su percepción de todo, incluido el cuidado de la salud. Puede afectar los tipos de alimentos que los pacientes consumen cuando están enfermos, sus comportamientos durante la enfermedad y su actitud frente a la muerte y el morir. Las creencias culturales del paciente deben tenerse en cuenta al planificar el cuidado. Si no se consideran, el nivel de estrés del paciente puede aumentar, lo que dificulta el proceso de curación.

Religión

La religión es el conjunto de creencias que una persona tiene respecto a la naturaleza del universo. La religión del paciente puede determinar el grado de participación en su cuidado, incluyendo qué tratamientos puede o no aceptar. Además, la religión puede ayudar a que el paciente enfrente mejor el período de recuperación tras una enfermedad o lesión grave. La perspectiva religiosa del paciente debe considerarse al planificar su cuidado. No hacerlo podría resultar en la negativa del paciente a participar en el tratamiento o en su retiro total del entorno hospitalario.

Habilidades de cuidado psicosocial

Acción apropiada si un paciente solicita un sacerdote

Durante períodos de enfermedad o lesión, no es raro que un paciente solicite ver a un sacerdote o a una persona de autoridad dentro de su iglesia. Si un paciente hace esta solicitud, la auxiliar de enfermería debe notificar de inmediato a la enfermera encargada. Esta enfermera hablará con el paciente para determinar si desea ver a una persona específica. La mayoría de los hospitales y centros de atención prolongada cuentan con un clérigo de guardia que puede ser notificado si el paciente no tiene a alguien específico a quien llamar.

Cuidado de pacientes musulmanes

Es importante preguntar al paciente musulmán si tiene alguna restricción dietética específica. Muchos musulmanes practicantes estrictos consumen únicamente pescado, pollo y carne de res que han sido sacrificados de manera especial. La mayoría de los musulmanes no ingieren productos derivados del cerdo. Procure evitar entregar cualquier objeto al paciente musulmán con la mano izquierda, ya que se reserva para el cuidado perineal personal. Los musulmanes ponen un fuerte énfasis en la limpieza. Muchos desean lavarse con agua y jabón después de usar el orinal y el papel higiénico. Además, se debe proporcionar agua fresca para que se laven antes de sus oraciones. Si es posible, las pacientes femeninas deben ser atendidas por auxiliares de enfermería mujeres.

Cuidado de pacientes cristianos

Es importante que el auxiliar de enfermería pregunte si el paciente cristiano tiene alguna restricción alimentaria. Aunque la mayoría de los cristianos no tienen restricciones alimentarias debido a su fe, algunos pueden imponerlas a sí mismos. Algunos pacientes católicos pueden desear ayunar durante la Cuaresma. Durante su estancia, algunos pacientes cristianos católicos u ortodoxos pueden optar por recibir la comunión o confesarse durante su hospitalización. Algunos pacientes pueden solicitar recibir los Últimos Ritos si se encuentran en estado crítico o están en proceso de morir. Es importante notificar de inmediato a la enfermera encargada si el paciente solicita ver a un sacerdote mientras se encuentra en el hospital. En muchos casos, el paciente o la familia conocerá a un sacerdote al que desee llamar.

Cuidado de pacientes hindúes

Es importante que el auxiliar de enfermería pregunte por cualquier necesidad dietética específica del paciente hindú. La mayoría de los hindúes son vegetarianos o veganos; incluso aquellos que consumen carne pueden negarse a comer carne de res o cerdo. Después de usar el orinal, muchos pacientes hindúes desean lavarse la zona perineal utilizando agua limpia luego de usar papel higiénico. El auxiliar de enfermería debe ponerla a disposición si así lo solicitan. Algunos hindúes pueden preferir bañarse en la ducha en lugar de sentarse en la bañera. Los miembros de la fe hindú valoran especialmente la privacidad; si es posible, el paciente debe ser atendido por un auxiliar de enfermería del mismo género. Algunos pacientes hindúes pueden preferir morir recostados en el suelo para mantener la cercanía entre el individuo y la Madre Tierra. Si es necesario, se puede llamar a un sacerdote hindú para que realice los ritos sagrados correspondientes al paciente.

Cuidado de pacientes judíos

Los judíos ortodoxos consumen únicamente carne kosher y, por lo general, evitan platos en los que se hayan preparado conjuntamente leche y carne. Otros alimentos prohibidos incluyen productos de cerdo, carne de aves de rapiña y mariscos. La mayoría de los pacientes judíos prefieren lavarse las manos y decir

Habilidades de cuidado psicosocial

una breve oración antes de comer; el auxiliar de enfermería debe brindarles la oportunidad de hacerlo. Los hombres judíos pueden preferir mantener la barba o elegir afeitarse con una máquina eléctrica en lugar de usar una cuchilla. Los pacientes judíos observan prácticas específicas en relación con la muerte. La familia notificará a su sinagoga sobre el inminente fallecimiento del paciente; si no hay familiares presentes, el personal de atención médica debe hacerlo. Tras la muerte, normalmente tres miembros de la familia lavan el cuerpo. El entierro debe realizarse dentro de las 24 horas posteriores al fallecimiento.

Cuidado de pacientes mormones

Muchos mormones siguen unas restricciones dietéticas establecidas en la Palabra de Sabiduría. Este precepto recomienda evitar el consumo de estimulantes, como el café, el té y otras bebidas con cafeína. Aunque la mayoría de los mormones no son estrictamente vegetarianos, tienden a consumir carne de manera limitada. Algunos mormones pueden vestir una prenda interior especial que debe tratarse con la máxima privacidad. Esta prenda puede retirarse para su lavado y limpieza, pero de lo contrario debe usarse en todo momento. Aunque los mormones no tienen ritos o rituales específicos en relación con un paciente moribundo, el auxiliar de enfermería debe asegurarse de permitir que la familia pase la mayor cantidad de tiempo posible con el paciente en sus últimas horas. Si el paciente utiliza la prenda interior sagrada, se debe volver a colocar en el cuerpo después de realizar los cuidados postmortem.

Cuidado de pacientes budistas

Es importante que el auxiliar de enfermería pregunte acerca de las necesidades dietéticas de un paciente budista al ingresarlo, ya que muchos de estos pacientes son vegetarianos o veganos. Muchos budistas realizan ayunos en días específicos, incluidos los días de luna nueva y luna llena. En los días de ayuno, el budista comerá únicamente en horarios determinados. El auxiliar de enfermería debe coordinarse con el paciente en esos días para asegurarse de que reciba su bandeja de alimentos en el momento adecuado. El tipo de rituales en torno a la muerte y el morir varía según las tradiciones del paciente. El paciente puede solicitar que un monje o monja budista realice cánticos para ayudar en su tránsito. Si es posible, el cuerpo no debe ser manipulado hasta transcurridas entre 3 y 8 horas después del fallecimiento, antes de proceder a su preparación para el sepelio.

Rol del auxiliar de enfermería

Comunicación

Componentes de la comunicación

Existen cinco componentes que deben estar presentes para que se produzca la comunicación.

Componente	Descripción
Remitente	La fuente original del mensaje
Mensaje	Lo que el remitente intenta transmitir
Canal	El medio a través del cual se transmite el mensaje (típicamente verbal o no verbal)
Receptor	La persona que recibe el mensaje
Retroalimentación	La respuesta del receptor al mensaje original (los roles de remitente y receptor pueden intercambiarse durante la conversación)

Comunicación verbal

La comunicación verbal es una de las formas en que las personas se comunican. Esta abarca tanto lo que se dice como la forma en que se expresa. Al comunicarse con el paciente, el auxiliar de enfermería debe tener en cuenta el idioma y la elección de palabras del paciente, así como el tono de voz y el volumen con que se emiten las palabras. Al hablar con un paciente, es importante que el auxiliar de enfermería reflexione cuidadosamente sobre lo que va a decir antes de expresarlo, ya que las palabras a menudo pueden ser malinterpretadas. Además, es fundamental asegurarse de que los comentarios sean apropiados para el entorno y la conversación.

Comunicación no verbal

La comunicación no verbal es el proceso de enviar mensajes mediante métodos distintos al habla. Puede transmitir emociones y actitudes, además de ayudar a comunicarse de manera efectiva con el paciente. Una persona puede comunicarse de forma no verbal utilizando gestos, el tacto o el lenguaje corporal. Un auxiliar de enfermería debe vigilar cuidadosamente su propio lenguaje corporal para asegurarse de que no contradiga lo que está diciendo. Por ejemplo, un auxiliar de enfermería que habla con el paciente mientras revisa frecuentemente su reloj está indicando que tiene prisa. Este tipo de lenguaje corporal desalienta la comunicación abierta y debe evitarse.

Comunicación terapéutica

La comunicación terapéutica es un método para interactuar con los pacientes que los anima a expresarse y ofrecer información. Debido al nivel de estrés asociado con la hospitalización, el paciente a menudo necesita comunicarse pero no está seguro de cómo iniciar la conversación con el personal de salud. La comunicación terapéutica combina diversas técnicas de comunicación verbal y no verbal con el fin de incentivar al paciente a hablar abiertamente. Al prestar atención al lenguaje corporal del paciente, además de sus palabras, el auxiliar de enfermería puede interpretar el estado emocional del paciente y comunicarse con él de manera efectiva.

Rol del auxiliar de enfermería

Estimular la comunicación

El auxiliar de enfermería puede seguir varios pasos para fomentar la comunicación con el paciente. Primero, debe asegurarse de que el paciente se encuentre en un entorno donde pueda comunicarse libremente. Si el paciente se siente cómodo, es más probable que participe en una conversación terapéutica. También se debe garantizar la privacidad del paciente durante la charla, ya que este podría sentirse avergonzado al compartir información personal en un entorno público. El auxiliar de enfermería debe procurar mostrarse sin prisas, incentivando al paciente a hablar al ubicarse cerca de él durante la conversación. Asimismo, debe demostrar interés enfrentándose al paciente y manteniendo contacto visual mientras conversan.

El silencio

El silencio puede ser una herramienta de comunicación eficaz, ya que puede transmitir diversas emociones. Durante la interacción con el paciente, el silencio puede expresar sentimientos de cariño. Este tipo de silencio suele ir acompañado de gestos no verbales, como un abrazo o tomar la mano del paciente. Además, el silencio puede utilizarse para estimular al paciente a proporcionar más información; si se emplea durante la conversación, el paciente puede continuar hablando para llenar ese espacio. Asimismo, el silencio le brinda al paciente tiempo para la reflexión. Se debe tener precaución al utilizar el silencio como herramienta comunicativa, pues en ocasiones puede interpretarse erróneamente como hostilidad o descortesía.

Plantear preguntas

Formular preguntas puede ser muy efectivo para incentivar la comunicación del paciente. Existen dos tipos de preguntas: abiertas y cerradas.

- Las preguntas abiertas animan al paciente a ofrecer detalles adicionales sobre el tema en discusión, dándole un mayor control de la conversación. Este tipo de preguntas no puede responderse con palabras únicas. Un ejemplo de pregunta abierta es: "¿Cómo se siente al respecto?"
- Las preguntas cerradas sirven para enfocar la conversación o reorientarla. Generalmente se utilizan para obtener una respuesta de una sola palabra. Un ejemplo de pregunta cerrada es: "¿Desayunó hoy?"

Escucha activa

La escucha activa es el método de prestar atención de forma intencionada a la conversación en curso. En una conversación típica, es común que la persona no dedique toda su atención a lo que se está diciendo, ya que podría estar pensando en otras cosas o concentrándose en sus propias labores. Cuando se practica la escucha activa, se presta atención no solo a las palabras del paciente, sino que también se consideran sus expresiones y se formula una respuesta adecuada que fomente una mayor conversación. La escucha activa también incorpora diversos aspectos de la comunicación no verbal para extraer conclusiones precisas de la interacción.

Reflejar

Reflejar es otro método para incentivar al paciente a hablar sobre un tema específico. El auxiliar de enfermería refleja una afirmación repitiendo total o parcialmente lo que el paciente ha dicho. Por ejemplo, si un paciente dice "Me siento muy solo", una respuesta reflejante apropiada sería: "¿Se siente solo?" Otra forma de reflejar consiste en comentar sobre los sentimientos del paciente. Por ejemplo, el auxiliar puede decir: "Parece que se siente muy feliz por esto". Esto refleja el estado emocional del paciente y lo alienta a expresar abiertamente lo que piensa y siente.

Incentivar con señales generales y reformulación

Una señal general es un método empleado para animar al paciente a seguir hablando sobre un tema particular. Ejemplos de señales generales incluyen frases como "siga" o "ya veo". Estas señales son eficaces porque permiten que el paciente conduzca la conversación, dándole la oportunidad de expresar sus pensamientos y preocupaciones. Además, indican que el auxiliar de enfermería está prestando atención a lo que se dice.

Al reformular, el auxiliar de enfermería vuelve a expresar un comentario realizado previamente por el paciente para incentivar que éste amplíe la información. Por ejemplo, si el paciente comenta acerca de la cantidad de tubos y cables conectados a él, el auxiliar podría decir: "¿Cree que lleva demasiados equipos?" para que el paciente elabore más sobre el tema.

Empatía y contacto físico

La empatía es la capacidad de comprender lo que el paciente siente y de responder de manera adecuada. Actuar con empatía implica reconocer las emociones intensas que pueda estar experimentando el paciente. Al identificar estos sentimientos, el auxiliar de enfermería puede ofrecerle la oportunidad de hablar sobre sus emociones y validarlas, lo que favorece la construcción de una relación de confianza con el paciente.

El uso del contacto físico es un método no verbal para comunicarse con el paciente. Hay momentos en que las palabras no son suficientes para brindar consuelo. En tales casos, tomar la mano del paciente o darle un abrazo puede fomentar la conversación y ofrecer consuelo. No obstante, se debe tener en cuenta la cultura del paciente al emplear el contacto físico, ya que en algunas culturas puede interpretarse como una falta de respeto.

Proveer información y autorrevelación

Proporcionar información puede ser una herramienta efectiva para promover la comunicación. Cuando el paciente es nuevo en el centro de salud, puede sentirse ansioso debido a lo desconocido del entorno. El auxiliar de enfermería puede ayudar a aliviar esa ansiedad suministrándole información relevante para su cuidado. Sin embargo, debe tener cuidado de no brindar detalles específicos sobre el diagnóstico o los resultados de pruebas y análisis, ya que esto excede el alcance de sus funciones.

El auxiliar de enfermería también puede fomentar la comunicación al autorrevelar cierta información personal para aliviar la incomodidad del paciente. No obstante, se debe tener cuidado de no dominar la conversación, pues el objetivo de la comunicación terapéutica es descubrir lo que el paciente está pensando y sintiendo.

Comunicación con la familia del paciente

La interacción con la familia del paciente puede ocurrir frecuentemente durante el curso del cuidado del paciente. El auxiliar de enfermería puede consultar con la familia sobre procedimientos que forman parte de su ámbito de práctica. Al hablar con la familia mientras el paciente está en la habitación, el auxiliar de enfermería debe esforzarse por incluir al paciente en la conversación; es inapropiado hablar sobre el paciente como si no estuviera presente. Si algún familiar tiene dudas sobre el cuidado del paciente, se le debe derivar a la enfermera o a la enfermera encargada. Al conversar con el paciente y/o con su familia, existen varias maneras de asegurarse de que lo que se está diciendo se comunica de forma clara. El auxiliar de enfermería debe evitar el uso de terminología médica al dirigirse al paciente, ya que muchos la encuentran confusa. Se debe hacer el esfuerzo de utilizar palabras que sean comprensibles para el público

Rol del auxiliar de enfermería

general. Por ejemplo, en lugar de decir hipertensión, se puede emplear la frase presión arterial alta. Si es imprescindible utilizar un término médico, el auxiliar de enfermería debe definirlo para el paciente. Mientras habla con el paciente, el auxiliar de enfermería debe comunicarse despacio, con claridad y en un tono moderado.

Botones de llamada

Responder al botón de llamada

El botón de llamada es el medio por el cual un paciente notifica al personal de salud que necesita asistencia. Se debe responder de manera pronta y cortés. Si un botón de llamada suena en una habitación que no está asignada al auxiliar de enfermería, es apropiado que el auxiliar de enfermería responda para averiguar qué necesita el paciente. Si se utiliza un intercomunicador, el auxiliar de enfermería debe responder preguntando: "¿Puedo ayudarle?" Si responde personalmente al botón de llamada, el auxiliar de enfermería debe presentarse e indagar sobre las necesidades del paciente. No es apropiado que el auxiliar de enfermería ignore un botón de llamada.

Uso frecuente del botón de llamada

El uso frecuente del botón de llamada puede ocurrir por varias razones. Es posible que el paciente no entienda cómo emplearlo o que pulse el botón equivocado por error. Si esto sucede, el auxiliar de enfermería puede colocar una pieza de gasa sobre el botón, de modo que el paciente lo reconozca al tacto. Si se utiliza este método, es importante comprobar que el botón de llamada pueda presionarse fácilmente antes de salir de la habitación. Otra razón por la que un paciente puede llamar con frecuencia es que se sienta solo. Si este es el caso, el auxiliar de enfermería debe hacer un esfuerzo por pasar a ver al paciente tan frecuentemente como sea posible, lo que puede evitar llamadas frecuentes "solo para conversar." Una forma de prevenir el uso excesivo del botón de llamada es asegurarse de que el paciente tenga a su alcance todos los elementos necesarios antes de abandonar la habitación. Asimismo, se debe preguntar al paciente si necesita algo más antes de salir.

Barreras de comunicación

Bloqueo de comunicación

Un bloqueo de comunicación es una afirmación o comportamiento que desalienta la comunicación terapéutica. Un auxiliar de enfermería puede, de manera inadvertida, utilizar un bloqueo de comunicación si se encuentra apresurado o incómodo respecto a la conversación en curso. Los bloqueos de comunicación comunes incluyen el uso de sarcasmo o chistes para desviar la situación. El auxiliar de enfermería puede cambiar de tema o intentar minimizar el problema para aliviar su propio malestar. Ofrecer garantías falsas o decirle al paciente cómo debería sentirse en una situación determinada puede desanimar al paciente para que se comunique con el auxiliar de enfermería.

Comunicación con pacientes que no hablan inglés

Los pacientes que no pueden hablar inglés pueden representar un desafío a la hora de comunicarse. Aunque es posible solicitar la ayuda de un familiar para traducir, muchas instalaciones prefieren utilizar un intérprete oficial al transmitir información médica al paciente. Ya sea comunicándose mediante un familiar o un intérprete, el auxiliar de enfermería debe mirar al paciente y dirigirse a él mientras habla. El auxiliar debe hablar despacio y con claridad, observando de cerca el lenguaje corporal y las expresiones faciales del paciente, ya que esto puede facilitar el proceso de comunicación. Antes de que la familia se retire, el auxiliar de enfermería debe pedirles que anoten algunas frases comunes, como "baño" y "agua", para ayudar a satisfacer las necesidades del paciente.

Manejo de comentarios inapropiados hacia el personal

Algunos pacientes pueden intentar usar insinuaciones sexuales de manera jocosa o para aliviar su propia incomodidad. Sin embargo, esos comentarios se consideran acoso. Los miembros del personal de salud tienen derecho a trabajar en un ambiente libre de acoso. Es posible que algunos intenten suavizar la situación con una broma, pero este enfoque generalmente resulta ineficaz para detener la conducta abusiva. Si el paciente comienza a hacer comentarios inapropiados, el auxiliar de enfermería deberá informar de inmediato al paciente que sus comentarios son inaceptables y no serán tolerados. Esto debe expresarse de manera firme, pero cortés. Si el paciente continúa con el comportamiento inapropiado, se debe notificar a la enfermera encargada.

Incapacidad para comunicarse con el paciente

A veces, el auxiliar de enfermería puede no lograr comunicarse con el paciente a pesar de sus mejores esfuerzos. Si el paciente está intubado o presenta afasia severa, es posible que no pueda expresar de manera efectiva sus necesidades. El auxiliar de enfermería debe intentar identificar lo que el paciente intenta decir, repasando una lista de necesidades comunes, como sentir sed, tener calor, frío o dolor. Si el auxiliar de enfermería no puede descifrar lo que el paciente está tratando de comunicar, debe informarle que no logra entenderle. No se debe fingir comprensión, ya que este comportamiento puede generar angustia en el paciente. La incapacidad para comunicarse a menudo resulta en frustración por parte del paciente. Si esto ocurre, el auxiliar de enfermería debe brindar el consuelo y apoyo emocional adecuados.

Derechos del paciente

Carta de derechos del paciente

La Carta de Derechos del Paciente es una lista de derechos que el paciente puede esperar recibir mientras se encuentra internado en un hospital o en una instalación de cuidados prolongados. Esta lista de derechos puede variar en la redacción de un hospital a otro, pero generalmente contiene disposiciones similares. La Carta de Derechos del Paciente suele ir acompañada de una lista de responsabilidades que el paciente debe cumplir para asegurar que su tratamiento sea efectivo. Es importante que el paciente sea informado de sus derechos y responsabilidades lo antes posible después de su admisión.

Derechos específicos del paciente

Confidencialidad

El paciente tiene derecho a la confidencialidad. Es decir, tiene derecho a que su salud y atención médica se discutan únicamente entre las personas encargadas directamente de su cuidado. A menos que el auxiliar de enfermería esté brindándole atención, no debe revisar el expediente del paciente ni discutir su caso. Además, una vez que el auxiliar deje de atender al paciente, no debe acceder a sus registros. Cuando el paciente sea transferido a otra unidad del hospital, el auxiliar de enfermería no debe consultar sus archivos. La información del paciente debe discutirse en áreas donde otras personas no puedan oírla, evitando que individuos ajenos a la atención conozcan detalles sobre el cuidado prestado.

Privacidad

Los pacientes tienen derecho a la privacidad personal. El auxiliar de enfermería debe esforzarse por protegerla, manteniendo la dignidad del paciente durante los procedimientos de atención. Al bañar al

Rol del auxiliar de enfermería

paciente o retirarlo del orinal, se debe cerrar la cortina o la puerta de la habitación para impedir que otras personas puedan ver en el interior.

El derecho a la privacidad también se extiende a la información médica del paciente. Los detalles de su caso solo deben conversarse con los familiares que el paciente indique. Muchas instalaciones han implementado un sistema basado en un número de código de privacidad, otorgado únicamente a los familiares autorizados para recibir información sobre el paciente. Si el familiar no puede proporcionar dicho código, el auxiliar de enfermería no debe revelar ninguna información.

Consentimiento informado

La idea del consentimiento informado surgió originalmente en relación con tratamientos experimentales, pero hoy abarca la información que se debe proporcionar antes de cada examen, procedimiento o tratamiento. Antes de firmar el formulario de consentimiento, el paciente tiene derecho a conocer todos los riesgos y beneficios involucrados en el tratamiento propuesto, así como los riesgos y beneficios de rechazarlo. Se le debe informar qué médicos participarán en su cuidado y qué medicamentos recibirá.

El médico debe proporcionar esta información antes del procedimiento, ya sea directamente al paciente o a su representante o apoderado. Una vez recibida la información, el paciente (o su apoderado) debe firmar un formulario de consentimiento en el que indique que comprende todos los elementos requeridos. Aunque el auxiliar de enfermería no es responsable de proporcionar esta información ni de firmar como testigo, puede comunicar cualquier duda persistente del paciente a la enfermera, puesto que esas preguntas requieren las respuestas del médico antes de obtener el consentimiento.

Libertad de elección

El derecho del paciente a la libertad de elección funciona en conjunto con el consentimiento informado. Una vez que se haya brindado la información necesaria, el paciente tiene derecho a decidir qué tratamientos recibirá, sin estar sujeto a presiones por parte del personal de salud.

Una vez tomada la decisión, no se le puede quitar, a menos que el propio paciente opte por cambiar de tratamiento. Por el contrario, si el paciente decide interrumpir el tratamiento, puede hacerlo, aunque el médico debe recordarle los riesgos y beneficios implicados en dejar de recibir el tratamiento.

Atención respetuosa

Cuando un paciente ingresa al hospital, tiene derecho a ser tratado con respeto por quienes le brindan atención. No se le puede discriminar por su edad, género, raza o religión, ni se le puede negar tratamiento por las circunstancias que rodean su hospitalización. Por ejemplo, no se puede negar atención por lesiones sufridas durante la comisión de un delito.

Mientras el paciente se encuentre en el hospital, tiene derecho a recibir una atención segura por parte de un personal competente. Asimismo, durante su permanencia en el hospital o en una instalación de cuidados prolongados, se deben tomar medidas razonables para atender sus solicitudes culturales o religiosas, siempre que no interfieran con la atención a otros pacientes.

Acceso a teléfono y correo

El paciente tiene derecho a disponer de un teléfono para comunicarse regularmente con sus familiares. Se le debe informar dónde se encuentra el teléfono y cómo utilizarlo, y además debe poder contar con la privacidad durante sus conversaciones telefónicas. Las llamadas del paciente no deben ser monitoreadas ni grabadas de ninguna manera.

Rol del auxiliar de enfermería

De igual forma, el paciente tiene derechos similares respecto al correo. El correo que le pertenece no debe abrirse sin su consentimiento, y la correspondencia saliente debe enviarse sin ser leída por el personal de salud.

Continuidad de la atención

La continuidad de la atención se define como la prestación de una atención médica de alta calidad de forma continua y consistente. A menudo, lograr esta continuidad es complicado debido al número de profesionales que pueden involucrarse en el caso del paciente. La continuidad puede verse afectada por motivos como el desconocimiento del médico respecto a un plan de tratamiento o la falta de comunicación entre los miembros del equipo de salud.

Para mantener la continuidad de la atención, se deben realizar reuniones frecuentes entre el equipo de salud y el paciente, asegurándose de que todos estén de acuerdo con el plan de atención.

Derecho del paciente a revisar su expediente

Si el paciente solicita ver su expediente, el auxiliar de enfermería debe notificar a la enfermera encargada. Aunque es un derecho del paciente, la mayoría de las instalaciones cuentan con políticas específicas para la revisión del expediente. Generalmente, la solicitud se envía al departamento de registros médicos, el cual realizará copias del expediente para entregárselas al paciente. Esto previene que el paciente altere la información contenida en el expediente. Por lo general, las copias se proporcionan dentro de los 10 días siguientes a la solicitud inicial. Puede que el paciente deba completar unos formularios antes de recibir las copias, los cuales serán suministrados por la enfermera encargada o por el personal del departamento de registros médicos.

Derechos del paciente respecto al tratamiento experimental

El paciente tiene derechos muy específicos en lo que respecta al tratamiento experimental. Al igual que con cualquier otro procedimiento, se requiere el consentimiento informado antes de iniciar el tratamiento.

Se debe notificar al paciente sobre la naturaleza experimental del tratamiento, así como sobre los posibles riesgos y beneficios de aceptarlo. El enfoque hacia el paciente debe ser no amenazante. Si el paciente se niega a recibir el tratamiento, tiene derecho a conocer otras alternativas que se puedan realizar en lugar del tratamiento experimental. No se puede negar la atención al paciente por el rechazo a someterse a un tratamiento experimental.

Derecho de rechazo del paciente

Si el paciente se encuentra alerta y orientado, tiene derecho a rechazar cualquier tratamiento o procedimiento, incluidos los procedimientos simples como ser reposicionado o recibir un baño.

Por ejemplo, si el paciente decide que no desea ser reposicionado, no debe ser reprendido ni coaccionado por esa decisión; se le debe informar acerca de los riesgos que implica no ser reposicionado. Si el paciente continúa rechazando, el auxiliar de enfermería no debe discutir al respecto y debe notificar a la enfermera encargada para que se realice la documentación correspondiente. Si es posible, el auxiliar de enfermería podrá ofrecer el procedimiento nuevamente en otro momento.

Derecho del paciente a abandonar la instalación de salud

Siempre que el paciente se encuentre alerta y orientado, puede optar por abandonar la instalación de salud en cualquier momento. Si manifiesta su deseo de irse, el auxiliar de enfermería debe informar de inmediato a la enfermera encargada.

Rol del auxiliar de enfermería

La enfermera encargada hablará con el paciente e intentará determinar la razón por la que desea abandonar el establecimiento. Si no se logra persuadir al paciente para que permanezca y se le considera competente para tomar esa decisión, se notificará al médico. En muchos casos, se le solicitará al paciente firmar un formulario de AMA (desestimación contra el consejo médico), en el que reconoce que abandona la atención en contra del consejo. No corresponde al auxiliar de enfermería obtener su firma.

Derechos del paciente respecto al dinero y objetos de valor

Aunque no es prudente llevar grandes sumas de dinero u objetos de valor a un entorno hospitalario, en ocasiones resulta inevitable. Por ejemplo, las prótesis dentales y los audífonos son equipos costosos, pero necesarios para el uso diario.

Si el paciente ingresa al hospital con dinero u objetos de valor, tiene derecho a esperar que el hospital adopte medidas razonables para proteger dicha propiedad. El paciente también tiene derecho a mantener sus propias cuentas al ingresar a una instalación de cuidados prolongados; en ningún momento un miembro del establecimiento debe acceder a sus cuentas financieras. Si el paciente no puede hacerse cargo de sus asuntos financieros, se debe contactar a un trabajador social para gestionar los arreglos necesarios.

Protección de los objetos de valor del paciente

Si el paciente llega al hospital con grandes sumas de dinero o joyas, se le debe recomendar que los entregue a un familiar para que los lleve a casa. Si no hay ningún familiar presente, se debe obtener el permiso del paciente para guardar esos objetos en la caja fuerte del hospital. Con el consentimiento del paciente, se debe llamar a seguridad, catalogar los artículos y entregarle un recibo.

Si el paciente se encuentra inconsciente o en coma, los objetos de valor deben asegurarse hasta que el paciente pueda otorgar su consentimiento. En el caso de que el paciente tenga un objeto valioso necesario para el uso diario, como gafas, audífonos o prótesis dentales, se debe hacer todo lo posible para protegerlo. Se le debe proporcionar un estuche o contenedor identificado con su nombre, y cuando el objeto no esté en uso, debe mantenerse a mano en un lugar seguro donde no corra riesgo de romperse o perderse.

Derecho del paciente a la identificación de los profesionales de la salud

El paciente tiene derecho a conocer los nombres de las personas que le brindan atención. Durante el día, puede encontrarse con varios profesionales, incluidos médicos, enfermeras, terapeutas físicos y auxiliares de enfermería.

Un gafete identificatorio establece de forma clara que la persona es empleada de la instalación de salud y señala su cargo, informando al paciente sobre lo que puede esperar de ella. Cuando los auxiliares de enfermería ingresen a la habitación del paciente, deben portar su distintivo por encima de la cintura, en un lugar visible, e identificarse para evitar confusiones.

Derechos de los pacientes en etapa terminal

Los derechos del paciente deben ser respetados rigurosamente en todo momento, especialmente cuando se encuentran en su etapa final. Se debe hacer todo lo posible para ubicar al paciente en una habitación privada. Cuando la familia esté presente, la puerta de la habitación debe cerrarse; si no es posible, se debe cerrar la cortina.

Los informes sobre el paciente deben realizarse en un lugar donde otros no puedan escucharlos, y cualquier alarma de monitorización debe apagarse o silenciarse. Asimismo, se debe respetar la privacidad

del paciente en el momento de su limpieza personal y durante el cuidado postmortem. Al trasladar el cuerpo a la morgue, el carro destinado a este fin debe mantenerse cubierto para proteger la identidad del paciente.

Poder notarial duradero para asuntos médicos

Un poder notarial duradero para asuntos médicos designa a una persona específica para tomar todas las decisiones relacionadas con la atención médica en caso de que el paciente llegue a ser incapaz de tomarlas por sí mismo. El poder notarial duradero entraría en vigor si el paciente llegara a confundirse o a caer en coma. Generalmente, el poder notarial duradero es presentado por un abogado antes de la hospitalización. La persona designada con el poder notarial para asuntos médicos debe esforzarse por conocer los deseos del paciente en relación con las decisiones sobre atención médica. Si el paciente es hospitalizado, la familia debe presentar la documentación del poder notarial duradero lo antes posible. Si la familia del paciente presenta una copia del poder notarial duradero, el auxiliar de enfermería debe informar a la enfermera de inmediato. Pueden surgir conflictos respecto a los privilegios del poder notarial, y los pacientes tienen el derecho de cambiar el poder notarial; sin embargo, es necesario contar con la documentación actualizada que refleje este cambio. Además, el paciente debe tener la capacidad mental necesaria para hacerlo. Cualquier conflicto debe ser referido a la enfermera encargada.

Directrices anticipadas

Las directrices anticipadas detallan los deseos del paciente respecto a la atención al final de la vida. Abordan si el paciente desea recibir ventilación mecánica a largo plazo, diálisis continua o alimentación mediante sonda. Además, estas directrices pueden establecer si el paciente quiere ser donante de órganos o tejidos después de su fallecimiento. Normalmente, el paciente consulta a un abogado para que prepare sus directrices anticipadas antes de la hospitalización. El personal de salud debe ser informado de inmediato, al momento de la hospitalización, si el paciente cuenta con ellas. Si la familia del paciente presenta una copia de las directrices anticipadas, el auxiliar de enfermería debe notificarlo de inmediato a la enfermera.

Orden de no resucitar (DNR)

Una Orden de No Resucitar (DNR) describe el tipo de medidas de emergencia que se podrían implementar si el corazón o la respiración del paciente se detuvieran durante el tratamiento. Normalmente, la orden de DNR especifica si el paciente desea intubación de emergencia, reanimación cardiopulmonar (RCP) o desfibrilación. Generalmente, el médico redacta una orden de DNR después de una conversación extensa con el paciente sobre sus deseos en relación con su atención. En algunos casos, el paciente puede optar por recibir algunos de los tratamientos de emergencia, pero no todos. Es importante que el auxiliar de enfermería se familiarice con los tipos de tratamientos de emergencia que el paciente prefiere. El paciente puede revocar una orden de DNR en cualquier momento. Si el paciente manifiesta verbalmente el deseo de cambiar su estado de código, se debe notificar a la enfermera encargada.

Protegiendo los derechos de los pacientes con discapacidades

Se debe hacer todo lo posible para proteger los derechos de los pacientes con discapacidades. Si el paciente tiene discapacidad auditiva o visual, el equipo de atención médica debe adaptar sus técnicas de comunicación para asegurarse de que comprenda lo que se le está diciendo. Si el paciente se encuentra confundido o presenta dificultades cognitivas, se debe mantener informado a su representante de

Rol del auxiliar de enfermería

atención médica sobre su estado y consultarlo respecto a aspectos de su cuidado. Si el paciente no cuenta con un representante de atención médica y no hay familiares disponibles, se puede designar un representante provisional para que actúe en su mejor interés hasta que el paciente esté en condiciones de hacerlo por sí mismo. Si es necesario, se debe notificar al equipo de trabajo social de la institución de atención médica para colaborar en la protección de los derechos del paciente con discapacidades.

Responsabilidades del paciente

Responsabilidades respecto a su atención

El centro de atención médica debe hacer todo lo posible para proporcionar tratamiento al paciente. Sin embargo, no se puede alcanzar un nivel óptimo de salud sin la colaboración del paciente. Para que el tratamiento sea exitoso, el paciente debe participar activamente en su cuidado. Al igual que con la Carta de Derechos del Paciente, la lista de responsabilidades del paciente debe entregarse al ingresar al centro de atención médica. Estas responsabilidades incluyen la honestidad y el respeto hacia los proveedores de atención médica, el cumplimiento del plan de tratamiento, el cumplimiento de las obligaciones financieras, no poner en riesgo a otros y la toma de decisiones responsable. El incumplimiento de estas responsabilidades puede impedir que el centro de atención médica proporcione un tratamiento adecuado.

Mantener un estilo de vida saludable

La clave para llevar una vida de calidad es mantener hábitos saludables. Estos hábitos comprenden una dieta adecuada, ejercicio y elecciones de vida apropiadas. Aunque los miembros del equipo de atención médica pueden ofrecer información y apoyo sobre un estilo de vida saludable, sólo el paciente puede realizar los cambios necesarios. Es responsabilidad del personal de atención médica revisar el plan de tratamiento y brindar educación sobre los cambios necesarios en el estilo de vida. No obstante, el tratamiento sólo será efectivo mientras el paciente cumpla con él. Si el paciente decide negarse a seguir el plan de tratamiento, deberá asumir la responsabilidad en caso de que éste falle.

Respeto y honestidad

Es derecho del paciente esperar que sus proveedores de atención médica actúen de manera educada y respetuosa; asimismo, el paciente tiene la responsabilidad de comportarse de forma respetuosa hacia ellos. Aunque la hospitalización es un momento estresante para el paciente, esto no justifica un comportamiento irrespetuoso. El uso de lenguaje soez, el acoso sexual y la violencia son conductas inaceptables. Actuar de esa manera dificulta que el equipo de atención médica brinde un cuidado adecuado. Si el paciente exhibe un comportamiento inapropiado, se debe abordar de inmediato para garantizar que no interfiera con su atención.

También es importante que el paciente sea honesto al interactuar con el personal de atención médica. Debe responder de forma franca a las preguntas sobre su historial médico y social, ya que esta información es vital para planificar su atención. Sin todos los datos necesarios, el tratamiento planificado puede resultar inadecuado o incluso causar daño al paciente.

Toma de decisiones informada

Es derecho del paciente determinar el tipo de atención que recibe. Si bien es responsabilidad del equipo de atención médica proporcionar información adecuada que le permita tomar una decisión respecto al tratamiento, también es responsabilidad del paciente decidir de manera responsable. Si existe algún aspecto del plan de tratamiento que no esté claro, el paciente debe hacer preguntas para obtener las

aclaraciones correspondientes. Asimismo, el paciente debe basar sus decisiones sobre el tratamiento en la información proporcionada, en lugar de fundamentarlas en emociones.

Directivas anticipadas

De acuerdo con las leyes federales y estatales, las personas tienen el derecho a la autodeterminación en el cuidado de la salud, incluyendo el derecho a tomar decisiones sobre el cuidado al final de la vida mediante directivas anticipadas, tales como testamentos vitales, y el derecho a designar a un representante para tomar decisiones mediante un poder notarial duradero. Se debe preguntar rutinariamente a los pacientes acerca de su directiva anticipada, ya que pueden presentarse en un proveedor de atención médica sin dicho documento. Aquellos pacientes que hayan indicado que desean una orden de no reanimación (DNR) no deben recibir tratamientos de resucitación en casos de enfermedades terminales o en situaciones en las que no se espera una recuperación significativa. Se debe preguntar a los pacientes y a las familias de aquellos con enfermedades terminales si están recibiendo cuidados de hospicio. Para quienes han solicitado una DNR o para aquellos en quienes se retira el soporte vital, el personal debe brindar al paciente medidas paliativas en lugar de curativas, tales como el control del dolor y/o administración de oxígeno, además de proporcionar apoyo emocional tanto al paciente como a la familia. Las tradiciones y creencias religiosas acerca de la muerte deben ser tratadas con respeto.

Comportamiento legal

Regulación de la enfermería mediante la ley de práctica de enfermería de cada estado

La ley de práctica de enfermería de cada estado busca regular el ejercicio de la enfermería dentro del mismo. Especifica la cantidad y el tipo de educación requeridos para convertirse en enfermero/a registrado/a (RN) o en enfermero/a práctico/a con licencia (LPN/LVN). Define el rol y las responsabilidades del enfermero/a en los entornos de atención médica. Además, enumera las acciones que el/la enfermero/a puede realizar y establece los requisitos de educación, experiencia, responsabilidades y limitaciones para la práctica avanzada. Otorga a los/as enfermeros/as la autorización necesaria para desempeñarse según lo requerido. También regula las responsabilidades de delegación y supervisión del/la enfermero/a. Las leyes de práctica de enfermería son administradas por la junta estatal de enfermería, la cual es responsable de emitir y renovar las licencias de enfermería, así como de disciplinar y censurar a los/as enfermeros/as. Actualmente, la mayoría de las juntas estatales de enfermería disponen de un sitio web que ofrece información específica del estado sobre licencias, derechos y responsabilidades en la práctica de la enfermería.

Responsabilidad de la enfermera en el cuidado de enfermería

Las enfermeras forman parte de un equipo interdisciplinario responsable de los resultados en la atención del paciente. Como grupo profesional, tienen la responsabilidad de los resultados del cuidado de enfermería. Esta obligación se establece en la ley de práctica de enfermería de cada estado, en las directrices de la práctica de la American Nurses Association (ANA) y en la descripción del puesto de la enfermera. Herramientas, como el plan de cuidado de enfermería que incluye diagnósticos de enfermería estandarizados, intervenciones y resultados esperados, permiten a la enfermera cumplir con esta responsabilidad.

Rol del auxiliar de enfermería

El empoderamiento para actuar como defensora del paciente le permite señalar aquellos factores en la situación individual del paciente que pueden ser abordados para mejorar aún más los resultados. El pensamiento crítico durante la toma de decisiones y la documentación detallada también son aspectos importantes.

La enfermera es responsable de la delegación, de supervisar el cuidado brindado por otros y de la evaluación de los resultados de dicho cuidado. Además, tiene una responsabilidad personal en términos de conducta ética y moral. Dado que el conocimiento clínico es crucial para el pensamiento crítico, la enfermera debe esforzarse por ampliar continuamente sus conocimientos a través del desarrollo profesional a lo largo de su carrera.

HIPAA

La Ley de Portabilidad y Responsabilidad de Seguros de Salud (HIPAA) y las leyes estatales regulan quién puede recibir información de atención médica sobre una persona, cómo se debe obtener el permiso, cómo puede compartirse la información y los derechos de los pacientes en relación con su información personal. HIPAA se esfuerza por proteger la privacidad de la información de salud de cada individuo. Las instalaciones deben impedir que personal no autorizado tenga acceso a esta información. La información de atención médica debe protegerse a nivel administrativo, físico y técnico. El paciente debe firmar un formulario de autorización para permitir el intercambio de su información. Las sanciones por infringir estas leyes son severas, oscilando desde $100 por una infracción involuntaria hasta $50,000 por una infracción intencional. Las instalaciones que infrinjan HIPAA también pueden estar sujetas a medidas correctivas. Las sanciones están regidas por la Oficina de Derechos Civiles del Departamento de Salud y Servicios Humanos y por los fiscales generales estatales.

Aplicación de HIPAA en la práctica

Como miembro integral del equipo de atención médica, la enfermera o el enfermero debe estar siempre al tanto de las regulaciones de HIPAA y aplicar este conocimiento en la práctica. Es responsabilidad de la enfermera o el enfermero llevar a cabo las siguientes acciones para proteger y mantener la privacidad del paciente:

- Debe leer y seguir las políticas de la instalación en relación con la transferencia de datos del paciente.
- La comunicación entre el personal de atención médica sobre un paciente debe realizarse siempre en un lugar privado, para que dicha información no sea escuchada por personas que no tengan el derecho de conocerla.
- El acceso a las historias clínicas debe restringirse únicamente a los miembros del equipo de atención médica involucrados en el cuidado de ese paciente.
- La información sobre el cuidado del paciente destinada a trabajadores no licenciados no puede colocarse junto a la cama, sino que debe estar en un plan de atención o en la historia clínica del paciente en una zona protegida.
- No se debe proporcionar información de manera informal a nadie (por ejemplo, visitantes o familiares) salvo que se confirme que tienen el derecho de recibirla.
- No se debe contar con los familiares para que actúen como intérpretes del paciente; se debe obtener un intérprete para proteger la privacidad del paciente.

Rol del auxiliar de enfermería

- Las computadoras que contienen información del paciente deben contar con contraseñas y medidas de seguridad que impidan el acceso no autorizado.
- No se deben dejar mensajes de voz que contengan información protegida de atención médica para el paciente; en su lugar, se debe solicitar que el paciente devuelva la llamada.

OSHA

La Ley de Seguridad y Salud Ocupacional (OSHA) tiene como objetivo mantener a los trabajadores seguros y saludables mientras desempeñan sus labores. OSHA establece que los empleadores deben mantener un ambiente de trabajo seguro, que los trabajadores sean completamente informados sobre cualquier peligro, y que se proporcione equipo de protección personal a aquellos que entren en contacto con materiales peligrosos. Al cumplir con estas regulaciones, el empleador minimiza al máximo las lesiones y enfermedades de los trabajadores. Esto fomenta la productividad, ya que se reducen las ausencias por enfermedad o lesión, se controlan los costos relacionados con la salud de los empleados y se disminuye la tasa de rotación, lo que ahorra dinero en la contratación y capacitación de nuevos empleados. OSHA se preocupa por la exposición de los empleados de la salud a la radiación, así como a agentes químicos y biológicos, al cuidar de los pacientes. Existe información disponible para ayudar a hospitales y otras instalaciones a elaborar planes que cumplan con las mejores prácticas para enfrentar esta y otras amenazas a los empleados. Los procedimientos de limpieza, la descontaminación y la eliminación de residuos peligrosos están regulados por OSHA y se aplican tanto a las operaciones diarias en el hospital como a situaciones de desastre.

CMS

Los Centros de Medicare y Medicaid (CMS), que forman parte del Departamento de Salud y Servicios Humanos de los EE. UU., se encargan de que las regulaciones de atención médica se cumplan en las instalaciones que reciben reembolsos federales. Reembolsan a estas instalaciones por la atención brindada a los beneficiarios de Medicare, Medicaid y del Programa de Seguro de Salud para Niños (CHIP) estatales. Además, supervisan el cumplimiento de las regulaciones de HIPAA respecto a la portabilidad y confidencialidad de la información de atención médica. CMS revisa la documentación de la atención al paciente al decidir el reembolso por los cuidados prestados. CMS cuenta con regulaciones para todo tipo de instalaciones médicas, y estas normativas han influido profundamente en la práctica de enfermería, ya que los enfermeros deben asegurarse de cumplir con los requisitos relacionados con la calidad de la atención al paciente y con las medidas de contención de costos. Cada instalación debe proporcionar directrices que ayuden al personal de enfermería a cumplir con los requisitos específicos de documentación establecidos por CMS.

OBRA 1987

La Ley de Reconciliación del Presupuesto Omnibus de 1987 (OBRA 1987), también conocida como la Ley de Reforma de Hogares de Ancianos, estableció requisitos para los hogares de ancianos con el propósito de fortalecer y proteger los derechos de los pacientes. Dichos requisitos son los siguientes: "la instalación debe proporcionar a cada paciente un nivel de atención que le permita alcanzar o mantener el mayor bienestar físico, mental y psicosocial posible." OBRA 1987 requería que todos los pacientes de hogares de ancianos recibieran una evaluación inicial, con seguimientos anuales. Se exige que cada paciente cuente con un plan de atención integral. Se garantizaba a los pacientes el derecho a la atención médica y el derecho a estar informados y a rechazar tratamientos médicos. OBRA 1987 requiere que cada estado establezca, supervise y haga cumplir sus propios requisitos de licenciamiento, además de los estándares federales. Asimismo, cada estado debe financiar, dotar de personal y mantener unidades de investigación y de Defensoría del Paciente.

OBRA 1990 (PSDA)

La Ley de Reconciliación Omnibus del Presupuesto de 1990 incluyó la enmienda denominada Ley de Autodeterminación del Paciente (PSDA). La PSDA requería que las instalaciones de atención médica proporcionaran información escrita acerca de las directivas anticipadas en salud y del derecho a aceptar o rechazar tratamientos médicos o quirúrgicos a todos los pacientes. Los pacientes que establecen una directiva anticipada dejan instrucciones sobre qué intervenciones médicas autorizan o rechazan en caso de quedar incapacitados por enfermedad o lesión. Asimismo, pueden designar a otra persona para que tome estas decisiones en su nombre en tal situación. La PSDA también protegía el derecho de los pacientes a aceptar o rechazar tratamientos médicos. Las instalaciones de atención médica y los hospitales están legalmente obligados a comunicar estos derechos a todos los pacientes, respetarlos y educar al personal sobre los mismos.

EMTALA

La Ley de Tratamiento Médico de Emergencias y Trabajo Activo (EMTALA) está diseñada para prevenir el "patient dumping" de los departamentos de emergencia (ED) y constituye un tema de preocupación para la gestión de riesgos que requiere la capacitación del personal para su cumplimiento:

- Las transferencias desde el ED pueden ser intrahospitalarias o a otra instalación.
- La estabilización del paciente con condiciones de emergencia o en trabajo activo debe realizarse en el ED antes de la transferencia, y se debe efectuar una evaluación inicial antes de preguntar acerca del seguro o la capacidad de pago.
- La estabilización implica el tratamiento de las condiciones de emergencia y la creencia razonable de que, aunque la condición de emergencia no se resuelva por completo, el estado del paciente no se deteriorará durante el traslado.
- Las mujeres en el ED que se encuentran en trabajo activo deben dar a luz tanto al bebé como a la placenta antes del traslado.
- El departamento o instalación receptora debe ser capaz de tratar al paciente y de gestionar las complicaciones que pudieran ocurrir.
- La transferencia a otra instalación está indicada si el paciente requiere servicios especializados que no estén disponibles intrahospitalariamente, como en los centros de quemados.

AHRQ

La Agencia para la Investigación y la Calidad en la Atención Médica (AHRQ) forma parte del Departamento de Salud y Servicios Humanos de EE. UU. Esta agencia se ocupa de la atención médica y promueve, principalmente, la investigación científica sobre la seguridad, la eficacia y la calidad de dicha atención. Fomenta una atención médica basada en la evidencia que produce el mejor resultado posible, al mismo tiempo que contribuye al control de los costos. Celebra contratos con instituciones para revisar toda la evidencia publicada sobre atención médica, con el objetivo de elaborar informes que otras organizaciones utilizan para redactar directrices. La agencia administra el National Guideline Clearinghouse, disponible en línea, el cual sirve como repositorio de directrices basadas en la evidencia que abordan diversas condiciones de salud y enfermedades. Estas directrices son elaboradas por diferentes organizaciones profesionales relacionadas con la salud y son utilizadas por proveedores

primarios de atención médica, enfermeras y centros de salud para orientar el tratamiento y la atención a los pacientes.

Estándares de atención

Los estándares de atención proporcionan una guía que explica cómo se espera que actúe un asistente de enfermería en una situación determinada. Generalmente, estos estándares son establecidos por el gobierno estatal o por la institución de salud en la que el asistente de enfermería desempeña sus funciones. Es responsabilidad del asistente de enfermería estar al tanto de los estándares de atención adecuados. Si el asistente de enfermería no actúa de manera apropiada en una situación dada, podría ser considerado responsable de cualquier daño que pudiera ocasionarse al paciente como resultado de desviarse de la forma esperada de actuar.

Casos judiciales civiles y penales

Existen dos tipos diferentes de casos judiciales:

- Los casos civiles se llevan a cabo entre dos personas, cuando un individuo agraviado demanda a la persona que le causó daño. Si se encuentra al acusado culpable en un caso civil, generalmente se le obliga a pagar multas y a otorgar la restitución a la parte agraviada.
- En un caso penal, se acusa al imputado de cometer delitos contra la sociedad en su conjunto. Si se declara culpable a una persona en un caso penal, se le exige pagar multas o cumplir condena en prisión.

Responsabilidad

La responsabilidad se refiere al deber de una persona de actuar dentro de los límites de la ley. A los ojos de la ley, cada individuo debe hacerse responsable de sus propias acciones. Si un asistente de enfermería no realiza una tarea de la mejor manera posible y el paciente resulta perjudicado, se le puede considerar responsable. De igual forma, si el asistente de enfermería realiza una tarea que está fuera de su ámbito de práctica y el paciente resulta perjudicado, se le considera responsable. Para mantener una práctica segura, es importante que el asistente de enfermería ejecute las tareas exactamente como se le enseñaron, sin tomar atajos. Asimismo, el asistente de enfermería debe esforzarse por mantener sus habilidades y conocimientos actualizados con las tendencias actuales en el ámbito de la atención médica.

Agresión

La agresión se refiere a la amenaza o intento de tocar o causar daño físico a otra persona. La amenaza puede ser verbal o física, como un gesto intimidante o al avanzar hacia una persona de manera amenazante. Se debe tener precaución al cuidar de un paciente; si el paciente se niega a recibir un tratamiento y el asistente de enfermería intenta forzar al paciente a recibirlo, el asistente puede ser considerado responsable por agresión. Es importante recordar que el paciente no tiene que haber sufrido un daño para que se le considere responsabilidad al asistente de enfermería por agresión; basta demostrar que el paciente se sintió amenazado en una situación determinada.

Rol del auxiliar de enfermería

Agravio

Un agravio es un acto indebido cometido en un asunto civil. Existen dos tipos de agravios: involuntario e intencional.

- En un agravio involuntario, una persona comete un acto indebido contra otra sin tener la intención de causar daño. Por ejemplo, si un asistente de enfermería olvida volver a colocar los barandales laterales de la cama y, como resultado, el paciente se cae y se lesiona, eso podría considerarse un agravio involuntario.
- Un agravio intencional ocurre cuando una persona actúa con la intención de causar daño a otra. Un ejemplo de agravio intencional es si el asistente de enfermería abandona la unidad sin avisar a nadie, y el paciente resulta lesionado mientras no está siendo monitoreado.

Negligencia

La negligencia es la falta de brindar la atención de la manera en que esa persona fue capacitada. Un asistente de enfermería puede ser acusado de negligencia si no actúa de forma razonable, considerando el nivel de entrenamiento que posee. Por ejemplo, si el asistente de enfermería deja a un paciente sin supervisión en la ducha y el paciente cae y se lesiona, se le podría considerar negligente. El asistente de enfermería puede evitar ser acusado de negligencia realizando los procedimientos exactamente como los aprendió, sin tomar atajos. Si no está seguro de cómo realizar un procedimiento, no debe dudar en solicitar ayuda.

Agresión

La agresión se refiere al acto de tocar a una persona sin su consentimiento. Esto puede involucrar un acto violento o uno no intencional. Un asistente de enfermería también podría ser acusado de agresión por realizar un procedimiento en un paciente sin su consentimiento. Para protegerse de ser acusado de agresión, el asistente de enfermería debe tomarse un momento para explicar el procedimiento al paciente antes de comenzarlo y obtener el consentimiento del paciente para realizarlo. Si el paciente se niega a someterse al procedimiento, el asistente de enfermería debe intentar explicar las razones por las cuales es necesario, pero no debe tratar de obligar al paciente a que se realice el procedimiento.

Difamación

Cuando una persona hace declaraciones sobre otra que dañan la reputación del individuo, puede ser acusada de difamación.

- La calumnia se refiere a la difamación hablada. Por ejemplo, si un auxiliar de enfermería difunde rumores de que un paciente tiene VIH, ese auxiliar puede ser acusado de calumnia. Un auxiliar de enfermería puede evitar ser acusado de calumnia evitando decir cosas negativas sobre otras personas. Al difundir rumores, el auxiliar actúa de manera poco profesional y corre el riesgo de ser acusado de difamación.
- El libelo se refiere a una declaración escrita que causa daño a la reputación de otra persona. Por ejemplo, si el auxiliar de enfermería escribe un artículo afirmando que un médico ejerce sin la licencia correspondiente y ese artículo es falso, puede ser acusado de libelo.

Invasión de la privacidad

El paciente tiene derecho a mantener en privado los detalles sobre su persona. La invasión de la privacidad se refiere a no respetar este derecho al divulgar información personal sin el consentimiento del paciente. La privacidad del paciente puede ser vulnerada si el auxiliar de enfermería comparte detalles sobre el historial de salud del paciente con otras personas o si deja documentos sensibles a la vista de otros de manera inadvertida. Para evitar ser acusado de invasión a la privacidad, el auxiliar de enfermería debe discutir los detalles del caso únicamente con las personas directamente involucradas en el cuidado del paciente. Si una persona que el paciente no ha identificado como autorizada para recibir su información solicita detalles sobre el tratamiento, el auxiliar de enfermería debe remitirla a la enfermera encargada.

Mala praxis

La mala praxis es un tipo de negligencia cometida por un profesional que necesita mantener una licencia para ejercer. En un caso de mala praxis, un profesional no actúa de acuerdo con los estándares de atención de su profesión, lo que resulta en daño al paciente. La mala praxis es más grave que la negligencia; se tiene en cuenta el mayor nivel de capacitación del profesional al evaluar la falta cometida por el profesional de la salud. Los auxiliares de enfermería no pueden ser demandados por mala praxis, ya que solo se requiere que mantengan la certificación. Sin embargo, aún pueden ser demandados por negligencia.

Fraude

Cometer fraude consiste en tergiversar deliberadamente la realidad con fines personales. El fraude puede considerarse una violación tanto de la ley civil como de la penal. Un auxiliar de enfermería cometería fraude si afirmara ser enfermero o médico en presencia de un paciente. También se considera fraude mentir sobre las propias calificaciones o certificaciones en un currículum vitae para conseguir un empleo. Un auxiliar de enfermería puede evitar ser acusado de fraude identificándose claramente al tratar con un paciente. Además, pueden evitar ser acusados de fraude actuando dentro de su ámbito de práctica.

Abandono

El abandono se produce cuando un auxiliar de enfermería se marcha sin notificar a otros o sin asegurar que otra persona asuma la atención del paciente. Si un paciente sufre daño mientras el auxiliar de enfermería se encuentra ausente de sus funciones, este puede ser acusado de abandono. Un auxiliar de enfermería puede evitar ser acusado de abandono solicitando a otro auxiliar que cubra a sus pacientes e informando a la enfermera encargada antes de abandonar la unidad. Además, debe esforzarse por asegurarse de que todos sus pacientes estén a salvo y seguros antes de entregar el informe y abandonar la unidad.

Privación ilegal de la libertad

La privación ilegal de la libertad se refiere a confinar a una persona en un área contra su voluntad. Por lo general, se utiliza en referencia al uso de contención. La contención es una herramienta aceptable para emplearse como último recurso, con el fin de proteger tanto al paciente como la seguridad de los demás. La privación ilegal de la libertad se refiere al uso de contención sin una orden o en una situación en la que no es apropiado restringir al paciente. Un paciente también podría ser víctima de privación ilegal de la libertad si se le confina en la instalación de atención médica cuando desea irse. Si el paciente expresa su

deseo de salir del hospital y se encuentra alerta y en capacidad de tomar decisiones, el auxiliar de enfermería debe evitar intentar forzar al paciente a quedarse. En su lugar, el auxiliar debe notificar de inmediato a la enfermera encargada o al supervisor.

Robo

El robo es la toma del dinero o de las pertenencias de otra persona sin su conocimiento. Un auxiliar de enfermería incurre en robo si toma las pertenencias de un paciente, incluso si el objeto sustraído no se está utilizando o no tiene un valor monetario significativo. Aunque la instalación de atención médica toma medidas para evitar la contratación de personas que puedan robar a los pacientes, el auxiliar de enfermería también debe estar vigilante. El auxiliar de enfermería debe intentar prevenir el robo al no dejar las pertenencias del paciente a la vista cuando no estén en uso. Si el auxiliar observa a alguien robando las pertenencias de un paciente o actuando de manera sospechosa, debe reportar de inmediato el comportamiento a la enfermera encargada.

Ramificaciones legales del abuso, negligencia y apropiación indebida de la propiedad

Un auxiliar de enfermería que incurra en abuso, negligencia y/o apropiación indebida de la propiedad podrá ser sancionado tanto penal como civilmente, dependiendo del tipo de acto, el resultado y la intención. El abuso a un paciente (especialmente si involucró agresión y violencia o negligencia que resultó en lesiones) y el robo a un paciente constituyen delitos penales por los cuales el auxiliar de enfermería puede ser arrestado y acusado. Delitos no penales, tales como invasión a la privacidad, difamación de carácter y calumnias, podrían dar lugar a una demanda civil no solo contra el auxiliar de enfermería, sino también contra aquellos responsables de delegar la atención, incluidos los enfermeros supervisores y la organización. Por ello, si un auxiliar de enfermería comete o se le sospecha de delitos no penales, es probable que pierda su empleo, incluso si no se presenta una demanda civil. Si se le encuentra culpable de un acto no penal, el auxiliar deberá pagar una multa y podría perder su empleo y certificación.

Resolución de quejas y disputas

La resolución de quejas y disputas se utiliza cuando una o más partes consideran que se ha incumplido un acuerdo (responsabilidades laborales, compensación) o que el trato ha sido injusto o parcial. Cada organización debe contar con un procedimiento para reportar quejas y disputas. Los procedimientos generalmente comienzan con la notificación del problema a través de la cadena de mando y/o al departamento de recursos humanos. En algunos casos, la disputa puede resolverse mediante la decisión y dirección del supervisor; sin embargo, en asuntos más complejos, cuando no se alcanza un acuerdo o cuando el acuerdo propuesto es insatisfactorio, el asunto puede ser remitido a un proceso adicional:

- Mediación: Un facilitador ayuda a las diferentes partes involucradas en la queja o disputa a discutir los problemas y alcanzar una resolución satisfactoria. Si no se logra, puede requerirse una acción adicional (arbitraje, demanda civil).
- Arbitraje: Una parte neutral escucha a ambas partes de la queja o disputa y toma una decisión, la cual generalmente es vinculante.

Comportamiento ético

Principios éticos

Autonomía es el principio ético que reconoce que el individuo tiene el derecho de tomar decisiones sobre su propio cuidado. En el caso de niños o pacientes con demencia que no pueden tomar decisiones autónomas, los padres o familiares pueden actuar como responsables legales de dichas decisiones. La enfermera debe mantener al paciente y/o a la familia completamente informados para que puedan ejercer su autonomía mediante una toma de decisiones informada.

Justicia es el principio ético que se relaciona con la distribución de los recursos limitados de los beneficios de la atención médica entre los miembros de la sociedad. Dichos recursos deben distribuirse de manera equitativa. Este problema puede surgir, por ejemplo, si solo queda una cama y hay dos pacientes enfermos. La justicia entra en juego al decidir qué paciente debe permanecer y cuál debe ser trasladado o atendido de otra forma. La decisión debe tomarse de acuerdo con lo que sea mejor o más justo para los pacientes y sin dejarse influir por prejuicios personales.

Beneficencia es un principio ético que implica realizar acciones con el propósito de beneficiar a otra persona. En el cuidado de un paciente, cualquier procedimiento o tratamiento debe llevarse a cabo con el objetivo final de beneficiar al paciente, y cualquier acción que no sea beneficiosa debe ser reconsiderada. A medida que cambian las condiciones, es necesario reevaluar continuamente los procedimientos para determinar si aún son de beneficio.

No maleficencia es un principio ético que establece que el personal de salud debe proporcionar atención de manera que no cause daño intencional directo al paciente:

- El acto en sí debe ser bueno o moralmente neutral.
- La intención debe ser únicamente lograr un efecto positivo.
- Un efecto negativo no puede servir como medio para conseguir un efecto positivo.
- Un efecto positivo debe tener más beneficios que el daño que produzca un efecto negativo.

Código de ética de enfermería

Hay un creciente interés en la ética relacionada con el cuidado de la salud debido a los avances tecnológicos que han hecho posible la prolongación de la vida, los trasplantes de órganos, las intervenciones prenatales y el rescate de bebés prematuros, a veces con resultados poco favorables.

Si a esto se suman los recursos limitados del ámbito sanitario, abundan los dilemas éticos. La ética es el estudio de la moralidad como el valor que orienta las acciones. El Código de Ética de la Asociación Americana de Enfermeras contiene nueve declaraciones que definen los principios que la enfermera puede utilizar al enfrentarse a problemas morales y éticos.

Las enfermeras deben estar bien informadas sobre los numerosos problemas éticos en el cuidado de la salud y sobre el campo de la ética en general. Asimismo, la enfermera debe ayudar al paciente a exponer sus valores y principios morales al equipo de salud, de modo que el paciente, la familia y el equipo puedan resolver los problemas morales relacionados con el cuidado del paciente.

Como parte del equipo de atención médica, la enfermera tiene el derecho de expresar sus valores personales y preocupaciones morales con respecto a cuestiones médicas.

Rol del auxiliar de enfermería

Bioética

La bioética es una rama de la ética que se encarga de asegurar que el tratamiento médico ofrecido sea la opción moralmente más correcta, dadas las diferentes alternativas disponibles y las diferencias inherentes a los distintos niveles de tratamiento. En la unidad de atención sanitaria, si los pacientes, sus familiares y el personal están de acuerdo en cuanto a valores y toma de decisiones, entonces no existe un dilema ético; sin embargo, cuando hay discrepancias entre los valores de los pacientes/familiares y los del personal, se presenta un dilema bioético que debe resolverse. En ocasiones, la discusión y la explicación pueden ser suficientes para subsanar las diferencias, pero en otros casos es necesario recurrir al comité de ética de la institución para resolver el conflicto. El objetivo principal de la bioética es determinar la acción moralmente más correcta, considerando las circunstancias específicas planteadas.

Modelo de toma de decisiones éticas

Existen varios modelos para la toma de decisiones éticas. Algunas pautas generales a aplicar al utilizar estos modelos son las siguientes:

- Recopilar información sobre el problema identificado
- Plantear alternativas y soluciones razonables al problema
- Utilizar recursos éticos (por ejemplo, miembros del clero o comités de ética) para ayudar a determinar los elementos éticamente importantes de cada solución o alternativa
- Proponer e intentar posibles soluciones
- Elegir una solución al problema

Es importante considerar siempre los principios éticos de autonomía, beneficencia, no maleficencia, justicia y fidelidad al intentar facilitar la toma de decisiones éticas con los miembros de la familia, los cuidadores y el equipo de salud.

Límites profesionales

Regalos
Con el tiempo, los pacientes pueden desarrollar un vínculo con las enfermeras en quien confían y sentirse agradecidos por la atención brindada, deseando expresar su gratitud; sin embargo, la enfermera debe asegurarse de mantener los límites profesionales. Los pacientes frecuentemente ofrecen obsequios para mostrar su aprecio, pero algunos adultos, especialmente aquellos que se encuentran débiles, enfermos o con deterioro cognitivo, pueden ser fácilmente aprovechados. Pueden ofrecer objetos de valor y, en ocasiones, llegar a ser manipulados para entregar grandes sumas de dinero. Pequeños detalles de agradecimiento que puedan compartirse con el resto del personal, como una caja de chocolates, suelen ser aceptables (dependiendo de la política de la institución), pero casi cualquier otro regalo (joyas, dinero, prendas de vestir) debe ser rechazado: "Lo siento, es muy amable de su parte, pero a las enfermeras no se les permite aceptar regalos de los pacientes." Rechazar el obsequio puede liberar al paciente de la sensación de obligación.

Relaciones sexuales
Cuando se cruza la línea entre el rol profesional de la enfermera y la vulnerabilidad del paciente, se produce una violación de los límites. Debido a que la enfermera ocupa una posición de autoridad, la responsabilidad de mantener ese límite le corresponde; sin embargo, la línea que separa ambos roles es un continuo y, en ocasiones, no está fácilmente definida. Es inapropiado que las enfermeras se involucren

en relaciones sexuales con los pacientes, y si el comportamiento sexual es forzado o el paciente presenta deterioro cognitivo, ello es ilegal. No obstante, las violaciones más comunes en adultos, particularmente en pacientes de edad avanzada, incluyen exponer innecesariamente al paciente, utilizar gestos o un lenguaje sexualmente denigrante (incluyendo chistes de mal gusto), acoso o tocamientos inapropiados. El contacto físico debe emplearse con cuidado, por ejemplo, tocando una mano o el hombro; los abrazos pueden interpretarse de manera errónea.

Atención

La enfermería es una profesión basada en la entrega, pero la enfermera debe equilibrar el acto de brindar cuidado con el mantenimiento de límites profesionales. Los pacientes tienen múltiples necesidades. Como actos de amabilidad, las enfermeras (especialmente aquellas involucradas en atención domiciliaria) a menudo otorgan una atención extra a ciertos pacientes y pueden ofrecer hacer favores, como cocinar o ir de compras. Esto puede llevar a un involucramiento excesivo en la vida del paciente. Aunque a corto plazo esto pueda beneficiar al paciente, puede establecer una relación de dependencia y obligación creciente que no satisface las necesidades a largo plazo. Resulta más efectivo hacer referencias a las agencias correspondientes o colaborar con la familia para encontrar formas de proporcionar servicios adecuados. El excesivo involucramiento se manifiesta cuando la enfermera muestra favoritismo o dedica demasiado tiempo a un paciente, en detrimento de otras responsabilidades; en el extremo opuesto, las enfermeras desinteresadas que no brindan la atención necesaria pueden incurrir en descuido.

Coacción

Las cuestiones de poder son inherentes a los asuntos relacionados con los límites profesionales. El abuso físico es inaceptable y ilegal, pero la conducta puede rozar lo abusivo sin que el paciente sufra lesiones físicas. Las enfermeras pueden intimidar fácilmente a adultos mayores y a pacientes enfermos para que se sometan a procedimientos o tratamientos que no desean. Independientemente de la edad, los pacientes tienen el derecho de elegir y de rechazar el tratamiento. Surgen dificultades cuando hay deterioro cognitivo; en estos casos, se designa a otro adulto responsable (a menudo el hijo o el cónyuge del paciente) para tomar decisiones, pero siempre se debe hacer el máximo esfuerzo para lograr la cooperación del paciente. Obligar al paciente a actuar en contra de su voluntad roza el abuso y, en ocasiones, puede degenerar en abuso real si se utiliza la coerción física.

Información personal

Cuando existen relaciones personales o comerciales preexistentes, se debe asignar a otras enfermeras el cuidado del paciente siempre que sea posible, aunque esto puede resultar difícil en comunidades pequeñas. La enfermera debe esforzarse por mantener un rol profesional separado del rol personal y respetar los límites profesionales. Es fundamental que respete y mantenga la confidencialidad del paciente y de sus familiares, pero también debe tener sumo cuidado al divulgar información personal sobre sí misma, ya que ello establece una relación social que interfiere con el rol profesional y con la barrera que separa a la enfermera del paciente. La enfermera y el paciente nunca deben compartir secretos. Revelar información personal puede hacer que la enfermera se vuelva vulnerable ante el paciente, invirtiendo así los roles.

Evaluación ética

Aunque los términos ética y moral a veces se usan de manera intercambiable, la ética es el estudio de la moral y abarca conceptos de lo correcto e incorrecto. Al realizar evaluaciones éticas, se debe considerar no solo lo que las personas deberían hacer, sino también lo que efectivamente hacen, ya que estas dos cuestiones en ocasiones entran en conflicto. Los asuntos éticos pueden ser difíciles de evaluar debido a

Rol del auxiliar de enfermería

los prejuicios personales, lo que es una de las razones por las cuales compartir inquietudes con otras fuentes internas y alcanzar un consenso resulta tan valioso. Entre las preocupaciones pueden incluirse las opciones de atención, el rechazo de la atención, los derechos a la privacidad, el alivio adecuado del sufrimiento y el derecho a la autodeterminación. Las fuentes internas podrían incluir el comité de ética, cuyo rol es tomar decisiones relacionadas con asuntos éticos. La gestión de riesgos puede proporcionar orientación relacionada con la responsabilidad personal e institucional. Las agencias externas podrían incluir entidades gubernamentales, como el departamento de salud pública.

Análisis ético de una situación

Se evalúa la situación para revelar los conflictos éticos, legales y profesionales presentes. Se identifican las personas involucradas, incluyendo al paciente, la familia y el personal de salud. Si el paciente no es el responsable, se determina quién toma la decisión. Se recopila información sobre la situación para establecer los hechos médicos relacionados con la enfermedad y la condición del paciente, las opciones de tratamiento y los diagnósticos de enfermería. Se incluye cualquier información legal pertinente. Se determinan los valores culturales, religiosos y morales del paciente y de su familia. Se enumeran las posibles líneas de acción y se comparan en función de los resultados para el paciente, utilizando la teoría ética utilitarista o deontológica. También se aplican los códigos de ética profesional. Se toma una decisión y se evalúa si es la acción más correcta desde el punto de vista moral. Se exponen argumentos éticos a favor y en contra de la decisión, a los cuales el tomador de decisiones responde.

Miembro del equipo de atención médica

Miembros del equipo de atención médica

El equipo de atención médica es un grupo de personas que brindan cuidado a un paciente. Incluye al paciente, al médico, a la enfermera y a otros miembros del equipo de enfermería, así como a cualquier especialista que se pueda incorporar para participar en el cuidado del paciente.

- El paciente es el miembro más importante del equipo de atención médica; el paciente consiente en cualquier tratamiento que se realice y debe participar activamente para que el tratamiento tenga éxito.
- El médico diagnostica cualquier enfermedad o condición que pueda tener el paciente y prescribe medicamentos y tratamientos para atenderlo.
- La enfermera es responsable de evaluar al paciente y de administrar los medicamentos.
- El auxiliar de enfermería ayuda a la enfermera en el cuidado del paciente.
- Se pueden consultar especialistas para colaborar en el tratamiento del paciente, como un fisioterapeuta o un terapeuta del habla.

Auxiliar de enfermería certificado

Rol y requisitos para la certificación

El auxiliar de enfermería es un miembro valioso del equipo de atención médica. Su función principal es asistir a la enfermera en la prestación de cuidados al paciente. La responsabilidad primordial del auxiliar de enfermería es atender las necesidades básicas del paciente.

Los requisitos para obtener la certificación como auxiliar de enfermería varían según el estado. Sin embargo, la mayoría de los estados exigen un mínimo de 75 horas de formación, que incluye instrucción

en el aula y revisión de habilidades básicas. Una vez finalizada la formación, el auxiliar de enfermería debe someterse al examen de certificación estatal para estar calificado para brindar cuidados. El examen se divide, por lo general, en dos partes: una prueba escrita y una demostración práctica de habilidades.

Renovación de la certificación

Los períodos de certificación para los auxiliares de enfermería suelen ser de 2 años (la fecha de vencimiento se indica en el certificado), tras lo cual la certificación debe renovarse. Para la renovación, la persona debe haber trabajado de manera continua o haber cumplido con el número mínimo de horas requeridas, y no debe existir evidencia comprobada de abuso, negligencia o malversación de bienes. Si el auxiliar de enfermería no cumple con el requisito mínimo de horas trabajadas, el certificado podría considerarse nulo o inactivo; en ese caso, el individuo podría verse obligado a volver a postularse y realizar el examen de certificación para la renovación. La legislación federal exige 12 horas de educación continua cada año para la renovación de la certificación, aunque algunos estados imponen requisitos adicionales, como horas adicionales o cursos específicos que deben cumplir, por lo que el auxiliar de enfermería siempre debe verificar los requisitos de cada estado.

Requisitos de educación continua

A menos que el auxiliar de enfermería continúe estudiando y actualizándose, sus habilidades pueden quedarse obsoletas. El centro de atención médica debe proporcionar, al menos, 12 horas de educación continua cada año, para que el auxiliar de enfermería mantenga sus competencias al día. La educación continua abarca tanto la adquisición de nuevas habilidades como la revisión de aquellas ya conocidas. Es responsabilidad del auxiliar de enfermería presentar la prueba de su educación continua para mantener la certificación. Si la institución no ofrece estos programas, el auxiliar de enfermería debe hablar con su supervisor para determinar las alternativas y poder cumplir con las horas requeridas.

Alcance de la práctica

El alcance de la práctica es una lista de tareas que se permite realizar a un auxiliar de enfermería, según lo determine la junta de certificación estatal. Es responsabilidad del auxiliar de enfermería conocer qué tareas puede y cuáles no puede ejecutar. Cualquier actividad que no figure en la lista queda fuera de su alcance de práctica. Si se descubre que el auxiliar de enfermería realiza una actividad que no está en la lista, corre el riesgo de perder la certificación. Además, el auxiliar de enfermería será responsable de cualquier daño que sufra el paciente como resultado de realizar una actividad que exceda su alcance de práctica.

Tareas que no forman parte del alcance de práctica del auxiliar de enfermería

Existen varias tareas que no están incluidas en el alcance de práctica del auxiliar de enfermería. Un auxiliar de enfermería no está autorizado a recibir órdenes de un médico; únicamente una enfermera puede recibir estas órdenes. Tampoco puede insertar ni retirar dispositivos del cuerpo del paciente, tales como catéteres permanentes, vías intravenosas (IV) o sondas rectales. Asimismo, el auxiliar de enfermería no puede realizar ningún tipo de procedimiento estéril. En la mayoría de los casos, no se le permite administrar medicamentos. Algunos estados permiten que un auxiliar de enfermería asista al paciente en la autoadministración de medicamentos bajo circunstancias específicas. El auxiliar de enfermería solo podrá colaborar en la administración de medicamentos si ha recibido capacitación especial y únicamente para ciertos medicamentos.

Responsabilidades del auxiliar de enfermería

La responsabilidad principal del auxiliar de enfermería es atender las necesidades básicas del paciente. El auxiliar debe ocuparse de las necesidades nutricionales del paciente, distribuyendo las bandejas de comida y alimentándolo si es necesario. También debe asistir al paciente en la realización de ejercicios. Cuando sea necesario, el auxiliar de enfermería ayudará al paciente con las necesidades de eliminación e higiene. Asimismo, el auxiliar de enfermería puede ser responsable de tomar los signos vitales, atender las luces de llamado y reportar cualquier cambio a la enfermera encargada. Además, puede haber otras tareas asignadas al auxiliar, las cuales serán detalladas por el centro de atención médica.

Priorización de responsabilidades

La priorización de responsabilidades consiste en establecer una secuencia para las actividades de cuidado. Al comienzo de cada turno, el auxiliar de enfermería debe tomarse unos minutos para organizar y planificar el cuidado. La prioridad se basará en:

1. Las tareas que la enfermera delegante indique que tienen prioridad, las cuales deben atenderse primero.
2. Las tareas para las que se requiera una respuesta médica, como la toma de signos vitales, la medición de la temperatura y el control de la ingesta y la eliminación, que normalmente se atienden a continuación.
3. Las tareas relacionadas con la salud y el bienestar del paciente, tales como cambiar de posición o ayudar en el posicionamiento, garantizar la seguridad, asistir con el uso del baño o en ejercicios, cambiar pañales para adultos y asegurar una ingesta adecuada de alimentos y líquidos.
4. Las tareas de cuidado de rutina, como la higiene bucal, cepillarse el cabello, el baño y el cambio de sábanas, que generalmente tienen la prioridad más baja, lo que significa que pueden retrasarse, pero no deben ser ignoradas.

El auxiliar de enfermería también debe considerar las prioridades del paciente y adaptarse a ellas cuando sea posible. Por ejemplo, si el paciente espera la visita de familiares, el cuidado de rutina podría ser su prioridad.

Papel en el proceso de planificación e implementación de los planes de cuidado

El auxiliar de enfermería desempeña un papel importante en la planificación e implementación del plan de cuidado. A menudo, el auxiliar pasa más tiempo en contacto directo con los pacientes que el personal licenciado, por lo que puede obtener conocimientos invaluables sobre el progreso, las habilidades, las preocupaciones y el estado emocional del paciente; estas observaciones deben compartirse con la enfermera y documentarse para formar parte del historial clínico permanente. El auxiliar de enfermería suele ser responsable de implementar diversos aspectos del plan de cuidado, tales como ayudar al paciente a sentarse o a deambular, monitorear la ingesta y la eliminación, promover el confort, prevenir infecciones y brindar seguridad. Además del plan de cuidado de enfermería, que incluye problemas, intervenciones y resultados esperados, el auxiliar de enfermería debe considerar planes de cuidado individuales relacionados con el tipo de atención que brinda, identificando metas (como promover el confort y prevenir lesiones) e intervenciones apropiadas para el paciente.

Preparación de la habitación del paciente

Es importante que la habitación del paciente esté debidamente preparada antes de su llegada, lo que garantiza que el proceso de admisión transcurra de la manera más fluida posible. Cuando el auxiliar de enfermería reciba la notificación de una admisión, debe asegurarse de que la habitación esté lista lo antes

Rol del auxiliar de enfermería

posible. La ropa de cama debe estar hecha. Debe haber una bata hospitalaria limpia en la habitación en caso de que el paciente llegue con ropa de calle o con una bata sucia. Los suministros de la habitación deben estar completos. Los equipos de telemetría y otros dispositivos necesarios deben estar al alcance de la cama; esto puede incluir un termómetro, un esfigmomanómetro o una sonda de oxímetros de pulso. Se debe proporcionar equipo adicional, como tubería de oxígeno, material para catéter Foley, un cilindro graduado y un equipo de succión, si ha sido solicitado. El auxiliar de enfermería también debe tener el paquete de documentos de admisión junto a la cama.

Atención a los familiares que desean participar en el cuidado del paciente

En algunos casos, un familiar del paciente puede manifestar su deseo de participar en el cuidado. Si un familiar realiza esta solicitud, el auxiliar de enfermería debe notificar a la enfermera encargada. En última instancia, la decisión de permitir que el familiar asista en el cuidado dependerá del paciente, considerando su derecho a la privacidad, su condición y la complejidad del cuidado con el que el familiar desea colaborar. En ciertos casos, puede ser apropiado que un familiar asista, por ejemplo, cuando el paciente esté próximo a ser dado de alta y necesite ayuda en el hogar. La enfermera proporcionará las instrucciones al familiar, mientras que el auxiliar de enfermería deberá estar atento durante el cuidado brindado para asegurar que se realice correctamente.

Rechazo de asignaciones

Razones para que los auxiliares de enfermería rechacen una asignación

Un auxiliar de enfermería debe tener una razón válida para rechazar una asignación. Existen diversas motivos por los cuales podría hacerlo. Una asignación en particular puede no formar parte de su alcance de práctica. El auxiliar de enfermería puede sentirse incómodo con la asignación debido a que no sabe cómo realizar una tarea, o puede considerar que dicha tarea es poco ética o ilegal. Además, el auxiliar podría rechazar una asignación si cree que realizarla causará daño al paciente o pondrá en peligro su propia seguridad.

Cómo deben rechazar una asignación los auxiliares de enfermería

El auxiliar de enfermería solo debe rechazar una asignación si cuenta con una razón justificada para hacerlo. Una vez establecidas las asignaciones, debe hablar en privado con la enfermera encargada acerca de su incomodidad con respecto a la tarea asignada. Esta conversación debe llevarse a cabo de forma calmada. El auxiliar debe explicar sus preocupaciones y los motivos por los que está rechazando la asignación. Tanto el auxiliar de enfermería como la enfermera encargada deben llegar a un acuerdo en relación con la asignación. Si no logran ponerse de acuerdo, el auxiliar debe dejar claro que rechaza la asignación.

Mantener buenas relaciones interpersonales

Las buenas relaciones interpersonales son fundamentales para un trabajo en equipo funcional, lo cual es necesario para proporcionar una atención al paciente segura e integral. Un auxiliar de enfermería puede mantener buenas relaciones interpersonales de diversas maneras:

- Mantenga una actitud positiva.
- Evite chismear sobre sus compañeros de trabajo y criticarles abiertamente.

Rol del auxiliar de enfermería

- Realice las tareas asignadas de manera puntual y notifique a la enfermera encargada si hay alguna tarea que no pueda realizar durante el turno.
- Fomente el trabajo en equipo ofreciendo regularmente asistencia a los demás y agradeciéndoles por la ayuda recibida.

Delegación

La delegación se refiere a asignar una tarea a otra persona. Dentro del ámbito de práctica de la enfermera, se encuentra la facultad de asignar tareas al auxiliar de enfermería y a la enfermera práctica licenciada (LPN); sin embargo, no está dentro del ámbito de práctica del auxiliar de enfermería asignar tareas a otros. Aunque el auxiliar de enfermería es responsable de realizar la tarea, es responsabilidad de la enfermera asegurarse de que se lleve a cabo correctamente y de manera oportuna. Al recibir una tarea asignada, el auxiliar de enfermería debe asegurarse de comprender cómo realizarla. Si no sabe cómo hacerlo, debe solicitar instrucciones para llevar a cabo la tarea de forma segura o rechazar la asignación.

Profesionalismo

Temas a discutir durante la entrevista de trabajo

Una entrevista de trabajo es una oportunidad para que el entrevistador conozca al solicitante, pero también para que el solicitante conozca al entrevistador y el lugar donde podría trabajar. Antes de la entrevista, el auxiliar de enfermería debe pensar en preguntas sobre la descripción del puesto y la instalación, y anotarlas. Esto podría incluir preguntas sobre la proporción enfermera/paciente y los tipos de pacientes más comunes que reciben atención en la instalación. También podría incluir indagar sobre el número de auxiliares de enfermería que emplea la instalación y cuál es la tasa de rotación de personal. El auxiliar debe evitar preguntar sobre el salario y los beneficios hasta después de haber recibido la oferta de trabajo.

Vestimenta durante el servicio

Parte de comportarse de manera profesional es vestirse adecuadamente. La mayoría de las instalaciones cuentan con un código de vestimenta que todos los empleados deben cumplir. El auxiliar de enfermería debe usar uniformes (scrubs) que se ajusten al código de vestimenta; estos deben estar limpios y en buenas condiciones. Aunque no es necesario que los uniformes estén planchados, deben estar libres de arrugas. Los zapatos deben estar limpios y ser cómodos. Asimismo, el auxiliar de enfermería debe usar una cantidad mínima de joyería, evitando collares largos, pendientes colgantes y anillos. También se deben evitar fragancias y perfumes, ya que algunos pacientes son sensibles a estas sustancias. Además, el auxiliar debe mantener las uñas cortas y evitar usar esmalte o uñas acrílicas en el trabajo.

Enfermarse antes de un turno programado

El auxiliar de enfermería debe tomar todas las precauciones para evitar enfermarse. Si llega a enfermarse, no debe presentarse a trabajar, ya que la enfermedad podría contagiar a la población de pacientes. La mayoría de las instalaciones de atención médica tienen políticas respecto a enfermedades repentinas, y el auxiliar debe informarse sobre ellas. Generalmente, se requiere notificar la ausencia al menos dos horas antes del inicio del turno. También puede ser necesario presentar un justificante médico si la enfermedad obliga a faltar varios días al trabajo.

Conflictos de horario

El auxiliar de enfermería debe esforzarse por informar a su supervisor de cualquier evento importante para que la instalación pueda organizarse en torno a dichos eventos. Sin embargo, ocasionalmente se

presentan conflictos de horario. La mayoría de las instalaciones de atención médica tienen políticas respecto a estos conflictos, por lo que el auxiliar debe familiarizarse con ellas. Si surge un conflicto, el auxiliar debe hablar con sus colegas y tratar de llegar a un acuerdo para intercambiar días de trabajo que se adecuen al horario establecido. Si no logra encontrar a alguien que pueda cambiar, debe hablar con su supervisor y tratar de hacer arreglos que se adapten a su horario. En ningún caso el auxiliar de enfermería debe faltar al trabajo.

Registro de auxiliares de enfermería

De acuerdo con las leyes federales, se mantiene un Registro de Auxiliares de Enfermería en los 50 estados y el Distrito de Columbia, y cada jurisdicción cuenta con personas o departamentos asignados para investigar denuncias relacionadas con los auxiliares de enfermería. Las instalaciones de cuidado a largo plazo están obligadas a verificar que la persona que solicita un puesto como auxiliar de enfermería esté certificada y haya cumplido con los requisitos de competencia antes de la contratación. El registro proporciona información sobre el individuo en cuanto a su educación, experiencia laboral y cualquier hallazgo comprobado de abuso, negligencia o malversación de bienes (dichos hallazgos impiden la contratación). Pueden estar disponibles copias de las acciones disciplinarias. Aunque las leyes estatales pueden variar en cierta medida, en general, los auxiliares de enfermería deben reportar su empleo para mantener su estatus actualizado. Los auxiliares de enfermería que hayan estado desempleados por períodos prolongados (típicamente 24 meses) podrían necesitar realizar una prueba de competencia antes de la renovación de la certificación y su incorporación al registro.

Responsabilidades del empleador en la contratación de auxiliares de enfermería

Las responsabilidades del empleador al contratar a un auxiliar de enfermería incluyen diversas medidas de verificación que pueden ser realizadas por una persona, como un director de enfermería, o por un servicio de evaluación, como HireRight:

- Verificación de antecedentes: La ley federal prohíbe la contratación de un auxiliar de enfermería que haya sido condenado por abuso o negligencia hacia el paciente, aunque dicha ley no exige verificaciones penales. Sin embargo, muchos estados requieren verificaciones de antecedentes penales (incluyendo la toma de huellas dactilares), y estas verificaciones pueden incluir la revisión de registros de delincuentes sexuales y de abuso a adultos. Las verificaciones de antecedentes no pueden utilizarse para descartar a individuos con problemas de salud o antecedentes de recibir compensación laboral.
- Referencias: Se debe contactar a todas las referencias y realizar los esfuerzos necesarios para verificar que sean válidas.
- Estado del Registro: Se debe consultar el Registro de Auxiliares de Enfermería para verificar que el solicitante esté certificado, cumpla con los requisitos educativos y no tenga comprobados hallazgos de abuso, negligencia o malversación de bienes.

Prueba de práctica #1

1. ¿Al realizar un baño en cama, a qué temperatura debe estar el agua?
   a. 70-80 grados Fahrenheit
   b. 105-115 grados Fahrenheit
   c. 130-140 grados Fahrenheit
   d. 155-165 grados Fahrenheit

2. ¿Cuál de las siguientes tareas NO se realiza durante un baño en cama rutinario para un paciente diabético?
   a. Cambio de la ropa de cama
   b. Inspección y limpieza de la piel
   c. Cuidado perineal
   d. Cuidado de las uñas

3. ¿Cómo clasificaría una lesión por presión que presenta un lecho de herida rosado, pero que no se extiende a través del grosor total de la piel?
   a. Etapa I
   b. Etapa II
   c. Etapa III
   d. Etapa IV

4. Un paciente tiene programada una cirugía para más tarde en el día. ¿Qué tipo de alimento esperaría ver en su bandeja de desayuno?
   a. Sin bandeja – el paciente está en NPO
   b. Gelatina y caldo de pollo
   c. Huevos revueltos
   d. Tostadas francesas y fruta

5. ¿Cómo puede un auxiliar de enfermería ayudar a prevenir el desarrollo de lesiones por presión?
   a. Girar al paciente cada cuatro horas
   b. Dar un baño completo en cama tres veces al día
   c. Realizar baños parciales cada vez que el paciente se ensucie
   d. Reducir la cantidad de líquidos que bebe el paciente para minimizar la incontinencia

6. ¿Cuándo es aceptable que un auxiliar de enfermería se lave las manos utilizando un desinfectante a base de alcohol en lugar de agua y jabón?
   a. Antes de comer
   b. Después de realizar cuidados perineales a un paciente
   c. Después de usar el baño
   d. Entre revisar a los pacientes

Prueba de práctica #1

7. Un auxiliar de enfermería está proporcionando cuidados a un paciente que se encuentra bajo precauciones por contacto. ¿Qué tipo de equipo de protección personal debe utilizar?

　　a.　Respirador
　　b.　Mascarilla
　　c.　Bata
　　d.　Todas las anteriores

8. Antes de ingresar a la habitación de un paciente, ¿en qué orden se debe colocar el equipo de protección personal (EPP)?

　　a.　Bata, mascarilla, guantes
　　b.　Bata, guantes, mascarilla
　　c.　Mascarilla, bata, guantes
　　d.　Mascarilla, guantes, bata

9. Al cambiar la ropa de cama en una habitación de aislamiento, ¿cuál de las siguientes medidas es apropiada para evitar la contaminación de materiales limpios?

　　a.　Colocar la ropa de cama sucia en una bolsa de plástico dentro de la habitación del paciente y, a continuación, introducir la bolsa de plástico en una bolsa ubicada fuera de la habitación, que un segundo auxiliar de enfermería mantiene abierta
　　b.　Sacudir la ropa de cama sucia para eliminar material sólido antes de lavarla
　　c.　Apilar la ropa de cama sucia fuera del cuarto de ropa sucia para evitar mezclarla con la ropa no contaminada
　　d.　Trasladar la ropa de cama sucia al cuarto de ropa sucia antes de lavarse las manos

10. ¿Cuál de los siguientes artículos requiere limpieza con un desinfectante antes de su uso?

　　a.　Estetoscopio
　　b.　Bisturí
　　c.　Termómetro
　　d.　Manguito para presión arterial

11. ¿Cuál es el término correcto para una infección que se transmite durante un procedimiento médico?

　　a.　Por gotas
　　b.　Iatrogénica
　　c.　Contacto oral directo
　　d.　Transmisión fecal-oral

12. Para un paciente con precauciones ante caídas, ¿cuál es el número mínimo de barandillas laterales que se deben levantar mientras el paciente está en la cama?

　　a.　1
　　b.　2
　　c.　3
　　d.　4

Prueba de práctica #1

13. Antes de transferir a una paciente de la cama a una silla de ruedas, ¿cuál es la primera acción que debe realizar la auxiliar de enfermería?
   a. Colocar sus brazos por debajo de la axila de la paciente y ayudarla a ponerse de pie.
   b. Ayudar a la paciente a pasar a una posición sentada.
   c. Permitir que la paciente deje colgar sus piernas durante unos minutos antes de ponerse de pie.
   d. Asegurarse de que las ruedas tanto de la silla de ruedas como de la cama estén bloqueadas.

14. ¿Qué tipo de asistencia se requeriría para una mujer anciana que se cayó recientemente, pero que aún es capaz de deambular?
   a. Asistencia en espera
   b. Asistencia mínima
   c. Asistencia de contacto
   d. Asistencia máxima

15. ¿Cuál técnica de caminar con muletas es la MÁS apropiada para un paciente que presenta debilidad tanto en la parte superior como en la inferior del cuerpo?
   a. Técnica de cuatro puntos
   b. Técnica de tres puntos
   c. Método swing-to
   d. Método swing-through

16. Una auxiliar de enfermería se encuentra con un pequeño incendio en la habitación de un paciente. La habitación está vacía. ¿Cuál es su primera prioridad?
   a. Rescatar a los pacientes en las habitaciones vecinas
   b. Activar la alarma de incendio
   c. Cerrar todas las puertas contra incendios
   d. Agarrar un extintor de incendios e intentar apagar el fuego

17. ¿Cuál de los siguientes procedimientos NO es apropiado para un paciente a quien se le ha ordenado ser colocado en restricciones?
   a. Ofrecer asistencia para ir al baño y acceso a agua al menos cada una o dos horas
   b. Revisar al paciente al menos cada 30 minutos para asegurarse de que la circulación en el área de las restricciones sea adecuada
   c. Atar las restricciones directamente al marco de la cama
   d. Atar las restricciones directamente a los laterales de la cama

18. ¿Cómo debe limpiar un catéter de permanencia una auxiliar de enfermería?
   a. Usando un movimiento suave de vaivén
   b. Usando un movimiento circular hacia el cuerpo
   c. Usando un movimiento circular alejándose del cuerpo
   d. Usando un movimiento de arriba a abajo

19. Antes de llevar una bandeja de comida a la habitación de un paciente, ¿qué debe hacer la auxiliar de enfermería?

a. Registrar la cantidad de alimentos y líquidos en el formulario de ingesta/egreso
b. Evaluar la capacidad del paciente para tragar adecuadamente
c. Ponerse guantes
d. Asegurarse de que la bandeja contenga la comida correcta

20. Si una auxiliar de enfermería nota que un paciente parece tener dificultad para tragar, ¿qué debe hacer?

a. Notificar a la enfermera inmediatamente
b. Triturar la comida y continuar alimentando al paciente
c. Ofrecerle al paciente porciones más pequeñas con cada bocado
d. No hacer nada; el médico ya revisó la capacidad de tragar del paciente

21. ¿Con qué frecuencia se deben retirar las medias antiembólicas?

a. Cada 4 horas
b. Cada 8 horas
c. Cada 12 horas
d. Cada 24 horas

22. Hay una nota en la ficha de una paciente que indica que debe colocarse en la posición de Sim. ¿Cómo debe posicionarse la paciente?

a. Acostada sobre el estómago con la cabeza girada hacia un lado
b. Acostada sobre la espalda con la cabecera de la cama elevada a 90 grados
c. Acostada sobre la espalda con la cabecera de la cama elevada a 45 grados
d. Acostada sobre su lado izquierdo con la pierna superior flexionada y apoyada en una almohada

23. ¿Cuál es el primer paso para una auxiliar de enfermería que se dispone a colocarse guantes estériles?

a. Utilice la mano dominante para agarrar el guante por el puño y deslizarlo sobre la mano no dominante.
b. Utilice la mano no dominante para agarrar el guante por debajo del puño y deslizarlo sobre la mano dominante.
c. Lávese y séquese las manos cuidadosamente.
d. Póngase los guantes para abrir el empaque.

24. ¿Cuál de los siguientes es una medida de la presión en el corazón de un paciente durante la contracción?

a. Presión arterial sistólica
b. Presión arterial diastólica
c. Pulso apical
d. Oximetría de pulso

Prueba de práctica #1

25. ¿Cuál de los siguientes signos vitales anormales debe ser reportado de inmediato a la enfermera?

a. Temperatura oral de 99.2 grados
b. Frecuencia respiratoria de 5
c. Presión arterial de 126/72
d. Frecuencia del pulso de 59

26. ¿Qué líquidos deben incluirse en la medición de la ingesta del paciente?

a. 8 oz. de leche
b. 250 mL de líquido intravenoso
c. 6 oz. de gelatina
d. Todas las anteriores

27. ¿Qué es lo primero que debe hacer una auxiliar de enfermería al medir la estatura y el peso de un paciente?

a. Lavarse las manos
b. Verificar la identidad del paciente inspeccionando su brazalete
c. Permitir que las piernas del paciente cuelguen durante unos momentos antes de permitir que se ponga de pie
d. Ayudar al paciente a movilizarse hasta la báscula

28. ¿Cuál de los siguientes es un ejemplo de datos subjetivos?

a. El paciente tiene una frecuencia del pulso de 88 lpm.
b. La paciente indica que tiene un nivel de dolor de 8.
c. El auxiliar de enfermería observa que el paciente tiene las mejillas enrojecidas.
d. El auxiliar de enfermería observa que el paciente tiene la orina turbia.

29. Al completar su documentación, una auxiliar de enfermería se da cuenta de que cometió un error al registrar la presión arterial de un paciente. ¿Cómo debe corregir la anotación?

a. Usar corrector líquido para cubrir el error
b. Borrar el número incorrecto y escribir el número correcto junto a él
c. Trazar una línea simple sobre la anotación incorrecta y escribir "error," junto con sus iniciales. El número correcto debe escribirse al lado
d. Borrar la anotación incorrecta; la documentación siempre se completa con lápiz

30. ¿Un paciente con cuál de las siguientes condiciones tiene mayor riesgo de deshidratación?

a. Diarrea
b. Enfermedad hepática
c. Enfermedad cardíaca
d. Neumonía

31. Al atender a un paciente con diarrea, ¿cuál de lo siguiente debe registrarse en su expediente?

a. Olor de las heces
b. Tipos y cantidades de líquidos que el paciente está bebiendo
c. Número de deposiciones
d. Todas las anteriores

Prueba de práctica #1

32. ¿Con qué frecuencia se debe girar a un paciente que se encuentra acostado sobre una almohadilla tipo "egg crate" o un colchón inflable?
   a. Nunca – los pacientes no deben ser girados cuando están sobre colchones inflables.
   b. Cada 12 horas
   c. Cada 6 horas
   d. Cada 2 horas

33. ¿Cuál de las siguientes no es una intervención que un auxiliar de enfermería puede utilizar para controlar el edema?
   a. Elevar la extremidad afectada
   b. Utilizar hielo o una compresa fría para reducir la hinchazón
   c. Masajear la extremidad afectada utilizando loción
   d. Fomentar la actividad o usar ejercicios de rango de movimiento

34. ¿Qué enfermedad es la más probable en un paciente que presenta marcha arrastrada, dificultad para tragar y hablar, y pérdida de memoria a corto plazo?
   a. Enfermedad de Alzheimer
   b. Demencia
   c. Enfermedad de Parkinson
   d. Síndrome sundowner

35. Un auxiliar de enfermería está atendiendo a un paciente con síndrome sundowner. ¿Cuál de los siguientes síntomas debe tener especialmente en cuenta?
   a. Confusión que empeora durante la noche
   b. Riesgo de caídas
   c. Agresión
   d. Dificultad para tragar

36. ¿Cuál es una técnica que un auxiliar de enfermería puede utilizar para ayudar a un paciente con afasia?
   a. Establecer un límite de tiempo para que el paciente responda
   b. Hablar en nombre del paciente
   c. Utilizar un tablero de imágenes o letras
   d. Darle al paciente un bolígrafo

37. Una auxiliar de enfermería está atendiendo a un paciente que se está volviendo agitado. ¿Cómo debe dirigirse a él?
   a. De manera asertiva y segura
   b. En absoluto; los familiares del paciente u otro personal deberían interactuar con él
   c. No debe reconocer el comportamiento inapropiado y continuar como de costumbre
   d. De manera calmada y clara, mientras intenta determinar por qué el paciente está agitado

38. El cuidado de hospicio es adecuado para cuál de los siguientes?
   a. Pacientes a quienes se espera que vivan menos de tres meses
   b. Pacientes a quienes se espera que vivan menos de seis meses
   c. Pacientes que están en proceso activo de morir
   d. Pacientes que han sido diagnosticados con una enfermedad terminal, independientemente de su condición clínica

39. ¿Cuál de las siguientes opciones de respuesta enumera correctamente las cinco etapas del duelo en el orden en que se espera que ocurran?
   a. Negación, ira, negociación, depresión, aceptación
   b. Ira, negación, depresión, negociación, aceptación
   c. Depresión, negación, ira, negociación, aceptación
   d. Negociación, negación, ira, depresión, aceptación

40. A menos que se indique lo contrario, ¿con qué frecuencia debe una auxiliar de enfermería registrar los signos vitales de un paciente que se encuentra en proceso activo de morir? El paciente tiene una orden de No Resucitar (DNR) firmada.
   a. Cada 5 minutos
   b. Cada 15 minutos
   c. Cada hora
   d. Nunca

41. Mientras atiende a un paciente budista, él menciona que se acerca un día de ayuno en el que solo podrá comer en horarios preestablecidos durante el día. ¿Cuál es una respuesta adecuada?
   a. Reconocer sus creencias, pero explicar que no se pueden hacer cambios en los horarios del comedor de la instalación
   b. Sugerir que su familia lleve comida desde casa
   c. Hablar con él para determinar cuáles serán sus necesidades ese día y coordinar con el personal del comedor y el equipo de alimentos
   d. Disculparse por no poder ayudarlo ese día

42. Al atender a un paciente judío que observa las leyes kosher, el auxiliar de enfermería nota que en su plato de cena hay un platillo con cerdo. ¿Qué debe hacer el auxiliar de enfermería?
   a. Traerle la bandeja de comida y ver si solicita un cambio
   b. Llamar al departamento de comedor o de alimentos para pedir una nueva bandeja y explicarle el retraso al paciente
   c. Retirar el cerdo de su plato y servirle la bandeja
   d. Cambiar la bandeja con la de otro paciente

43. ¿Cuáles necesidades se encuentran en el nivel inferior (más básico) de la pirámide de Maslow?
   a. Fisiológicas
   b. Seguridad
   c. Amor y pertenencia
   d. Autoestima

44. Un auxiliar de enfermería necesita hablar con un paciente sobre la calidad y la cantidad de heces que ha pasado ese día. ¿Cómo puede el auxiliar de enfermería ayudar al paciente a sentirse más cómodo al revelar la información necesaria?

   a. Preguntar al paciente en su habitación cuando haya visitantes presentes
   b. Preguntar al paciente en la privacidad de su habitación con un tono tranquilo
   c. Preguntar al paciente de manera indirecta y esperar que entienda lo que el auxiliar de enfermería está tratando de preguntar
   d. Preguntar al paciente con preguntas cerradas

45. Una paciente comenta que se siente deprimida. ¿Cuál de las siguientes respuestas del auxiliar de enfermería involucra el uso de la reflexión?

   a. Lamento que se sienta deprimida.
   b. ¿Por qué se siente deprimida? Su recuperación está progresando bien.
   c. ¿Desea hablar con alguien al respecto?
   d. ¿Se siente deprimida?

46. Un auxiliar de enfermería está reabasteciendo los estantes afuera de la habitación de un paciente cuando suena el timbre de llamada. El auxiliar de enfermería no es responsable del cuidado del paciente ese día. ¿Cómo debe responder el auxiliar de enfermería?

   a. Ignorar el timbre de llamada hasta que el auxiliar asignado al paciente responda
   b. Pedir al auxiliar asignado que revise al paciente
   c. Revisar al paciente de inmediato para ver qué necesita
   d. Revisar al paciente después de reabastecer los estantes

47. Un paciente ha presionado el timbre de llamada por sexta vez durante las primeras dos horas del turno de una auxiliar de enfermería. ¿Cómo debe responder ella?

   a. Ignorar el timbre
   b. Llamar al encargado de enfermería
   c. Quitar el timbre del alcance del paciente
   d. Asegurar al paciente que se le revisará con frecuencia

48. Una auxiliar de enfermería ha sido asignada para cuidar a un paciente en ventilación mecánica, lo cual nunca ha hecho antes. ¿Cómo debería manejar la situación?

   a. Notificar al encargado de enfermería que no está segura de cómo cuidar al paciente y solicitar instrucciones adicionales o materiales de capacitación
   b. Hacer lo mejor posible al cuidar del paciente
   c. Hablar con las demás auxiliares de enfermería para averiguar qué cuidados adicionales necesita el paciente
   d. Solicitar cambiar de paciente con otra auxiliar de enfermería

49. Una auxiliar de enfermería debe hacerle una pregunta delicada a un paciente que no habla inglés. ¿Cómo debería formularla?

   a. Usar a la familia del paciente para traducir
   b. Llamar al servicio oficial de traducción del hospital
   c. Hacer gestos al paciente con la esperanza de que entienda
   d. Buscar palabras relevantes en Internet antes de hablar con el paciente

Prueba de práctica #1

50. La familia de un paciente pregunta cómo se encuentra él después de su resonancia magnética programada. ¿Cómo debe responder la auxiliar de enfermería?

   a. ¿Tuvo una resonancia magnética hoy?
   b. Los resultados de su resonancia magnética ya están disponibles. Todo está normal.
   c. Parece estar de buen ánimo. Permítame ver si está listo para recibir su visita y buscaré a su enfermera para que le informe sobre los resultados.
   d. Bien. Debería estar listo para irse a casa pronto.

51. ¿Qué derecho garantiza HIPAA a un paciente?

   a. Confidencialidad
   b. Consentimiento informado
   c. Consultar su historial clínico
   d. Continuidad de la atención

52. Una paciente tiene algunas preguntas sobre los formularios de consentimiento que firmó para un procedimiento invasivo programado. ¿Cómo debe responder la auxiliar de enfermería?

   a. Responder las preguntas lo mejor que pueda
   b. Decirle a la paciente que pedirá a la enfermera que contacte al médico
   c. Informar a la paciente que tendrá mucho tiempo para preguntarle al médico antes del procedimiento
   d. Recordarle a la paciente que firmó el consentimiento y que el procedimiento ya está programado

53. Un miembro de la familia entrega una copia de las directivas anticipadas del paciente a una auxiliar de enfermería. El paciente tiene programado un procedimiento menor para el día siguiente. ¿Cuál de las siguientes es una respuesta apropiada?

   a. Indicarle que guarde las copias hasta que sean necesarias
   b. Decirle a la familia que no son necesarias porque el paciente se someterá a un procedimiento quirúrgico menor
   c. Colocar la copia en el expediente
   d. Notificar de inmediato a la enfermera que la familia tiene directivas anticipadas para el paciente

54. Un paciente se niega a ser reposicionado y han pasado varias horas desde la última vez que fue reposicionado. El paciente está alerta y orientado. ¿Cómo debe responder la auxiliar de enfermería?

   a. Reposicionarlo de todas maneras; lo necesita para prevenir la aparición de úlceras por presión
   b. Informarle que le dirá al médico que se niega a recibir atención para que pueda ir a casa
   c. Informarle de los riesgos asociados y, si aún se niega, respetar su decisión
   d. Decirle lo que sea necesario para obtener su consentimiento para ser reposicionado

55. ¿Cuál de las siguientes no se incluiría en la lista de responsabilidades del paciente?

   a. Honestidad
   b. Comportamiento educado y respetuoso
   c. Mantener todas las pertenencias personales
   d. Cumplimiento del plan de tratamiento

Prueba de práctica #1

56. Una enfermera le pide a una auxiliar de enfermería que le administre Tylenol a un paciente que tiene dolor de cabeza. La enfermera está muy ocupada atendiendo a otro paciente crítico. ¿Qué debe hacer la auxiliar de enfermería?
  a. Administrar el Tylenol; la enfermera realizó la evaluación y le delegó esta tarea
  b. Rechazar administrar cualquier medicamento al paciente – no está dentro de su ámbito de práctica
  c. Buscar el Tylenol y repetir la orden – incluyendo el nombre del paciente, el número de habitación y las instrucciones – de vuelta a la enfermera para confirmar sus indicaciones
  d. Pedir a otra enfermera que administre la medicación

57. Mientras se encuentra en un ascensor, otra auxiliar de enfermería le pregunta sobre los resultados de la resonancia magnética del paciente en la habitación 307. La auxiliar atendió al paciente cuando estaba asignada a otra unidad. ¿Cuál es una respuesta apropiada?
  a. Rehusar responder la pregunta; la auxiliar ya no forma parte activa del equipo de atención médica del paciente
  b. Responder la pregunta de manera completa y honesta
  c. Responder la pregunta sin utilizar información identificativa para que los demás en el ascensor no sepan de quién está hablando
  d. Esperar hasta que los demás salgan del ascensor para responder la pregunta

58. Un paciente que resultó herido mientras cometía un acto delictivo tiene derecho a recibir tratamiento en virtud de cuál de los siguientes derechos del paciente?
  a. Derecho a la libertad de elección
  b. Derecho a una atención respetuosa
  c. Derecho a la continuidad de la atención
  d. Derecho a rechazar

59. Un paciente exige ver su expediente médico. ¿Qué debe hacer la auxiliar de enfermería?
  a. Entregarle el expediente y salir de la habitación para otorgarle privacidad
  b. Entregarle el expediente y quedarse en la habitación para asegurarse de que no realice ningún cambio
  c. Hacer fotocopias del expediente y entregárselas al paciente
  d. Informarle que deberá comunicarse con el departamento de registros médicos para hacer los arreglos correspondientes

60. ¿Por qué motivo escribiría un médico una orden de no resucitación?
  a. Para evitar que se le proporcione cualquier atención al paciente.
  b. Para explicar la atención que el médico considera que beneficiaría más al paciente.
  c. Para explicar qué tipo de atención de emergencia desea recibir el paciente.
  d. Para dar de alta a un paciente en cuidados de hospicio.

61. Si un paciente rechaza un tratamiento y la auxiliar de enfermería intenta realizarlo de todas maneras, ¿con qué cargos podría enfrentarla?
  a. Asalto
  b. Batería
  c. Tanto A como B
  d. Ni A ni B

62. Una auxiliar de enfermería que olvida bloquear las ruedas de una silla de ruedas (lo que resulta en una caída posterior) podría enfrentar cargos de cuál de las siguientes opciones:
   a. Asalto
   b. Batería
   c. Mala praxis
   d. Negligencia

63. Si una auxiliar de enfermería observa que la supervisora de enfermería actúa de manera negligente, ¿qué debe hacer?
   a. Hablar con el médico a cargo del paciente
   b. Seguir la cadena de mando de la institución para determinar a quién reportar el comportamiento
   c. Acudir al presidente de enfermería de la institución para informar sobre el comportamiento
   d. Confrontar directamente a la supervisora de enfermería

64. Si una auxiliar de enfermería comienza a sospechar que un paciente está siendo maltratado por un miembro de la familia, ¿qué debe hacer?
   a. Informarlo a la enfermera encargada
   b. Informarlo a la policía
   c. Ignorarlo porque probablemente tanto la enfermera como el médico también lo sospechan
   d. Confrontar al presunto abusador

65. ¿Quién es el miembro más importante del equipo de atención médica?
   a. La enfermera
   b. El paciente
   c. El médico
   d. La auxiliar de enfermería

66. ¿Cuál es el número mínimo de horas de educación continua que debe completar cada año una auxiliar de enfermería?
   a. 6
   b. 12
   c. 20
   d. 50

67. ¿Cuál es la MEJOR manera en que un auxiliar de enfermería puede asistir durante un código?
   a. Administrar medicamentos de emergencia según las instrucciones del médico
   b. Documentar los eventos
   c. Hablar con la familia y responder a sus preguntas sobre lo que está sucediendo
   d. Recoger el equipo de emergencia, incluyendo el carro de código o la caja de intubación, y realizar otras tareas asignadas que estén dentro del ámbito de práctica del auxiliar de enfermería

68. La hija de un paciente solicita realizar los cuidados de la mañana para su madre. La paciente está de acuerdo con la solicitud y ya ha sido revisada por la enfermera encargada. ¿Qué debe hacer la auxiliar de enfermería?

   a. Negar que la hija asista
   b. Permitir que realice los cuidados de la mañana y salir de la habitación para brindar privacidad
   c. Permitir que asista en el cuidado de la mañana, pero permanecer en la habitación para asegurarse de que se realice correctamente
   d. Solicitar que la enfermera supervise a la hija del paciente

69. Cuando se informa a la auxiliar de enfermería sobre una admisión, ¿cuál es su responsabilidad?

   a. Preparar la habitación, incluyendo la ropa de cama, batas y otros equipos necesarios
   b. Completar la entrevista de admisión
   c. Asegurarse de que los medicamentos del paciente hayan sido recibidos por la farmacia y sean los correctos
   d. Coordinar el cuidado del paciente con el resto del equipo de tratamiento

70. ¿Cuál de las siguientes opciones NO es una razón para que un auxiliar de enfermería rechace una asignación?

   a. El auxiliar de enfermería considera que la tarea es poco ética.
   b. Realizar la tarea podría causar daño al auxiliar de enfermería.
   c. El auxiliar de enfermería tuvo un serio desacuerdo con la familia del paciente el día anterior.
   d. La asignación está fuera del ámbito de práctica del auxiliar de enfermería.

Respuestas y explicaciones #1

1. B: El agua para un baño en cama debe calentarse aproximadamente entre 105-115 grados Fahrenheit. Si está más fría, se enfriará demasiado antes de terminar el baño, enfriando al paciente. Si está más caliente, estará demasiado caliente y podría quemar al paciente. Llenar la palangana debe ser lo último que haga; reúna primero todos los demás suministros para minimizar el enfriamiento del agua. Si no dispone de un termómetro para medir la temperatura del agua, asegúrese de que esté cómodamente tibia al tacto en el codo o en la parte interna del brazo.

2. D: Debe consultar las políticas de su institución sobre el cuidado de las uñas, pero, en términos generales, un auxiliar de enfermería no debe realizar el cuidado de las uñas en un paciente diabético. Los pacientes diabéticos presentan una circulación comprometida en las extremidades, lo que puede retrasar la cicatrización e incluso causar daños graves si se les lesiona la piel. Por esta razón, únicamente un médico, un podólogo u otro profesional debidamente capacitado debería encargarse del cuidado de las uñas en un paciente diabético. El cuidado perineal, el cambio de la ropa de cama y la inspección de la piel deben realizarse en cada baño en cama completo, generalmente como parte del cuidado matutino.

3. B: Una lesión por presión de etapa I se presenta como un área enrojecida que no se blanquea (no se vuelve blanca) al presionarla. Una lesión por presión de etapa II implica una ruptura parcial de la capa superior de la piel, pero no afecta la totalidad de su grosor, y puede presentarse como una ampolla. Las lesiones de etapa III y etapa IV se extienden a través de toda la piel; en la etapa III se puede observar la grasa subcutánea, mientras que en la etapa IV la lesión puede alcanzar los músculos, tendones o huesos. Asegúrese de reportar cualquier enrojecimiento en la piel a la enfermera para que se realice una evaluación completa.

4. A: Un paciente que está a punto de someterse a una cirugía u otro procedimiento que requiera anestesia debe permanecer en NPO durante un mínimo de ocho horas antes del procedimiento. Si el paciente recibe una bandeja, debe verificar con la enfermera antes de servirle el desayuno. Si se programa un procedimiento para más tarde en el día, es posible que el anestesiólogo autorice al paciente a desayunar.

5. C: Un paciente que está postrado en cama o pasa la mayor parte del día acostado o sentado tiene riesgo de desarrollar lesiones por presión. Prevenir estas lesiones requiere múltiples intervenciones, entre ellas: girar al paciente cada dos horas, dar un baño completo en cama una vez al día y realizar baños parciales a lo largo del día según sea necesario si el paciente es incontinente (los baños parciales deben realizarse cada vez que el paciente se ensucie), aumentar el contenido de proteínas de la dieta y asegurarse de que el paciente esté adecuadamente hidratado. No es apropiado dar un baño completo dos veces al día, y retener líquidos para prevenir la incontinencia tampoco es adecuado.

6. D: Los desinfectantes a base de alcohol son una excelente herramienta para evitar el proceso, comparativamente, más laborioso del lavado de manos y son apropiados en determinadas situaciones. El auxiliar de enfermería debe lavarse las manos con agua y jabón antes de comer, después de usar el baño, luego de realizar un procedimiento que implique contacto con fluidos corporales (como en el cuidado perineal) y cuando sus manos estén visiblemente sucias. También debe lavarse las manos de manera periódica a lo largo del día para eliminar la acumulación de alcohol en ellas. Es perfectamente aceptable utilizar un desinfectante a base de alcohol entre revisar a los pacientes, especialmente si el auxiliar de enfermería no está realizando atención directa.

Respuestas y explicaciones #1

7. C: Si un paciente está bajo precauciones por contacto, el cuidador debe usar una bata y guantes. No es necesario utilizar una mascarilla o respirador, a menos que el paciente esté bajo precauciones por gotas o por vía aérea.

8. A: Al ingresar a la habitación de un paciente bajo precauciones de aislamiento, el auxiliar de enfermería debe colocarse primero la bata, asegurándose de que la abertura quede en la parte posterior. Luego, una vez atada correctamente la bata alrededor del cuello y la cintura, se debe poner la mascarilla. Por último, se colocan los guantes, garantizando que el puño de los guantes cubra el puño de la bata. Al salir de la habitación, el EPP se retira en el orden inverso: guantes, mascarilla y bata.

9. A: Todo lo que esté en la habitación del paciente se considera "contaminado", por lo que cuando se coloca la ropa de cama sucia en la bolsa de plástico para ropa de cama, esa bolsa se considera contaminada. El auxiliar de enfermería debe pedir a un colega que sostenga abierta una segunda bolsa en la entrada y colocar la bolsa contaminada dentro de ella. El segundo auxiliar de enfermería puede, a continuación, colocar la bolsa en el suelo fuera de la habitación hasta que el primer auxiliar de enfermería esté listo para lavarse las manos y llevarla al cuarto de ropa sucia. La ropa de cama sucia nunca debe sacudirse debido al riesgo de contaminar otros artículos cercanos.

10. C: Los artículos que requieren limpieza con un desinfectante son aquellos que entran en contacto con las membranas mucosas del paciente pero no perforan la piel. Los termómetros y el equipo respiratorio son buenos ejemplos de artículos que deben desinfectarse, pero que no requieren esterilización. Artículos como los bisturís, que perforan la piel, deben esterilizarse entre pacientes debido al alto riesgo de contaminación. Artículos como los estetoscopios y los manguitos para presión arterial, que solo tocan la piel, pueden limpiarse con un detergente suave entre usos.

11. B: Una infección que se transmite durante un procedimiento médico se denomina iatrogénica. La transmisión por gotas ocurre cuando las bacterias o virus se liberan en forma de gotas al estornudar o toser. El contacto oral directo se refiere a la transmisión entre personas mediante el contacto directo de la boca, como en el caso de besar o compartir un vaso. La transmisión fecal-oral, tal como indica su nombre, ocurre cuando material fecal contamina alimentos, generalmente debido a un lavado de manos inadecuado o a técnicas deficientes en la preparación de alimentos.

12. B: Se deben levantar al menos dos barandillas de la cama cuando el paciente se encuentra en ella. Levantar las cuatro barandillas se considera una medida restrictiva y no se debe hacer a menos que sea una orden directa del médico. Levantar solo una barandilla deja un lado completo de la cama sin protección.

13. D: Lo primero que se debe hacer antes de transferir a una paciente es asegurarse de que las ruedas tanto de la silla de ruedas como de la cama estén bloqueadas. Esta medida evita que la cama o la silla se muevan durante la transferencia, reduciendo el riesgo de caídas. Una vez verificado que las ruedas están bloqueadas, la auxiliar de enfermería puede ayudar a la paciente a sentarse y permitir que cuelgue sus piernas durante unos momentos. Después, podrá asistirla para ponerse de pie y deslizarla hacia la silla de ruedas.

14. C: Una mujer anciana que ha sufrido una caída previa está en riesgo de volver a caerse. Sin embargo, dado que aún puede caminar, la auxiliar de enfermería debe permanecer al alcance de su brazo en caso de que la paciente pierda el equilibrio o se caiga nuevamente. Esto se conoce como asistencia de contacto. La asistencia en espera y la asistencia máxima son inadecuadas porque, respectivamente, brindan muy poco o demasiado apoyo.

Respuestas y explicaciones #1

15. A: La técnica de cuatro puntos es un excelente método de caminar con muletas para pacientes que tienen debilidad en la parte superior e inferior, ya que distribuye el peso del paciente de manera equilibrada en ambos brazos y en las piernas de forma alternada. Los métodos de tres puntos, swing-to (marcha hasta las muletas) y swing-through (marcha más allá de las muletas) son apropiados para pacientes que poseen buena fuerza en la parte superior, ya que estas técnicas dependen principalmente de los brazos para mantener al paciente erguido.

16. B: Esta pregunta se puede responder utilizando el acrónimo R.A.C.E. (rescatar, activar la alarma, confinar el fuego, evacuar/extinguir). La auxiliar de enfermería debería rescatar primero a los pacientes en peligro inminente. Sin embargo, como la habitación está vacía, su prioridad inmediata debe ser activar la alarma de incendio. Si el incendio es pequeño y está contenido, podría intentar apagarlo con un extintor utilizando el método P.A.S.S. (tirar del pasador, apuntar a la base del fuego y barrer de lado a lado). De lo contrario, debería comenzar a cerrar las puertas contra incendios y rescatar a los pacientes en las habitaciones vecinas si es necesario.

17. D: Siempre que un paciente es colocado en restricciones, el auxiliar de enfermería debe asegurarse de contar con una orden actualizada del médico (dentro de las últimas 24 horas). Se debe ofrecer al paciente la oportunidad de ir al baño o tomar un vaso de agua o comer al menos cada una o dos horas. Las restricciones deben revisarse al menos cada treinta minutos para verificar que no estén demasiado apretadas ni impidiendo la circulación en las extremidades del paciente. Los nudos deben ser de liberación rápida y las restricciones deben sujetarse directamente al marco de la cama. Nunca se deben atar las restricciones a los laterales de la cama, ya que, en caso de soltarse inadvertidamente, podrían causar lesiones al paciente.

18. C: Un paciente con un catéter de permanencia tiene un mayor riesgo de contraer una infección del tracto urinario, por lo que el cuidado del catéter y de la zona perineal es muy importante. Se debe evaluar y limpiar el catéter con frecuencia. Después de ponerse los guantes y explicar lo que se va a hacer, se debe utilizar agua tibia para limpiar suavemente la uretra y, usando un movimiento circular alejándose del cuerpo, limpiar el catéter. La auxiliar de enfermería nunca debe limpiar hacia arriba ni utilizar un movimiento de vaivén, ya que esto podría introducir bacterias en la uretra. Asegúrese de secar el catéter y al paciente, verificar que no haya torceduras en el tubo y, finalmente, colgar la bolsa del marco de la cama.

19. D: Antes de llevar una bandeja de comida a la habitación de un paciente, la auxiliar de enfermería debe asegurarse de que la bandeja esté etiquetada con el nombre correcto, el número de habitación y la dieta asignada. Una vez entregadas todas las bandejas, la auxiliar de enfermería podrá regresar y asistir a los pacientes que requieran ayuda para comer. La capacidad para tragar debe evaluarse cada vez que el paciente está comiendo, ya que la auxiliar de enfermería debe estar atenta a cualquier signo de que el paciente no está tragando adecuadamente. Al recoger las bandejas usadas, la auxiliar de enfermería debe documentar la ingesta de cada paciente, ya que es el mejor momento para verificar lo que cada paciente realmente consumió.

20. A: Debido al grave riesgo de aspiración y sus posibles complicaciones, la auxiliar de enfermería nunca debe continuar alimentando a un paciente con sospecha de dificultades para tragar. Debe detener inmediatamente el proceso de alimentación y notificar a la enfermera, quien a su vez puede informar al médico y, si es necesario, coordinar un estudio de deglución o ajustar la dieta del paciente para incluir únicamente alimentos blandos o purés.

Respuestas y explicaciones #1

21. B: Las medias antiembólicas deben retirarse una vez cada ocho horas para asegurar una adecuada circulación y permitir que la piel respire. Al retirar las medias, la auxiliar de enfermería debe evaluar la piel para confirmar que no existan erupciones, lesiones cutáneas u otras preocupaciones. Además, debe revisar los dedos de los pies del paciente para evaluar el flujo sanguíneo mientras las medias están puestas. Si el paciente se queja de entumecimiento, hormigueo o molestias al usar las medias, se debe notificar de inmediato a la enfermera.

22. D: La posición de Sim consiste en que la paciente esté acostada sobre su lado, con la pierna superior flexionada hacia el pecho. La opción A, acostada sobre el estómago, se conoce como posición prona. La opción B, con la cabecera elevada a 90 grados, corresponde a la posición Fowler alto. La opción C, con la cabecera elevada a 45 grados, se denomina posición Semi-Fowler.

23. C: Al ponerse guantes estériles, la auxiliar de enfermería debe primero lavarse y secarse bien las manos. Luego, debe abrir el empaque con cuidado de no tocar nada en su interior. A continuación, debe tomar el guante destinado a la mano dominante por el puño, utilizando su mano no dominante, y deslizarlo sobre la mano dominante. Finalmente, usando la mano ya enguantada, debe recoger el segundo guante en la zona del puño y deslizarlo sobre la mano no dominante. Una vez colocados ambos guantes, puede hacer los ajustes necesarios al calce, evitando tocar cualquier superficie no estéril.

24. A: La presión arterial sistólica, o el número superior de la presión arterial del paciente, refleja la presión en el corazón durante la contracción. En cambio, la presión arterial diastólica, o el número inferior, refleja la presión en el corazón durante el reposo. El pulso mide la cantidad de contracciones cardíacas por minuto, mientras que la oximetría de pulso mide la cantidad de oxígeno en la sangre.

25. B: Las opciones A y D son ligeramente anormales y deberían ser reportadas a la enfermera, aunque no es necesario hacerlo de inmediato. Una presión arterial de 126/72 se considera técnicamente anormal, pero probablemente se deba al estrés del hospital, por lo que no es motivo de gran preocupación. La frecuencia respiratoria de cinco respiraciones por minuto es muy baja y puede indicar una falla respiratoria inminente. La auxiliar de enfermería debe notificar a la enfermera de inmediato.

26. D: Todas las opciones son líquidos o se derriten a temperatura ambiente (la gelatina) y deben incluirse en la medición de la ingesta del paciente. La auxiliar de enfermería también debe medir la cantidad de alimentación por sonda (incluyendo lo que se utiliza para enjuagar la sonda) y otras medicaciones o líquidos intravenosos. La ingesta total debe expresarse en mL y registrarse cada 24 horas.

27. A: Siempre que una auxiliar de enfermería ingresa a la habitación de un paciente para iniciar cuidados o realizar una tarea, debe lavarse las manos, presentarse al paciente y explicarle lo que va a hacer. Luego, debe identificar al paciente utilizando su brazalete y dos identificadores. Finalmente, puede realizar la tarea para la que ingresó, que en este caso es medir la estatura y el peso del paciente.

28. B: Los datos subjetivos son aquellos que el paciente expresa o siente, como su nivel de dolor. Los datos objetivos son información que puede ser medida (por ejemplo, los signos vitales) u observada por otra persona (por ejemplo, la orina turbia o las mejillas enrojecidas del paciente).

29. C: Cometer errores en la documentación es común. Sin embargo, la auxiliar de enfermería debe saber cómo corregirlos. Nunca debe utilizar corrector líquido ni tachar el error de forma que quede ilegible. Además, la documentación no debe realizarse con lápiz. Cuando se produce un error, simplemente se debe trazar una línea simple sobre la equivocación y colocar la corrección, la palabra "error," y sus iniciales al lado.

Respuestas y explicaciones #1

30. A: Un paciente con diarrea tiene un alto riesgo de deshidratación, por lo que todas las quejas del paciente y las observaciones directas de diarrea deben ser reportadas a la enfermera. Los signos de deshidratación incluyen mucosas secas, debilidad y sed. El auxiliar de enfermería también puede observar orina oscura o hundimiento de los ojos. Siempre que no esté contraindicado, el auxiliar de enfermería debe animar al paciente a beber más agua para ayudar a reponer los líquidos perdidos.

31. D: Al cuidar a un paciente con diarrea, es importante registrar toda la información mencionada en las opciones de respuesta en el expediente, ya que ello puede ser vital para el plan de cuidado y tratamiento del paciente. Además, el médico necesitará estos datos para evaluar la gravedad de la diarrea y la deshidratación. El auxiliar de enfermería también debe anotar la cantidad de líquido que se expulsa con cada deposición y la frecuencia con que se presentan los episodios de diarrea.

32. D: A menos que el paciente se encuentre en una cama especial diseñada para usarse sin necesidad de girarlo, siempre se debe girar al paciente cada dos horas. Simplemente agregar una almohadilla tipo "egg crate" o un colchón inflable a la cama existente no elimina ni reduce la necesidad de reposicionar al paciente. Una almohadilla de este tipo puede ayudar a disminuir la presión sobre la piel y las prominencias óseas del paciente, pero éste debe ser girado cada dos horas.

33. B: El edema verdadero suele ser consecuencia de una mala circulación, por lo que utilizar hielo o una compresa fría tendría poca utilidad para controlarlo. Las intervenciones útiles deben estimular el flujo sanguíneo y el retorno venoso. Elevar la extremidad ayuda a promover el drenaje linfático y el retorno venoso para minimizar el edema. El movimiento, a través de la deambulación, el masaje o ejercicios de rango de movimiento, también es una excelente manera de tratar y reducir el edema.

34. C: Todos estos síntomas son característicos de la enfermedad de Parkinson. La enfermedad de Alzheimer, la demencia y el síndrome sundowner pueden producir síntomas similares, que incluyen confusión, agitación y deambulación errante. Sin embargo, la marcha arrastrada es el síntoma distintivo de la enfermedad de Parkinson. Un paciente con Parkinson necesita ayuda especial para deambular, debido a que su marcha es muy inestable, y para alimentarse, ya que frecuentemente presenta dificultad para tragar los alimentos.

35. A: Los pacientes con síndrome sundowner normalmente experimentan una confusión que empeora durante la noche. Pueden volverse agitados y deambular fuera de la unidad. Durante el día, por lo general, no presentan tanta confusión. Algunas intervenciones posibles incluyen verificar y reorientar al paciente con frecuencia, y prevenir el sueño durante el día para facilitar que el paciente duerma en la noche. Aunque un paciente con síndrome sundowner también puede tener riesgo de caídas, agresión o dificultad para tragar, estos síntomas son secundarios a la confusión que experimenta durante la noche.

36. C: La afasia es la incapacidad adquirida para comprender el lenguaje y expresarse a través del habla. Los pacientes con afasia pueden presentar distintos niveles de habilidades comunicativas y deben ser tratados con paciencia. Establecer un límite de tiempo o hablar en nombre del paciente no resulta productivo ni útil para ayudarle a recuperar sus habilidades comunicativas. Aunque en algunas situaciones el uso de un bolígrafo y papel puede ser de ayuda, muchos pacientes afectados por la afasia podrían tener dificultades para leer o escribir. Utilizar un tablero de imágenes o letras es un método de comunicación universal que ofrece una manera sencilla y eficaz de comunicarse.

37. D: Los pacientes pueden volverse agitados por diversas razones. Pueden estar sufriendo dolor o sentirse incómodos. Quizás tengan hambre, sed, necesiten ir al baño o incluso se sientan aburridos o asustados. Comprender la causa de la agitación es la mejor manera de aliviarla. La auxiliar de enfermería

Respuestas y explicaciones #1

debe continuar interactuando con el paciente de forma calmada, clara y profesional. Es posible que deba establecer límites cuando sea necesario, especialmente si el comportamiento persiste.

38. B: El cuidado de hospicio es adecuado para pacientes a quienes se espera que vivan menos de seis meses. Los pacientes que son trasladados a cuidados de hospicio generalmente firman una orden de No Resucitar (DNR) y se les administra tratamiento con medidas para aliviar el dolor.

39. A: La primera etapa del duelo es la negación de que el suceso haya ocurrido o vaya a ocurrir. A continuación, se presenta la ira hacia la situación o hacia las personas involucradas. Luego, la persona intenta negociar, en la que se expresa una negociación con Dios (por ejemplo, "haré... si haces que esto desaparezca"). Después, comienza la depresión, a medida que la persona empieza a enfrentar su dolor. Finalmente, el paciente empieza a aceptar lo acontecido y puede comenzar a seguir adelante. Es importante tener en cuenta que no todas las personas atraviesan estas etapas de manera lineal y directa; no es raro que alguien avance rápidamente en una etapa, se detenga en la siguiente o incluso retroceda a una etapa anterior.

40. D: En términos generales, la auxiliar de enfermería nunca debe registrar los signos vitales de un paciente con una orden de DNR que se encuentra en proceso activo de morir. El personal clínico, incluida la auxiliar de enfermería, debe hacer todo lo posible para asegurar la comodidad del paciente y de su familia. La familia puede desear pasar tiempo adicional con su ser querido sin interrupciones. Además, la toma de los signos vitales puede ocasionar dolor o incomodidad al paciente, aspectos que deben evitarse si es posible. Sin embargo, si el médico ha ordenado lo contrario, la auxiliar de enfermería debe acatar los deseos del médico y de la enfermera.

41. C: La religión de un paciente tiene un gran impacto en su capacidad para sanar y enfrentar su enfermedad. El auxiliar de enfermería debe abogar por su paciente y coordinar para que las comidas se sirvan a las horas designadas. Además, puede coordinar con la enfermera y otros miembros del personal para garantizar la continuidad en el cuidado. Aunque que la familia lleve comida desde casa puede ser una opción, el auxiliar debe primero intentar hacer los arreglos pertinentes con el departamento de comedor.

42. B: Las leyes dietéticas kosher son pautas estrictas que deben seguir las personas de fe judía. El auxiliar de enfermería debe ser sensible a estas creencias y coordinar para que se envíe una nueva bandeja desde el departamento de comedor o de alimentos. No es apropiado simplemente retirar el cerdo del plato del paciente ni esperar a que el paciente solicite un cambio, y mucho menos intercambiar su bandeja con la de otro paciente, ya que cada bandeja se prepara especialmente de acuerdo con las necesidades nutricionales y alergias de cada uno.

43. A: Las necesidades fisiológicas deben satisfacerse primero y, por ello, se ubican en la base de la pirámide. Estas necesidades incluyen la alimentación, el agua, el sexo y el oxígeno. El siguiente nivel corresponde a la necesidad de seguridad, que no se limita únicamente a la protección física, sino también a la seguridad de la familia, los valores, las finanzas, el empleo y la propiedad. Después viene el nivel de amor y pertenencia, que normalmente se refiere a la integración en un grupo como la familia o los amigos. Los dos niveles siguientes son la autoestima (que abarca la autoconfianza y los logros) y, finalmente, la autorrealización, que incluye la creatividad, la espontaneidad y la moralidad.

44. B: Al conversar con un paciente sobre temas sensibles, puede ser beneficioso hacerlo cuando el paciente se encuentre solo y utilizar un tono tranquilo y sensible. No obstante, el auxiliar de enfermería

Respuestas y explicaciones #1

debe ser directo y evitar el uso de clichés o eufemismos. También es recomendable formular preguntas abiertas, ya que esto brinda al paciente la oportunidad de responder por sí mismo.

45. D: La reflexión es el proceso de escuchar lo que dice el paciente y devolverle esa información, brindándole la oportunidad de explicar con mayor detalle lo que quiso decir. Esta es la técnica utilizada en la opción d. La opción a es un ejemplo de mostrar empatía. La opción b no resulta útil para el paciente, ya que podría sentirse deprimido por razones totalmente ajenas a su enfermedad; la respuesta no es sensible a las necesidades de la paciente. La opción c podría ser apropiada, pero cierra la conversación y la relación entre la paciente y el auxiliar de enfermería.

46. C: Debido a la posible emergencia del paciente, nunca es apropiado que un auxiliar de enfermería ignore un timbre de llamada. Ella debe responder al timbre y verificar si puede asistir al paciente. Reabastecer los estantes no es una prioridad, especialmente cuando se trata del cuidado del paciente. Puede ser necesario que solicite la ayuda del auxiliar asignado, pero primero debe asegurarse de que no se necesita asistencia urgente.

47. D: La auxiliar de enfermería nunca debe ignorar el timbre de llamada del paciente, ya que ello podría poner en alerta al personal ante una situación potencialmente peligrosa. Sin embargo, esto no significa que el paciente tenga derecho a abusar del sistema de timbre o del personal. La auxiliar debe establecer límites claros y expectativas respecto a cuándo es apropiado utilizar el timbre. Además, debe comprender que es muy probable que el paciente se sienta ansioso o solo, por lo que debe comprometerse a revisarlo en intervalos establecidos, lo que podría ayudar a aliviar parte de su ansiedad. Si las intervenciones anteriores no resultan efectivas, es posible que deba involucrarse el encargado de enfermería.

48. A: La auxiliar de enfermería nunca debe encargarse de un paciente o tarea para los cuales no se sienta suficientemente capacitada o cómoda. Debe hablar de inmediato, en privado, con el encargado de enfermería para solicitar instrucciones o capacitación adicional. Nunca debe optar por "hacer lo mejor posible" debido al riesgo potencial de complicaciones graves. Aunque sus colegas pueden ser una fuente adicional de información, el encargado de enfermería debe ser informado de inmediato y actuar como punto de contacto principal.

49. B: Cuando se trata de un tema delicado, la auxiliar de enfermería debe utilizar el sistema de traducción oficial del hospital. Esto puede ayudar a que el paciente se sienta más cómodo y responda de manera más apropiada y precisa. Los familiares pueden ser una buena fuente de ayuda para tareas rutinarias y asuntos que no involucran temas sensibles. Hacer gestos con la esperanza de que el paciente entienda no es una técnica adecuada, ya que puede conducir fácilmente a malentendidos. Buscar palabras en Internet puede ser útil, pero no garantiza que ni el paciente ni la auxiliar comprendan lo que el otro intenta decir.

50. C: A menos que el familiar tenga un documento legal que demuestre que es el tutor del paciente o posea poder notarial, el paciente tiene derecho a la privacidad. Además, la auxiliar de enfermería no debe dar resultados a ningún paciente o familiar. Es adecuado decir que el paciente parece sentirse bien y ofrecer que la enfermera discuta los detalles de la prueba.

51. A: HIPAA garantiza la confidencialidad y privacidad del paciente. Además, exige que los proveedores de atención médica ofrezcan a los pacientes una lista de políticas diseñadas para proteger su privacidad. Solo los proveedores que cuidan directamente al paciente deben tener acceso a su historial clínico.

Respuestas y explicaciones #1

52. B: Una auxiliar de enfermería no debe discutir procedimientos ni explicar el contenido de los formularios de consentimiento que la paciente firmó. Solo un médico puede revisar e informar a la paciente sobre los riesgos y beneficios de someterse a un procedimiento o tratamiento. La paciente siempre puede retirar su consentimiento, incluso si está a punto de ingresar a la sala del procedimiento. La auxiliar debe notificar al médico que la paciente tiene preguntas para que éste organice una consulta y aborde sus inquietudes.

53. D: Las directivas anticipadas deben incluirse de forma inmediata en el expediente del paciente y se debe notificar a la enfermera o al médico. Ellos podrían necesitar verificar las órdenes o emitir nuevas instrucciones para el sistema de órdenes del hospital. Es esencial que todo el personal involucrado en la atención del paciente esté al tanto de sus deseos, incluso si se trata solo de un procedimiento menor.

54. C: El paciente tiene el derecho de rechazar un procedimiento, incluso si hacerlo no es lo mejor para él. La auxiliar de enfermería debe explicar por qué es importante reposicionarlo con frecuencia y qué consecuencias podrían presentarse si continúa negándose. Preguntar sobre sus preocupaciones o el motivo de su negativa puede ayudar a identificar problemas que se puedan resolver. Si el paciente sigue negándose, la auxiliar de enfermería debe notificar a la enfermera, quien también podrá hablar con el paciente y documentar el incidente en el expediente.

55. C: Todas las opciones, excepto mantener todas las pertenencias personales, son responsabilidades del paciente. Los objetos de valor deben ser devueltos al domicilio del paciente o guardados por la seguridad del hospital. Se espera que los pacientes sean honestos con sus cuidadores y actúen de manera respetuosa y adecuada. Aunque un paciente tiene el derecho de rechazar el tratamiento, se espera que colabore con el equipo de atención para desarrollar y mantener un plan de tratamiento mutuamente aceptable.

56. B: Una auxiliar de enfermería nunca debe administrar medicamentos, ya que no es parte de su ámbito de práctica. La auxiliar debe regresar al paciente y explicarle que la enfermera está atendiendo a un paciente crítico y acudirá lo antes posible. Además, pedir a otra enfermera que administre la medicación no es una acción adecuada, puesto que la auxiliar estaría asumiendo la responsabilidad de delegar la tarea a otro miembro del personal.

57. A: Debe negarse a responder la pregunta. El paciente tiene derecho a la privacidad y a la confidencialidad. Aunque la colega atendió al paciente en el pasado, no es un miembro actual y activo del equipo de atención médica del paciente. Por lo tanto, la auxiliar no tiene derecho a esa información.

58. B: El paciente en esta situación tiene derecho a una atención respetuosa. Todos los pacientes tienen el derecho a recibir atención, incluso las personas que resultan heridas durante la comisión de un delito o aquellas que ya se encuentran en el sistema de justicia penal. Asimismo, los pacientes tienen derecho a recibir atención sin ser discriminados por edad, género, nacionalidad o religión. El derecho a la libertad de elección se refiere al derecho del paciente de participar en la elaboración de su plan de atención y de rechazar ciertos tratamientos o incluso la atención en su totalidad.

59. D: El paciente tiene absolutamente el derecho de ver su expediente médico, pero debe seguir los procedimientos establecidos por la institución para ello. En la mayoría de los casos, el paciente deberá comunicarse con el departamento de registros médicos y presentar una solicitud formal por escrito. La auxiliar de enfermería no debe proporcionar copias directamente al paciente.

Respuestas y explicaciones #1

60. C: Una orden de no resucitación se escribe para un paciente de modo que el equipo de atención médica involucrado en su tratamiento entienda qué tipo de atención de emergencia desea recibir el paciente en caso de que se encuentre incapacitado. No exime al médico de proporcionar ninguna atención, sino que simplemente explica los deseos del paciente. Por ejemplo, el paciente puede no desear ser intubado, pero puede consentir en recibir antibióticos o una sonda de alimentación. En la mayoría de los casos, el manejo del dolor continua siendo una parte importante del cuidado del paciente, incluso cuando existe una orden de no resucitación. A menudo, se requiere una orden de no resucitación para los pacientes que ingresan a cuidados de hospicio, pero no es la única razón por la cual un paciente tendría dicha orden.

61. C: Una auxiliar de enfermería podría ser acusada de asalto si amenaza o intenta tocar a un paciente (proporcionar la atención) sin el consentimiento del paciente. No importa si realmente toca al paciente o proporciona el tratamiento; basta que el paciente tema que lo hará. Batería se refiere al acto concreto de tocar al paciente de manera amenazante o sin su consentimiento. En la situación descrita, la auxiliar de enfermería podría enfrentar cargos tanto de asalto como de batería, dependiendo de las circunstancias específicas del incidente.

62. D: La auxiliar de enfermería podría enfrentar cargos de negligencia porque realizó una tarea de manera inconsistente con su capacitación. Solo un profesional con formación avanzada o alguien que debe mantener una licencia, como un médico o enfermero, puede ser acusado de mala praxis. Una auxiliar de enfermería no puede, ya que solo necesita mantener una certificación, no una licencia. Asalto y batería no aplican porque la auxiliar de enfermería no está actuando de manera amenazadora.

63. B: La auxiliar de enfermería debe seguir la cadena de mando de la institución para determinar a quién reportar el comportamiento. Es inapropiado contactar al médico encargado de la atención del paciente, ya que él no tiene la autoridad para manejar este tipo de situación en el ámbito de enfermería. Del mismo modo, acudir directamente a la supervisora de enfermería o al presidente de enfermería sin seguir los lineamientos establecidos por la institución no es adecuado.

64. A: La auxiliar de enfermería debe informar de inmediato el presunto maltrato a la enfermera encargada para que ella pueda determinar la mejor manera de proceder. Es posible que las sospechas ya se hayan abordado, por lo que no es apropiado reportar directamente el abuso a la policía o confrontar al posible abusador. Sin embargo, la situación no debe ser ignorada debido al riesgo potencial de que el paciente resulte perjudicado.

65. B: El miembro más importante del equipo de atención médica es el paciente. Sus necesidades— médicas, espirituales y emocionales—son las más importantes. El paciente debe, en última instancia, consentir y participar activamente en su plan de cuidado. Lo que el médico, la enfermera y la auxiliar de enfermería necesiten, recomienden o deseen, queda en un segundo plano frente a las necesidades y deseos del paciente.

66. B: La auxiliar de enfermería debe completar un mínimo de 12 horas de educación continua cada año para mantener sus habilidades actualizadas. Pueden ser necesarias horas adicionales de educación continua, dependiendo del nivel de habilidad y las necesidades de la auxiliar de enfermería. Aunque su empleador debe proporcionar algunos de los créditos de educación continua, es en última instancia responsabilidad de la auxiliar de enfermería mantener su certificación.

67. D: Durante un código, el auxiliar de enfermería debe recoger de inmediato el equipo de emergencia u otros suministros según lo requieran los médicos y las enfermeras. Esto puede incluir sangre del banco de

Respuestas y explicaciones #1

sangre, agujas, jeringas, etc. Documentar los eventos y administrar medicamentos es responsabilidad de la enfermera, y está fuera del ámbito de práctica del auxiliar de enfermería. El auxiliar no debe responder preguntas médicas a la familia, aunque sí puede brindar consuelo o apoyo si es necesario.

68. C: En casos en los que el paciente regresará a casa para ser cuidado por la familia, es totalmente apropiado que los familiares comiencen a colaborar en el cuidado del paciente. La auxiliar de enfermería debe permitir que la hija participe en el cuidado de su madre, pero debe estar presente en la habitación para supervisar y ayudar según sea necesario.

69. A: La auxiliar de enfermería debe preparar la habitación, garantizando que se encuentren presentes la ropa de cama, el equipo de protección personal y otros insumos médicos. Además, debe ayudar a orientar al paciente sobre la unidad y tomar los signos vitales. La entrevista de admisión, la evaluación y la coordinación de todos los aspectos del cuidado (incluyendo contactar a la farmacia y asegurarse de que se reciban los medicamentos correctos) son responsabilidades de la enfermera.

70. C: Un serio desacuerdo con la familia del paciente no es una razón para rechazar una asignación. El auxiliar de enfermería debe encontrar la manera de trabajar profesionalmente tanto con el paciente como con su familia. Si el desacuerdo llega a interferir con la atención que recibe el paciente, el auxiliar de enfermería debe hablar con su supervisor de enfermería para determinar los pasos a seguir. Las otras opciones de respuesta son todas razones válidas para rechazar una asignación.

Prueba de práctica #2

1. Si una enfermera delega una tarea rutinaria de enfermería a un auxiliar de enfermería, ¿cuál de las siguientes personas es legalmente responsable de la seguridad del paciente?

   a. Enfermera que delega
   b. Auxiliar de enfermería
   c. Supervisor
   d. Director de enfermería

2. ¿Hasta dónde debe extenderse una sábana deslizante?

   a. Al menos desde encima de la cabeza hasta debajo de los pies
   b. Al menos desde la parte superior de la espalda hasta las caderas
   c. Al menos desde debajo de la cabeza hasta por encima de las rodillas
   d. Al menos desde la cintura hasta debajo de las caderas

3. Si a un paciente se le acaba de aplicar un yeso de pierna larga y el yeso aún está húmedo, ¿qué debe hacer el auxiliar de enfermería?

   a. Mover el yeso utilizando únicamente las puntas de los dedos
   b. Asegurarse de que el yeso esté expuesto al aire
   c. Cubrir el yeso con una manta
   d. Evitar colocar almohadas debajo del yeso hasta que esté seco

4. ¿Cuál de los siguientes es un ejemplo de un alimento rico en proteínas?

   a. Huevo
   b. Plátano
   c. Repollo
   d. Pan

5. Si, al ayudar a un paciente a desvestirse, el auxiliar de enfermería observa moretones y comportamientos que sugieren que el paciente podría ser víctima de abuso, ¿qué debe hacer el auxiliar de enfermería?

   a. Preguntar al paciente al respecto
   b. Permanecer en silencio porque no hay pruebas
   c. Reportar las inquietudes a la enfermera
   d. Proporcionar al paciente el número de una línea de ayuda contra el abuso

6. Si se planea utilizar un elevador mecánico para trasladar a un paciente que pesa más de 500 libras, ¿cuál es lo primero que debe hacer el auxiliar de enfermería?

   a. Solicitar ayuda a otro miembro del personal
   b. Asegurarse de que el equipo esté en buen estado
   c. Explicar el procedimiento al paciente
   d. Verificar el límite de peso del equipo

7. ¿Qué alimento debe evitar un paciente con dieta baja en sodio?
   a. Huevo
   b. Salami
   c. Naranja
   d. Espinaca

8. ¿Cuál de las siguientes afirmaciones es verdadera para las precauciones de contacto?
   a. Se usan guantes para todo contacto con el paciente y el entorno inmediato
   b. La cama del paciente debe estar separada de la cama de otro paciente por al menos 6 pies
   c. La cortina de privacidad del paciente debe cerrarse solo durante los procedimientos
   d. Se puede usar el mismo equipo de protección personal (EPP) si se atienden a dos pacientes en la misma habitación

9. ¿Qué sitio se utiliza para tomar el pulso de un niño de 1 año de edad?
   a. Temporal
   b. Radial
   c. Braquial
   d. Apical

10. Después de ayudar a un paciente a subir al inodoro, ¿qué se debe hacer a continuación?
   a. Vigilar hasta que el paciente termine
   b. Permitir que el paciente tenga privacidad
   c. Permanecer cerca, pero dar la espalda al paciente
   d. Cubrir el regazo del paciente con un paño

11. Al recolectar una muestra de heces de un paciente, ¿qué parte de las heces se debe recoger?
   a. Cualquier parte de las heces
   b. Cualquier porción de las heces que parezca anormal
   c. El centro de las heces y cualquier sangrado, moco o anomalía
   d. La parte final de las heces y cualquier sangrado, moco o anomalía

12. Si un paciente debe usar un bastón por debilidad en la pierna izquierda, ¿cómo debe sostenerlo?
   a. Con la punta a 12–15 pulgadas al lado del pie
   b. En cualquiera de las manos que le resulte cómoda
   c. En la mano izquierda
   d. En la mano derecha

13. Si el auxiliar de enfermería nota que un compañero de trabajo ha derramado agua en el pasillo al entregarla a un paciente, ¿cuál de las siguientes acciones debe realizar?
   a. Esperar a que el compañero salga y decírselo
   b. Limpiar el agua derramada
   c. Llamar al servicio de limpieza para limpiar el agua
   d. Informar a la enfermera que hay agua derramada en el pasillo

Prueba de práctica #2

14. Si un paciente pide repetidamente al auxiliar de enfermería que repita lo que dijo y sube el volumen de la televisión, ¿qué debería sospechar el auxiliar de enfermería?

   a. El paciente tiene dificultades para oír.
   b. El paciente está confundido.
   c. El paciente está distraído.
   d. El paciente está descontento.

15. Al cambiar la ropa de cama, ¿cuál de las siguientes acciones es la más importante?

   a. Sacudir las sábanas para eliminar las arrugas
   b. Llevar ropa de cama extra por si se necesita
   c. Evitar que la ropa de cama contacte con el uniforme
   d. Colocar la ropa de cama sucia en el suelo

16. Si un paciente tiene problemas para dormir por la noche, ¿cuál de lo siguiente se debe evitar en la noche?

   a. Café
   b. Té de hierbas
   c. Jugo de naranja
   d. Caramelos

17. Si el auxiliar de enfermería necesita ayuda de otro miembro del equipo para atender a un paciente, una solicitud redactada de manera apropiada es:

   a. "¿Puedes ayudarme con la Habitación 26A?"
   b. "¿Podrías ayudarme a voltear a la Sra. Brown en la Habitación 26A durante aproximadamente 5 minutos a las 8:30?"
   c. "Necesito ayuda para voltear a la Sra. Brown. ¿Puedes hacerlo?"
   d. "Reúnete conmigo en la Habitación 26A a las 8:30. Necesito ayuda con el paciente."

18. Un paciente se queja de dolor en la pierna izquierda. ¿Qué debe hacer el auxiliar de enfermería?

   a. Palpar la pierna para determinar dónde se localiza el dolor
   b. Pedir al paciente que señale las áreas dolorosas
   c. Preguntar al paciente qué parte de la pierna le duele
   d. Pedir al paciente que mueva la pierna para ver si eso alivia el dolor

19. Si un paciente postrado está agitado, enojado y se comporta de manera amenazante, ¿qué acción debe tomar el auxiliar de enfermería?

   a. Salir corriendo de la habitación
   b. Decirle al paciente que ese comportamiento es inaceptable
   c. Mantenerse alejado del paciente y cerca de la puerta
   d. Gritar pidiendo ayuda

20. Cuando el auxiliar de enfermería está aplicando medias elásticas de compresión, ¿dónde debe estar el paciente?

   a. Acostado en la cama
   b. Sentado al borde de la cama
   c. Volviendo a la cama
   d. Preparándose para dormir por la noche

Prueba de práctica #2

21. Un residente en un centro de atención a largo plazo tiene derecho a qué de lo siguiente?
   a. Traer cualquier objeto personal que el paciente desee
   b. Negarse a permitir que un compañero de cuarto comparta la habitación doble
   c. Insultar a los miembros del personal
   d. Presentar quejas sobre la calidad de la atención

22. ¿Cuáles heces son anormales y deben ser reportadas a la enfermera?
   a. Heces negras y alquitranadas
   b. Heces con olor fuerte
   c. Heces lisas y blandas
   d. Heces de color marrón oscuro

23. ¿Cuál de los siguientes es un registro adecuado del estado de ánimo del paciente?
   a. "Paciente lloró durante toda la mañana y rechazó visitas."
   b. "Paciente estuvo triste y deprimido durante toda la mañana."
   c. "Paciente cada vez más retraído."
   d. "Paciente se muestra muy decaído y no desea contacto con los demás."

24. Un paciente está recibiendo entrenamiento de la vejiga para reducir la frecuencia urinaria. ¿Qué significa esto para el paciente?
   a. El paciente debe orinar cuando sienta la necesidad.
   b. El paciente debe retrasar la micción tanto como sea posible.
   c. El paciente debe orinar cada hora.
   d. El paciente debe orinar según un horario establecido.

25. Un paciente ha esparcido sus pertenencias personales por la habitación y el baño, dando lugar a un espacio desordenado. ¿Qué debe hacer el auxiliar de enfermería?
   a. Limpiar el desorden
   b. Explicar que la habitación se ve desordenada
   c. Pedir permiso al paciente para organizar sus pertenencias personales
   d. Recordarle al paciente que organice sus pertenencias personales

26. Al ayudar a un paciente con enfermedad de Alzheimer de leve a moderada a vestirse, ¿qué debe hacer el auxiliar de enfermería?
   a. Apilar la ropa en el orden en que normalmente se usa
   b. Señalar las prendas una por una mientras el paciente se viste
   c. Colocar toda la ropa por separado
   d. Entregar al paciente una prenda a la vez

27. El auxiliar de enfermería está atendiendo a un paciente de atención domiciliaria cuando suena el teléfono del paciente, y este le pide que conteste. ¿Cuál de los siguientes es un saludo telefónico apropiado?
   a. "Hola, residencia de la Sra. Brown."
   b. "Hola."
   c. "Hola, soy el auxiliar de enfermería de la Sra. Brown."
   d. "Hola, soy Sally Smith, auxiliar de atención domiciliaria."

Prueba de práctica #2

28. Al preparar una cama quirúrgica o postoperatoria, ¿qué es cierto respecto a la ropa de cama superior?
   a. Se dobla hacia el pie de la cama.
   b. Se deja fuera de la cama.
   c. Incluye cobijas adicionales.
   d. Se dobla hacia un lado de la cama.

29. Un paciente necesita usar el orinal, pero está demasiado débil para ayudar al auxiliar de enfermería. ¿Qué es lo primero que debe hacer el auxiliar de enfermería después de bajar al paciente y colocar una almohadilla impermeable debajo del mismo?
   a. Flexionar las rodillas del paciente
   b. Girar al paciente hacia el lado que se aleje del auxiliar de enfermería
   c. Girar al paciente hacia el lado que esté frente al auxiliar de enfermería
   d. Elevar las piernas y los glúteos

30. Si un paciente le pide al auxiliar de enfermería que le explique el propósito de un nuevo tratamiento médico, ¿cuál de las siguientes respuestas sería la más apropiada?
   a. "Le pediré a su enfermera que entre y se lo explique."
   b. "No puedo darle esa información."
   c. "El propósito es reducir sus episodios de dolor en el pecho."
   d. "No sé cuál es el propósito del tratamiento."

31. Si un paciente masculino utiliza un orinal mientras está en cama, ¿dónde debe colocarse el orinal?
   a. Colocado debajo de las cobijas junto a la persona
   b. Colocado sobre una mesita de noche al lado de la cama
   c. Colocado en la mesa sobre la cama, al alcance del paciente
   d. Fijado a la barandilla o a un soporte para orinal ubicado en la barandilla

32. ¿Qué debe usar el auxiliar de enfermería para cortar las uñas de los dedos de un paciente?
   a. Cortaúñas
   b. Tijeras
   c. Cortaúñas y una lima de uñas
   d. Tijeras y una lima de uñas

33. Al trasladar a un paciente de una silla de ruedas (SW) a un inodoro, ¿cuál de las siguientes afirmaciones es cierta respecto al posicionamiento?
   a. Colocar el lado débil del paciente lo más cercano posible al inodoro
   b. Colocar la silla de ruedas de modo que esté directamente frente al inodoro
   c. Colocar la silla de ruedas de modo que esté al lado o a un ángulo de 90° respecto al inodoro
   d. Colocar al paciente en el inodoro antes de aflojar la ropa

34. Al limpiar la boca de un paciente inconsciente, ¿qué debe usar el auxiliar de enfermería?
   a. Un WaterPik
   b. Un hisopo de esponja
   c. Un paño suave
   d. Un cepillo de dientes suave

35. Si un auxiliar de enfermería voltea a un paciente y descubre que el área sobre la prominencia ósea de la cadera derecha está roja e irritada, ¿cuál de las siguientes acciones debe realizar?
   a. Informar esta observación a la enfermera
   b. Masajear el área
   c. Aplicar loción en el área
   d. Aplicar una compresa tibia en el área

36. Si el cabello de un paciente está muy enmarañado y con nudos, ¿qué debe hacer el auxiliar de enfermería?
   a. Aplicar acondicionador al cabello antes de cepillarlo
   b. Cortar el cabello enmarañado y con nudos
   c. Cepillar el cabello desde el cuero cabelludo hacia las puntas
   d. Cepillar el cabello desde las puntas hacia el cuero cabelludo

37. Si un estudiante de auxiliar de enfermería va a observar a un auxiliar de enfermería dando un baño en cama a un paciente, ¿cuál de las siguientes acciones debe realizar el auxiliar?
   a. Pedir permiso al paciente con antelación
   b. Informar al paciente con antelación
   c. Explicar que la observación es un procedimiento estándar
   d. Fingir que el estudiante es otro auxiliar de enfermería de la unidad

38. Después de bañar a un paciente, ¿cuál de los siguientes se utiliza para ayudar a prevenir que dos superficies de la piel se rocen entre sí, causando fricción?
   a. Aceite de baño
   b. Loción
   c. Polvo
   d. Crema

39. Si se asiste a un paciente para que se cepille los dientes, ¿a qué posición se debe elevar la cabecera de la cama del paciente?
   a. 75-90°
   b. 45-60°
   c. 30-45°
   d. 20-30°

40. En formato de 24 horas, ¿cómo se registra las 3:00 pm?
   a. 0.125
   b. 1.25
   c. 0.0763888888888889
   d. 0.625

41. Si un paciente se niega a recibir cuidado personal temprano en la mañana, diciendo "No soy una persona mañanera", ¿qué debe hacer el auxiliar de enfermería?
   a. Omitir el cuidado personal
   b. Preguntar al paciente cuándo le resultaría conveniente recibir el cuidado personal
   c. Insistir en proporcionar el cuidado personal
   d. Informar a la enfermera sobre el paciente

42. ¿Qué término se utiliza para describir la dificultad para tragar?

   a. Disfagia
   b. Distonía
   c. Dispepsia
   d. Disnea

43. ¿Cuál es la temperatura correcta del agua en un recipiente utilizado para un baño en cama completo o parcial para un paciente?

   a. 98-101 °F
   b. 102-106 °F
   c. 107-110 °F
   d. 110-115 °F

44. Si un paciente sigue una dieta para disfagia debido al riesgo de atragantamiento, ¿cuánto tiempo, al menos, debe permanecer sentado después de comer?

   a. 20 minutos
   b. 40 minutos
   c. 60 minutos
   d. 90 minutos

45. Si una enfermera le pide al auxiliar de enfermería que entregue un medicamento a un paciente, ¿qué debe hacer el auxiliar de enfermería?

   a. Entregar el medicamento
   b. Explicar que el auxiliar de enfermería no está autorizado para administrar medicamentos
   c. Preguntar para qué es el medicamento antes de administrarlo
   d. Dar una excusa de por qué el auxiliar de enfermería no tiene tiempo

46. ¿Qué posición se recomienda para prevenir lesiones por presión?

   a. 30° lateral
   b. Prono
   c. Lateral completa
   d. Sims

47. Si el plan de atención del paciente indica "Gire al paciente cada 2 h", ¿qué significa esto?

   a. Gire al paciente dos veces por turno
   b. Gire al paciente cada 2 horas
   c. Gire al paciente con dos personas
   d. Gire al paciente con la cama en posición alta

48. Si un paciente tiene una sonda de alimentación, ¿cuál de las siguientes acciones puede realizar el auxiliar de enfermería?

   a. Reinsertar una sonda de alimentación que se haya desplazado
   b. Comprobar la posición de la sonda de alimentación
   c. Ayudar con las alimentaciones
   d. Aspirar para determinar el contenido residual del estómago

49. ¿Cuál de las siguientes afirmaciones es cierta al levantar una caja del suelo?
   a. Mantener la espalda recta y doblar las rodillas
   b. Inclinarse por la cintura
   c. Utilizar los músculos de la espalda en lugar de los de las piernas para levantar
   d. Mantener la caja alejada del cuerpo

50. Si el auxiliar de enfermería observa a otro miembro del personal revisando los objetos personales de un paciente y guardando un objeto cuando el paciente está fuera de la habitación, ¿qué debe hacer el auxiliar de enfermería?
   a. Asumir que es a petición del paciente
   b. Confrontar al miembro del personal
   c. Ignorar la situación
   d. Reportar la observación a un supervisor

51. Si la piel del paciente se adhiere a las sábanas cuando éste se desliza por la cama, ¿a cuál de los siguientes se le conoce?
   a. Fricción
   b. Cizallamiento
   c. Desgarro
   d. Desorganización

52. ¿Cómo se debe aplicar un cinturón de transferencia?
   a. Sobre la piel desnuda
   b. Muy suelto
   c. Cuando el paciente está en posición sentada
   d. Con la hebilla centrada en la parte delantera

53. Si un paciente que pesa 210 libras debe ser reubicado hacia la cabecera de la cama, pero solo puede ayudar parcialmente en el reposicionamiento, ¿cuántos miembros del personal se requieren?
   a. 45659
   b. 45691
   c. 45720
   d. 45753

54. Si la puerta del paciente está cerrada cuando el auxiliar de enfermería llega para brindar la atención matutina, ¿qué debe hacer el auxiliar?
   a. Entrar en silencio para no molestar al paciente
   b. Tocar la puerta antes de entrar a la habitación
   c. Suponer que el paciente no quiere ser molestado
   d. Regresar en otro momento

55. ¿Cuál es la forma más efectiva de prevenir la propagación de infecciones asociadas a la atención médica, tales como Clostridioides difficile o Staphylococcus aureus resistente a la meticilina?
   a. Usar mascarillas
   b. Usar batas al ingresar en las habitaciones de los pacientes
   c. Limitar el tiempo con los pacientes
   d. Utilizar una adecuada higiene de manos

56. Si un paciente se niega a levantarse de una silla y el auxiliar de enfermería lo agarra por la cintura y lo retira forzosamente de la silla, ¿qué se podría considerar?
   a. Abuso
   b. Una violación de límites
   c. Agresión
   d. Negligencia

57. Al lavarse las manos con agua y jabón, ¿durante cuánto tiempo debe frotarse las manos para hacer espuma, al menos, el auxiliar de enfermería?
   a. 30 segundos
   b. 20 segundos
   c. 10 segundos
   d. 5 segundos

58. ¿Cuál de los siguientes es parte de una verificación de seguridad?
   a. Asegurar que los dispositivos adaptativos se guarden en un armario o gabinete.
   b. Asegurar que la cama esté bloqueada en la posición alta.
   c. Asegurar que los audífonos se envíen a casa para que no se pierdan.
   d. Asegurar que el agua y el timbre de llamada del paciente estén al alcance.

59. Si un paciente tiene contenciones violentas aplicadas, ¿con qué frecuencia mínima debe ser revisado?
   a. Cada 5 minutos
   b. Cada 15 minutos
   c. Cada 30 minutos
   d. Cada 60 minutos

60. El auxiliar de enfermería está tomando los signos vitales de rutina de un paciente de 70 años. ¿Cuál de los siguientes resultados debe ser informado de inmediato a la enfermera?
   a. PA 176/100
   b. Pulso 88
   c. Respiraciones 14
   d. Temperatura 38 °C

61. Si se está monitorizando la ingesta y eliminación de un paciente y éste bebe 6 onzas de jugo de manzana, ¿a cuánto equivale esta cantidad?
   a. 90 mL
   b. 120 mL
   c. 180 mL
   d. 240 mL

62. ¿Qué posición presenta al paciente en su lado izquierdo, con la pierna derecha flexionada de modo que su brazo y pierna izquierdos queden detrás de él?
   a. Lateral
   b. Prono
   c. Supino
   d. Sims

Prueba de práctica #2

63. Si en la puerta de un paciente aparece un letrero que dice "NPO", ¿qué significa esto?
   a. Que no se debe molestar al paciente.
   b. Que el paciente no es ambulatorio.
   c. Que el paciente no puede oír.
   d. Que al paciente no se le debe dar nada por vía oral.

64. ¿Cuál es el rango normal para la temperatura oral?
   a. 35.9-37 °C (96.6-98.6 °F)
   b. 36.5-37.5 °C (97.6-99.6 °F)
   c. 37.0-38.1 °C (98.6-100.6 °F)
   d. 38-39 °C (100.4-102.2 °F)

65. Si un paciente debe mantener la abducción después de un reemplazo de cadera izquierda, ¿cómo debe posicionarse?
   a. Con las piernas separadas
   b. Con las piernas juntas
   c. Con la pierna izquierda elevada
   d. Con la rodilla flexionada en la pierna izquierda

66. ¿Cuál de las siguientes afirmaciones es verdadera para el auxiliar de enfermería al realizar ejercicios de rango de movimiento (ROM)?
   a. Mover la articulación hasta el punto de dolor
   b. Forzar la articulación ligeramente más allá de su rango normal
   c. Mover la articulación lentamente y con suavidad
   d. Mover la articulación rápidamente y de forma forzada

67. Una persona que se está muriendo de cáncer se muestra retraída y se niega a comer, afirmando: "¿Para qué sirve todo esto?"
   a. "Sé cómo se siente."
   b. "Si desea hablar, le escucharé."
   c. "Trate de concentrarse en las cosas buenas de su vida."
   d. "Si come, aún puede tener semanas de vida."

68. Un paciente musulmán ha sido admitido en un centro de cuidados a largo plazo y no se comunica verbalmente después de un accidente cerebrovascular. ¿Qué alimento se anticipa que el paciente probablemente desee evitar comer?
   a. Carne de res
   b. Pescado
   c. Aves de corral
   d. Cerdo

69. Un paciente adulto mayor se está recuperando de una cirugía mayor y el auxiliar de enfermería observa que el paciente se ha vuelto ligeramente confundido y cada vez más agitado. ¿Cómo debe responder el auxiliar de enfermería?
   a. Informe esto a la enfermera de inmediato
   b. Dígale al paciente que se calme
   c. Pregúntele al paciente qué le sucede
   d. Presuma que esta es una condición postoperatoria normal

70. ¿Qué tipo de precauciones debe utilizar el auxiliar de enfermería al cuidar a un paciente con VIH positivo?

  a. Contacto
  b. Estándar
  c. Por gotas
  d. Por vía aérea

Respuestas y explicaciones #2

1. A: Si una enfermera delega una tarea rutinaria de enfermería a un auxiliar de enfermería, la persona legalmente responsable de la seguridad del paciente es la enfermera que delega. La enfermera debe determinar si la tarea se encuentra dentro del ámbito de funciones del auxiliar de enfermería en su estado y si dicha tarea puede ser delegada de manera segura. Además, debe considerar las necesidades del paciente, la complejidad de la tarea y las habilidades del auxiliar de enfermería.

2. C: Una sábana deslizante debe extenderse, al menos, desde debajo de la cabeza hasta por encima de las rodillas. La función de la sábana deslizante es mover al paciente evitando el riesgo de fricción y cizallamiento. Si se utiliza la sábana de arrastre (la que se extiende por debajo de la cabeza) para mover al paciente, entonces una persona debe sostener la cabeza y el cuello. Además, el paciente puede flexionar las rodillas para ayudar en el reposicionamiento, siempre que le sea posible.

3. B: Si a un paciente se le acaba de aplicar un yeso de pierna larga y éste todavía está húmedo, el auxiliar de enfermería debe asegurarse de que el yeso esté expuesto al aire para que se seque completamente. No se debe colocar ninguna manta sobre el yeso hasta que esté completamente seco. Se puede utilizar un ventilador para acelerar el proceso de secado. Además, se deben colocar almohadas a lo largo del yeso, y el auxiliar de enfermería debe utilizar solo la parte plana de las palmas para mover el yeso, en lugar de usar las puntas de los dedos, ya que estas podrían dejar marcas.

4. A: Un ejemplo de un alimento rico en proteínas es el huevo. Otros alimentos ricos en proteínas incluyen productos cárnicos, productos de soya (como el tofu) y frutos secos. Las habas contienen muchas proteínas, pero también son altas en carbohidratos. Todas las verduras y frutas tienen un contenido elevado de carbohidratos, aunque también aportan vitaminas, minerales y fibra esenciales para la nutrición. El pan y los postres son especialmente ricos en carbohidratos, y muchos de ellos tienen poco valor nutricional.

5. C: Si, al ayudar a un paciente a desvestirse, el auxiliar de enfermería observa moretones y comportamientos que sugieren que el paciente podría ser víctima de abuso, el auxiliar de enfermería debe reportar las inquietudes a la enfermera. La enfermera, a su vez, puede realizar un examen y una entrevista para evaluar la situación y brindar asistencia al paciente si se considera necesario, aunque es común que muchas víctimas de abuso nieguen que están siendo maltratadas.

6. D: Si se planifica utilizar un elevador mecánico para trasladar a un paciente que pesa más de 500 libras (obesidad mórbida), lo primero que debe hacer el auxiliar de enfermería es verificar el límite de peso del equipo. La mayoría de los elevadores estándar soportan hasta 450 libras, pero para pacientes extremadamente pesados puede ser necesario usar equipo bariátrico, que puede soportar entre 500 y 1,000 libras. Si el elevador mecánico no puede soportar el peso, el paciente podría caer y sufrir lesiones. Además, el auxiliar de enfermería nunca debe operar un elevador solo; por lo tanto, una vez que se disponga del elevador adecuado, es importante solicitar ayuda de otro miembro del personal.

7. B: Un paciente en una dieta baja en sodio debe evitar alimentos que son altos en sal, como el salami (cloruro de sodio). Todas las carnes procesadas (mortadela, perritos calientes, carne en conserva, pastrami) son ricas en sodio. Los alimentos bajos en sodio incluyen prácticamente todas las frutas y verduras, y la mayoría de las carnes magras tienen un contenido reducido de sodio. El paciente debe evitar alimentos con sal añadida, como muchas conservas y comidas preparadas congeladas, y también evitar las salsas que a veces acompañan a las verduras congeladas.

Respuestas y explicaciones #2

8. A: Para las precauciones de contacto, se usan guantes para todo contacto con el paciente y el entorno inmediato. Las precauciones de contacto se aplican en infecciones que se transmiten por contacto, como Clostridioides difficile. Se requiere una bata para el contacto directo con el paciente o con superficies ambientales potencialmente contaminadas, tales como la cama o la mesita de noche. El EPP no debe reutilizarse ni emplearse en más de un paciente, incluso si se encuentran en la misma habitación.

9. D: Aunque la arteria radial en la muñeca es el sitio más utilizado para medir la frecuencia del pulso, en niños menores de 2 años se utiliza el sitio apical, auscultando la frecuencia con un estetoscopio. El pulso se ausculta en el cuarto espacio intercostal, en la línea medioclavicular izquierda (el punto medio del lado izquierdo del pecho). En adultos, el pulso apical se ausculta en el quinto espacio intercostal.

10. B: Después de ayudar a un paciente a subir al inodoro, es importante permitirle privacidad. Si es seguro hacerlo, el auxiliar de enfermería debe esperar fuera del baño y cerrar la puerta, asegurándose de que el paciente tenga acceso a un botón de llamada y permaneciendo cerca para estar disponible cuando termine de usar el baño. Si el paciente utiliza un orinal, este debe situarse detrás de cortinas o un biombo para evitar que sea visto si alguien abre la puerta de la habitación.

11. C: Al recolectar una muestra de heces de un paciente, se debe obtener la muestra del centro de las heces y de cualquier área que presente sangre, moco u otra anormalidad. El auxiliar de enfermería debe colocar el recipiente para la muestra sobre la parte posterior del inodoro/retrete, de modo que la parte delantera del mismo quede libre. Se debe advertir al paciente que evite orinar en el recipiente de la muestra. Si el paciente lo prefiere, puede orinar antes de la colocación del recipiente. Para recolectar la muestra se utiliza una espátula o cuchara unida a la tapa del recipiente para muestras de heces.

12. D: Si un paciente debe usar un bastón por debilidad en la pierna izquierda, se debe sostener el bastón en la mano derecha. Cuando el paciente se encuentra en posición neutra, el codo debe estar flexionado aproximadamente a un ángulo de 15°, de manera que el brazo se extienda al avanzar el bastón. Por lo general, el bastón se coloca aproximadamente a 6-10 pulgadas al lado del pie, ya que la marcha del paciente no será estable si el bastón se sostiene demasiado alejadamente.

13. B: Si el auxiliar de enfermería nota que un compañero de trabajo ha derramado agua en el pasillo al entregarla a un paciente, debe limpiar el agua derramada lo antes posible, ya que representa un riesgo inmediato para la seguridad de quienes transitan por el pasillo. Como miembro del equipo, el auxiliar de enfermería debe estar dispuesto a ayudar a otros compañeros sin preocuparse por a quién corresponde la responsabilidad.

14. A: Si un paciente pide repetidamente al auxiliar de enfermería que repita lo que dijo y sube el volumen de la televisión, el auxiliar de enfermería debe sospechar que el paciente tiene dificultades para oír. El auxiliar de enfermería debe alertar a la enfermera. Si el paciente tiene audífonos, el auxiliar de enfermería debe asegurarse de que tengan baterías en buen estado y estén bien colocados en los oídos del paciente.

15. C: Al cambiar la ropa de cama, es fundamental evitar que la ropa entre en contacto con el uniforme, ya que la ropa de cama se considera sucia y debe mantenerse alejada del uniforme para prevenir la contaminación. Sacudir las sábanas puede dispersar microbios, y la ropa de cama sucia nunca debe colocarse en el suelo, sino en el contenedor de ropa sucia. Además, cualquier ropa de cama extra que no se utilice se considera sucia y no debe emplearse para otro paciente.

16. A: Si un paciente tiene dificultades para dormir por la noche, debería evitar tomar café en la noche, ya que contiene una alta cantidad de cafeína, que es un estimulante. Otros alimentos o bebidas con altos

Respuestas y explicaciones #2

niveles de cafeína incluyen cola y muchas otras bebidas carbonatadas, chocolate, bebidas energéticas y té (negro y verde). El té de hierbas generalmente es descafeinado y no se elabora realmente con hojas de té.

17. B: Si el auxiliar de enfermería necesita ayuda de otro miembro del equipo para atender a un paciente, la solicitud adecuada es "¿Podrías ayudarme a voltear a la Sra. Brown en la Habitación 26A durante aproximadamente 5 minutos a las 8:30?" Al hacer una solicitud, el auxiliar de enfermería debe recordar decir "por favor" y ser específico sobre el tipo de ayuda, el momento en que se necesita y la duración esperada. Los pacientes nunca deben ser referidos únicamente por el número de su habitación, sino por su nombre.

18. B: Si un paciente se queja de dolor en la pierna izquierda, el auxiliar de enfermería debe pedirle que señale las áreas dolorosas para poder describir el dolor de forma más precisa a la enfermera. El auxiliar de enfermería puede hacer preguntas generales como "¿Cuándo empezó el dolor?" y "¿Qué tan intenso es el dolor en una escala del 1 al 10?", pero no debe palpar la pierna ni solicitar que el paciente la mueva, ya que esa evaluación corresponde a la enfermera.

19. C: Si un paciente postrado está agitado, enojado y se comporta de manera amenazante, el auxiliar de enfermería debe mantenerse alejado del paciente y cerca de la puerta, especialmente si el paciente tiene acceso a objetos que podrían ser lanzados. El auxiliar debe hablar de forma calmada y en voz baja, intentando tranquilizar al paciente. Además, debe salir de la habitación lo antes posible y reportar el comportamiento a la enfermera. Si el paciente es ambulatorio, el auxiliar debe retirarse de inmediato para evitar posibles daños.

20. A: Cuando el auxiliar de enfermería está aplicando medias elásticas de compresión, el paciente debe estar acostado en la cama. Las medias de compresión se utilizan cuando el paciente se encuentra fuera de la cama, ya sea sentado o caminando, para reducir la hinchazón en las piernas. Estas medias deben retirarse cuando el paciente regresa a la cama, ya que no se usan durante la noche. Además, no se pueden ajustar adecuadamente si ya está presente la hinchazón, lo cual puede suceder si el paciente está sentado al borde de la cama con las piernas colgando.

21. D: Un residente en un centro de atención a largo plazo tiene derecho a presentar quejas sobre la calidad de la atención. La Ley de Estadounidenses Mayores estableció un programa ombudsman para identificar, investigar y encontrar una solución a las quejas presentadas por los pacientes o en nombre de aquellos que no pueden hacerlo por sí mismos. A cualquier paciente que solicite presentar una queja se le debe ayudar a contactar a alguien del programa ombudsman. La mayoría de las instalaciones restringe los objetos personales que un paciente puede traer; por ejemplo, pueden prohibir armas.

22. A: Las heces normales pueden variar en color y consistencia, pero las heces negras y alquitranadas son anormales y deben ser reportadas a la enfermera, ya que pueden indicar que el paciente tiene sangrado en el tracto gastrointestinal superior. La sangre adquiere un color negro cuando ha sido digerida. Las preparaciones de hierro y los medicamentos que contienen bismuto también pueden causar que las heces se vean negras. Además, algunos alimentos, como el regaliz negro y las remolachas, pueden oscurecer el color de las heces.

23. A: Un registro adecuado del estado de ánimo del paciente es "Paciente lloró durante toda la mañana y rechazó visitas." Esta es una declaración objetiva de lo que se observó, en lugar de una interpretación subjetiva sobre lo que el auxiliar de enfermería cree que indica el comportamiento (como "retraído", "decaído", "triste" o "deprimido"). El auxiliar de enfermería siempre debe intentar ser lo más fáctico posible al documentar.

Respuestas y explicaciones #2

24. D: Si un paciente está recibiendo entrenamiento de la vejiga para reducir la frecuencia urinaria, debe orinar según un horario establecido. La enfermera registrada asignará ese horario, usualmente cada 2-3 horas, dependiendo de la frecuencia con la que el paciente haya estado orinando. El paciente debe intentar esperar hasta la hora programada para orinar, siempre y cuando pueda hacerlo sin sentir incomodidad o experimentar incontinencia. Con el tiempo, el intervalo entre micciones se irá extendiendo.

25. C: Si un paciente ha esparcido sus pertenencias personales por la habitación y el baño, resultando en un espacio desordenado, el auxiliar de enfermería debe pedir permiso al paciente para organizar sus pertenencias personales. El auxiliar de enfermería no debe manipular ninguna pertenencia personal sin permiso y solo debe insistir en mover los objetos si representan un peligro para la seguridad, como cuando se encuentran en el suelo.

26. A: Al ayudar a un paciente con enfermedad de Alzheimer de leve a moderada a vestirse, el auxiliar de enfermería debe fomentar que el paciente sea lo más independiente posible y apilar la ropa en el orden en que normalmente se usa. Por ejemplo, la ropa interior (bragas, sostén, pantalones cortos, camiseta interior) debe estar en la parte superior de la pila. Esto permite que el paciente proceda de arriba hacia abajo sin confundirse con el orden.

27. B: Si el auxiliar de enfermería está atendiendo a un paciente de atención domiciliaria cuando suena el teléfono y el paciente le pide que conteste, un saludo telefónico apropiado es "Hola." Debido a que el auxiliar no puede saber quién llama, revelar el nombre del paciente no es adecuado. Además, identificarse como auxiliar de atención domiciliaria implicaría divulgar que el paciente necesita cuidados médicos, lo cual viola la confidencialidad.

28. D: Al preparar una cama quirúrgica o postoperatoria, la ropa de cama superior se dobla hacia un lado de la cama, ya que el paciente será trasladado a la cama desde la camilla. Si un paciente regresa a la cama después de la cirugía, se debe efectuar un cambio completo de la ropa de cama en preparación para su retorno. Si el paciente se dirige a un tratamiento en camilla y luego regresa a la cama, ésta debe prepararse con la ropa de cama superior doblada hacia un lado; sin embargo, no es necesario realizar un cambio completo.

29. B: Si un paciente necesita usar el orinal pero está demasiado débil para ayudar al auxiliar de enfermería, lo primero que debe hacer este, después de bajar al paciente y colocar una almohadilla impermeable debajo, es girar al paciente hacia el lado que se aleje del auxiliar de enfermería. El auxiliar sostiene el orinal contra los glúteos, centrándolo y asegurándose de que esté posicionado lo suficientemente hacia atrás, para luego facilitar que el paciente ruede sobre el orinal. Además, se debe elevar la cabecera de la cama a la posición de Fowler o a otra posición que brinde comodidad al paciente.

30. A: Si un paciente le pide al auxiliar de enfermería que le explique el propósito de un nuevo tratamiento médico, la respuesta más apropiada es: "Le pediré a su enfermera que entre y se lo explique." Explicar tratamientos médicos corresponde al ámbito de práctica de la enfermera, no a las funciones del auxiliar de enfermería, por lo que, incluso cuando el auxiliar conozca el propósito del tratamiento, la explicación debe ser proporcionada por la enfermera, quien está mejor preparada para responder a las preguntas relacionadas con el tratamiento.

31. D: Si un paciente masculino utiliza un orinal mientras está en cama, el orinal debe fijarse a la barandilla o a un soporte para orinal ubicado en la barandilla. Si el paciente no desea que se vea el orinal, se puede cubrir con una toalla pequeña. No se debe colocar el orinal debajo de las cobijas, ya que el

Respuestas y explicaciones #2

paciente podría rodar sobre él, ni colocarse en una superficie que pueda contener alimentos o bebidas, como una mesita de noche o una mesa sobre la cama.

32. C: Para cortar las uñas de los dedos de un paciente, el auxiliar de enfermería debe utilizar cortaúñas (para realizar un corte recto) y una lima de uñas (para suavizar y redondear los bordes). El auxiliar de enfermería no debe cortar las uñas con tijeras. Además, primero se debe obtener la aprobación para cortar las uñas del paciente, ya que algunos pacientes requieren que un especialista realice este procedimiento (particularmente los pacientes con diabetes). Antes de cortar las uñas, el paciente debe lavarse las manos y remojar las uñas para ablandarlas. Asimismo, el auxiliar debe revisar que las uñas no presenten anomalías (engrosadas, decoloradas o agrietadas) ni padezcan de padrastros.

33. C: Al trasladar a un paciente de una silla de ruedas a un inodoro, se debe colocar la silla de ruedas de modo que esté al lado o a un ángulo de 90° respecto al inodoro, ya que estas posiciones facilitan la transferencia del paciente. La ropa debe aflojarse antes de la transferencia y bajarse después de que el paciente se encuentre en el inodoro. Además, el lado fuerte del paciente debe estar lo más cercano posible al inodoro para que pueda colaborar con mayor facilidad en el traslado.

34. B: Al limpiar la boca de un paciente inconsciente, el auxiliar de enfermería debe utilizar un hisopo de esponja. El paciente debe colocarse en posición lateral, con su lado orientado hacia el auxiliar de enfermería, y se debe colocar una toalla debajo de la cara y la parte superior del tórax. Los dientes deben separarse utilizando un depresor de lengua de plástico (ya que el de madera podría astillarse o romperse si el paciente muerde), y el hisopo, humedecido con un agente limpiador, se introduce suavemente en la boca para limpiar todas las superficies dentales, la lengua, el paladar y el interior de las mejillas.

35. A: Si un auxiliar de enfermería voltea a un paciente y descubre que el área sobre la prominencia ósea de la cadera derecha está roja e irritada, debe informar esta observación a la enfermera, quien podrá evaluar la piel del paciente y asesorar sobre los pasos a seguir. Se debe posicionar al paciente de manera que no se ejerza presión sobre esa área, ya que podría estar desarrollando una lesión por presión.

36. D: Si el cabello de un paciente está muy enmarañado y con nudos, el auxiliar de enfermería debe cepillarlo desde las puntas hacia el cuero cabelludo, aflojando los enredos y nudos con la menor fuerza posible. Aunque resulte tentador, el auxiliar de enfermería nunca debe cortar el cabello del paciente, incluso si éste lo solicita. Solo un esteticista autorizado puede cortar el cabello del paciente y únicamente con el permiso del paciente o de su representante.

37. A: Si un estudiante de auxiliar de enfermería va a observar a un auxiliar de enfermería dando un baño en cama a un paciente, el auxiliar debe pedir permiso al paciente con antelación y respetar los deseos del paciente, incluyendo cualquier limitación que éste solicite. Aunque los hospitales de enseñanza generalmente incluyen en el aviso de privacidad que los pacientes pueden ser observados por estudiantes, se debe respetar en la medida de lo posible los deseos del paciente.

38. C: Después de bañar a un paciente, se puede utilizar polvo para ayudar a prevenir que dos superficies de la piel se rocen entre sí, generando fricción. Las áreas que suelen espolvorearse incluyen debajo de los senos, bajo los pliegues abdominales, entre las nalgas y debajo de las axilas. Se debe tener cuidado de evitar la zona vaginal o una capa espesa de polvo, ya que puede compactarse y causar irritación, especialmente si el paciente transpira mucho.

39. A: Si se asiste a un paciente para que se cepille los dientes, se debe elevar la cabecera de la cama a 75-90° porque esto reduce la posibilidad de que el paciente pueda atragantarse con el líquido que baja por la garganta. El auxiliar de enfermería debe colocar una toalla sobre el pecho del paciente, humedecer

Respuestas y explicaciones #2

el cepillo de dientes, aplicar pasta dental y luego cepillar suavemente todas las superficies de los dientes, la parte superior de la lengua y el paladar (evitando la parte posterior de la boca, ya que podría provocar el reflejo nauseoso). Posteriormente, el paciente enjuaga la boca y escupe en la palangana en forma de riñón.

40. D: En el formato de 24 horas, las 3:00 pm se registran como 15:00. El tiempo en formato de 24 horas se expresa con cuatro dígitos, por lo que las horas entre 1 y 9 se preceden de un cero. El día comienza a medianoche (00:00 o 24:00) y se incrementa en 1:00 cada hora, por lo que las 7:00 am se representan como 07:00. Para las horas de la tarde, la forma más sencilla de convertir la hora estándar al formato de 24 horas es partir desde las 12:00 (mediodía) y sumar 1:00 por cada hora, de modo que las 3:00 pm equivalen a 12:00 más 3:00, lo que resulta en 15:00.

41. B: Si un paciente se niega a recibir cuidado personal temprano en la mañana, diciendo "No soy una persona mañanera", el auxiliar de enfermería debe preguntar al paciente cuándo le resultaría conveniente y tratar de adaptar la atención a sus necesidades lo máximo posible. Si el auxiliar de enfermería tiene un horario apretado, puede sugerir opciones, como "¿Qué le parece a las 9:30 o a las 10:00?". Aunque los pacientes tienen el derecho de rechazar la atención, el auxiliar debe esforzarse en llegar a un compromiso y garantizar que se proporcione el cuidado necesario.

42. A: La disfagia es el término utilizado para describir la dificultad para tragar. La distonía se refiere a contracciones musculares involuntarias que causan torsión de partes del cuerpo o movimientos repetitivos. La dispepsia es la indigestión, la cual puede ser provocada por alimentos o medicamentos. La disnea se relaciona con la dificultad para respirar. El prefijo dys- (dis-) en una palabra generalmente tiene los significados de malo, difícil o doloroso.

43. D: La temperatura correcta del agua en un recipiente utilizado para un baño en cama completo o parcial para un paciente es de 110-115 °F. Tenga en cuenta que esta es una temperatura más alta que la empleada para un baño en tina o ducha (usualmente aproximadamente 105 °F) debido a que el agua en un recipiente tiende a perder calor rápidamente durante el proceso de baño. Al comenzar el baño, verifique que la toallita húmeda no esté demasiado caliente para el paciente.

44. C: Si un paciente sigue una dieta para disfagia debido al riesgo de atragantamiento, debe permanecer sentado después de comer por lo menos 60 minutos. Esto reduce el riesgo de reflujo esofágico, que puede ocasionar aspiración. La disfagia es la dificultad para tragar y puede presentarse en diversos trastornos, incluyendo accidente cerebrovascular, enfermedad de Parkinson, esclerosis múltiple, distrofia muscular y cáncer en la garganta.

45. B: Si una enfermera le pide al auxiliar de enfermería que entregue un medicamento a un paciente, el auxiliar de enfermería debe explicar que no está autorizado para administrar medicamentos, ya que esta función está claramente fuera del rango de funciones permitidas a los auxiliares de enfermería. El auxiliar de enfermería debe mantenerse educado pero firme al negarse a entregar el medicamento, ya que hacerlo podría aumentar el riesgo para el paciente y podría resultar en medidas disciplinarias o en la pérdida de su empleo.

46. A: La posición que se recomienda para prevenir lesiones por presión es la posición 30° lateral. En esta posición, la presión se distribuye en la parte carnosa de los glúteos en lugar de concentrarse en las prominencias óseas. Además, las rodillas del paciente deben estar flexionadas, y se coloca una almohada bajo la cabeza, entre las piernas y a lo largo de la espalda (también se puede usar una cuña para la espalda). Otra almohada puede colocarse bajo el brazo superior, si es necesario, para mayor comodidad.

Respuestas y explicaciones #2

47. B: Si el plan de atención del paciente indica "Gire al paciente cada 2 h", esto significa que se debe girar al paciente cada 2 horas. Algunas abreviaturas comunes son las siguientes:

ac = antes de las comidas	Dx = diagnóstico
pc = después de las comidas	Hx = historial
BID = dos veces al día	w or c̄ = con
TID = tres veces al día	w/o or s̄ = sin
QID = cuatro veces al día	BP = presión arterial
HS = hora de sueño	NPO = nada por la boca (nil per os)
q = cada (por ejemplo, q 4 h)	VS = signos vitales (BP, TPR)
c/o = se queja de	hr = hora(s)
stat = inmediatamente	prn = según sea necesario

48. C: Si un paciente tiene una sonda de alimentación, el auxiliar de enfermería puede ayudar con las alimentaciones bajo la dirección de la enfermera. Sin embargo, el auxiliar de enfermería no está autorizado para realizar procedimientos especializados de enfermería, tales como insertar una sonda de alimentación, comprobar la posición de la sonda o aspirar para determinar el contenido residual del estómago del paciente. Si la alimentación se administra accidentalmente en los pulmones, el paciente podría desarrollar una neumonía por aspiración severa.

49. A: Si se levanta una caja del suelo, el auxiliar de enfermería debe mantener la espalda recta, los pies separados al menos 12 pulgadas (o al ancho de los hombros), doblar las rodillas (poniéndose en cuclillas) y utilizar los músculos de las piernas para levantar la caja en lugar de los de la espalda. Además, debe mantener la caja cerca del cuerpo. Se debe evitar levantar objetos pesados (incluyendo artículos, equipos y pacientes) siempre que sea posible, ya que es una de las principales causas de lesiones en la espalda de los trabajadores de la salud.

50. D: Si el auxiliar de enfermería observa a otro miembro del personal revisando los objetos personales de un paciente y guardando un objeto cuando el paciente está fuera de la habitación, debe reportar la observación a un supervisor. La investigación y las acciones disciplinarias son responsabilidad del supervisor si surge algún problema. El auxiliar de enfermería no debe confrontar a otro miembro del personal, a menos que lo que esté haciendo ponga en riesgo al paciente, tal como en el caso de abuso.

51. B: Si la piel del paciente se adhiere a las sábanas cuando éste se desliza por la cama, a este fenómeno se le conoce como cizallamiento. El cizallamiento causa lesiones en los tejidos profundos debido a que la presión sobre el tejido hace que la capa superficial permanezca adherida a la sábana, mientras que el tejido subyacente se separa y se desgarra. El cizallamiento es una de las principales causas de deterioro de tejidos y lesiones por presión. A menudo, el cizallamiento se combina con la fricción, lo que aumenta el daño en los tejidos.

52. C: Un cinturón de transferencia debe aplicarse cuando el paciente está en posición sentada; siempre se debe colocar sobre la ropa y no directamente sobre la piel desnuda, ya que podría causar irritación. El cinturón debe quedar ajustado pero sin resultar incómodo, y la hebilla debe estar descentrada, ya sea en la parte delantera o trasera. En el caso de pacientes femeninas, el auxiliar de enfermería debe asegurarse de que los senos no queden directamente debajo del cinturón, especialmente si la paciente presenta senos caídos.

53. C: Si un paciente pesa más de 200 libras y debe ser reubicado hacia la cabecera de la cama, pero solo puede ayudar parcialmente en el reposicionamiento, se requieren entre tres y cuatro miembros del personal. Si el paciente pesa menos de 200 libras y puede ayudar solo parcialmente en el

141

Respuestas y explicaciones #2

reposicionamiento, se necesitan entre dos y tres personas. Si el paciente no puede ayudar en absoluto, podría ser necesario utilizar un elevador mecánico, a menos que el paciente sea muy liviano.

54. B: Si la puerta del paciente está cerrada cuando el auxiliar de enfermería llega para brindar la atención matutina, el auxiliar debe tocar la puerta antes de entrar a la habitación. Las mañanas suelen ser momentos ruidosos, por lo que es probable que el paciente esté despierto o tenga que despertarse para el desayuno, y es posible que el paciente haya cerrado la puerta para reducir el ruido. En algunos casos, el personal también puede haber cerrado la puerta durante la noche para evitar perturbar al paciente, por lo que una puerta cerrada no siempre significa que el paciente no quiera ser molestado.

55. D: La forma más efectiva de prevenir la propagación de infecciones asociadas a la atención médica, tales como Clostridioides difficile o Staphylococcus aureus resistente a la meticilina, es utilizar una adecuada higiene de manos, que incluye el lavado de manos y el uso de un desinfectante a base de alcohol, antes y después del contacto con cada paciente. La mayoría de estas infecciones se propagan por contacto, por lo que las precauciones estándar y de contacto son esenciales para controlar su propagación.

56. C: Si un paciente se niega a levantarse de una silla y el auxiliar de enfermería lo agarra por la cintura y lo retira forzosamente, esto podría considerarse agresión. Amenazar o intentar tocar a una persona sin su permiso se considera asalto, por lo que asalto y agresión a menudo se producen conjuntamente. Es importante obtener el permiso del paciente, aunque esto pueda resultar difícil si el paciente está confundido. Si el paciente no coopera, el auxiliar debe solicitar la ayuda de la enfermera.

57. B: Al lavarse las manos con agua y jabón, el auxiliar de enfermería debe frotarlas para hacer espuma durante al menos 20 segundos. El lavado debe incluir el área que se extiende 3-4 pulgadas por encima de las muñecas. Las manos deben mantenerse siempre por debajo de los codos durante el lavado y no deben tocar ninguna parte del lavabo. Las uñas se limpian frotándolas contra la palma de la mano opuesta.

58. D: Una verificación de seguridad incluye asegurar que el agua y el timbre de llamada del paciente estén al alcance. La cama debe estar en una posición baja y las barandillas laterales deben estar en posición elevada o baja, según el plan de cuidado del paciente. Los dispositivos adaptativos, como audífonos, gafas, andadores y bastones, deben estar al alcance o ser fácilmente accesibles para el paciente. El suelo de la habitación y el trayecto hacia el baño deben estar libres de obstáculos para reducir el riesgo de caídas.

59. B: Si un paciente tiene contenciones violentas aplicadas (indicadas cuando el paciente muestra comportamientos violentos hacia el personal o hacia sí mismo), se debe revisar al menos cada 15 minutos. Las contenciones no violentas se utilizan para pacientes confundidos o desorientados que ponen en riesgo su propia seguridad o la de otros (por ejemplo, pacientes ligeramente sedados e intubados que se están alcanzando el tubo endotraqueal o pacientes confundidos que se están quitando el acceso intravenoso o las sondas nasogástricas), y en esos casos se deben revisar cada 2 horas. Se requiere una orden médica para el uso de cualquier tipo de contención, y se deben intentar alternativas, como tratar el dolor o brindar confort al paciente, antes de aplicar cualquier contención. Siempre se deben usar las contenciones menos restrictivas y por el menor tiempo posible. Las contenciones no deben emplearse por conveniencia del personal o para disciplina, sino únicamente para proteger la seguridad del paciente o de otros.

60. A: Si el auxiliar de enfermería está tomando los signos vitales de rutina de un paciente de 70 años, el signo vital que debe ser informado de inmediato a la enfermera es la presión arterial de 176/100. Los

Respuestas y explicaciones #2

límites superiores normales son 140/90, por lo que cualquier valor superior es motivo de preocupación, especialmente si se trata de un hallazgo nuevo. Una elevación repentina de la presión arterial aumenta el riesgo de que el paciente sufra un accidente cerebrovascular. La enfermera debe evaluar al paciente para tratar de determinar la causa de la presión arterial elevada.

61. C: Si un paciente está siendo monitorizado para la ingesta y eliminación y bebe 6 onzas de jugo de manzana, esto equivale a 180 mL. En el ámbito sanitario se utiliza comúnmente el sistema métrico en lugar del sistema imperial (que incluye onzas, libras, pulgadas y pies), ya que el sistema métrico es más preciso y facilita la medición de cantidades pequeñas, pesos y volúmenes. Además, la escala Celsius, empleada para medir temperaturas, también forma parte del sistema métrico y utiliza 0 como punto de congelación.

62. D: Si un paciente se encuentra en el lado izquierdo con la pierna derecha flexionada de modo que el brazo y la pierna izquierdos queden detrás, esta posición se conoce como la posición de Sims (o Sims izquierdo). Generalmente se coloca al paciente en la posición de Sims para procedimientos (como enemas) en lugar de la posición lateral, en la que una pierna suele quedar sobre la otra. La posición prono se refiere a cuando el paciente tiene el abdomen hacia abajo, y la posición supina al paciente acostado de espaldas.

63. D: Si en la puerta de un paciente aparece un letrero que dice "NPO" (del latín nil per os), esto significa que no se le debe dar nada por vía oral. Es común que a los pacientes se les restrinja la ingesta de alimentos y líquidos entre 6 y 12 horas antes de una cirugía u otros procedimientos. El auxiliar de enfermería debe recordar al paciente, así como a cualquier invitado o familiar presente, que el paciente no puede comer ni beber, ya que hacerlo podría aumentar el riesgo de aspiración si el paciente es anestesiado y podría interferir con algunos resultados de pruebas.

64. B: El rango normal para la temperatura oral es de 36.5 a 37.5 °C. Tabla de temperatura (rango normal):

Sitio	Fahrenheit	Celsiu
Axilar	96.6-98.6 °F	35.9-37.0 °C
Oral	97.6-99.6 °F	36.5-37.5 °C
Rectal	98.6-100.6 °F	37.0-38.1 °C
Temporal	99.6 °F	37.5 °C
Membrana timpánica	98.6 °F	37.0 °C

65. A: Si un paciente debe mantener la abducción después de un reemplazo de cadera izquierda, esto significa que el paciente debe posicionarse con las piernas separadas. Generalmente, se coloca una almohada entre las piernas del paciente cuando este está en cama como recordatorio para mantener la posición correcta. Lo opuesto a la abducción (alejándose de la línea media del cuerpo) es la aducción (acercándose a la línea media del cuerpo).

66. C: Al realizar ejercicios de rango de movimiento (ROM), el auxiliar de enfermería debe mover la articulación lentamente y con suavidad. El propósito de estos ejercicios es mantener la función y prevenir contracturas (por ejemplo, después de un accidente cerebrovascular o una lesión), por lo que la articulación no debe forzarse más allá de su rango normal ni hasta el punto de causar dolor. Los ejercicios de ROM deben ejecutarse en las articulaciones según lo indicado por la enfermera, por lo que no todos los pacientes recibirán ejercicios de ROM en todas las articulaciones.

67. B: Si una persona que se está muriendo de cáncer se muestra retraída y se niega a comer, afirmando: "¿Para qué sirve todo esto?", la respuesta más apropiada es: "Si desea hablar, le escucharé." El auxiliar de

enfermería debe evitar hacer comentarios como "Sé cómo se siente", ya que probablemente no reflejen la realidad y, ante la inminencia de la muerte, el paciente podría tener dificultades para centrarse en los aspectos positivos o en contemplar su futuro. Alentar a los pacientes a expresar sus sentimientos puede ayudar a reducir la ansiedad.

68. D: Los pacientes musulmanes y judíos suelen evitar comer cerdo debido a restricciones religiosas, aunque lo que es cierto para la religión puede no aplicarse siempre al individuo. En ocasiones, los familiares pueden proporcionar información sobre las restricciones dietéticas si el paciente no puede comunicarse verbalmente. Incluso si un paciente no es consciente de su entorno, se deben respetar sus creencias religiosas.

69. A: Si un paciente adulto mayor se está recuperando de una cirugía mayor y el auxiliar de enfermería observa que el paciente se ha vuelto ligeramente confundido y agitado, el auxiliar de enfermería debe informar de inmediato a la enfermera. Especialmente en adultos mayores, estos pueden ser signos de delirio. Otros indicios pueden incluir movimientos lentos, somnolencia, incontinencia, discurso incoherente y cambios emocionales. Con el delirio, los síntomas pueden fluctuar.

70. B: Si un paciente es VIH positivo, el auxiliar de enfermería debe usar precauciones estándar. El VIH no se transmite por contacto casual, sino a través del contacto con fluidos corporales, como la sangre. Se deben emplear precauciones estándar con todos los pacientes e incluyen el uso del equipo de protección personal (EPP) adecuado cuando se está expuesto a los fluidos corporales del paciente. El EPP puede incluir guantes, bata y protección facial (gafas, mascarilla y protector facial). Las precauciones estándar implican una adecuada higiene de manos y una correcta higiene respiratoria.

Prueba de práctica #1 (inglés)

1. When performing a bed bath, what temperature should the water be?
   a. 70-80 degrees Fahrenheit
   b. 105-115 degrees Fahrenheit
   c. 130-140 degrees Fahrenheit
   d. 155-165 degrees Fahrenheit

2. Which of the following tasks is NOT completed during a routine bed bath for a diabetic?
   a. Changing the linens
   b. Inspection and cleansing of skin
   c. Perineal care
   d. Nail care

3. How would you classify a pressure injury that has a pink wound bed, but does not extend through the full thickness of the skin?
   a. Stage I
   b. Stage II
   c. Stage III
   d. Stage IV

4. A patient is scheduled for surgery later in the day. What type of food would you expect on his breakfast tray?
   a. No tray – the patient is NPO
   b. Jell-O and chicken broth
   c. Scrambled eggs
   d. French toast and fruit

5. How can a nurse aide help prevent the development of pressure injuries?
   a. Turning the patient every four hours
   b. Providing a full bed bath three times a day
   c. Doing partial baths every time a patient soils herself
   d. Reducing the amount of fluids the patient drinks to minimize incontinence

6. When is it acceptable for a nurse aide to wash her hands using an alcohol-based hand sanitizer instead of soap and water?
   a. Before eating
   b. After performing peri care on a patient
   c. After using the bathroom
   d. Between checking on patients

7. A nurse aide is providing care for a patient on contact precautions. What type of personal protective equipment should she be using?
   a. Respirator
   b. Mask
   c. Gown
   d. All of the above

8. Before entering a patient's room, personal protective equipment (PPE) should be put on in which order?

   a. Gown, mask, gloves
   b. Gown, gloves, mask
   c. Mask, gown, gloves
   d. Mask, gloves, gown

9. When changing linens in an isolation room, which of the following is an appropriate measure to prevent contamination of clean materials?

   a. Placing dirty linens in a plastic bag inside of the patient's room, and then putting the plastic bag into a bag outside of the room that is held open by a second nurse aide
   b. Shaking out soiled linens to remove solid material before washing
   c. Piling soiled linens outside of the dirty utility room to avoid mixing them with non-contaminated linens
   d. Moving the soiled linens to the dirty utility room before hand washing

10. Which of the following items requires cleaning with a disinfectant prior to use?

    a. Stethoscope
    b. Scalpel
    c. Thermometer
    d. Blood pressure cuff

11. What is the proper term for an infection that is transmitted during a medical procedure?

    a. Droplet
    b. Iatrogenic
    c. Direct oral contact
    d. Fecal-oral transmission

12. For a patient on fall precautions, what is the minimum number of side rails that should be raised while the patient is in bed?

    a. 1
    b. 2
    c. 3
    d. 4

13. Before transferring a patient from the bed to a wheelchair, what is the very first thing the nurse aide should do?

    a. Place her arms under the patient's axilla and assist her to a standing position.
    b. Assist the patient to a sitting position.
    c. Allow the patient to dangle her legs for a few minutes before standing.
    d. Ensure the wheels on both the wheelchair and the bed are locked.

14. What type of assistance would be required for an elderly woman who fell recently, but is still able to ambulate?

    a. Stand by assistance
    b. Minimum assistance
    c. Contact guard assistance
    d. Maximum assistance

Prueba de práctica #1 (inglés)

15. Which crutch walking technique is MOST appropriate for a patient with both poor upper body and lower body strength?

- a. Four-point technique
- b. Three-point technique
- c. Swing-to method
- d. Swing-through method

16. A nurse aide encounters a small fire in a patient's room. The room is empty. What is her first priority?

- a. Rescue patients in the neighboring rooms
- b. Activate the fire alarm
- c. Close all fire doors
- d. Grab a fire extinguisher and attempt to extinguish the fire

17. Which of the following procedures is NOT appropriate for a patient who has been ordered to be placed in restraints?

- a. Offer toileting and water every one to two hours
- b. Check the patient at least every 30 minutes to ensure there is proper circulation where the restraints are applied
- c. Tie the restraints directly to the bed frame
- d. Tie the restraints directly to the side rails

18. How should a nurse aide clean an indwelling catheter?

- a. By using a gentle back and forth motion
- b. By using a circular motion towards the body
- c. By using a circular motion away from the body
- d. By using an up and down motion

19. Before taking a meal tray into a patient's room, what should a nurse aide do?

- a. Record the amount of food/liquids on the intake/output form
- b. Assess a patient's ability to swallow properly
- c. Put on gloves
- d. Ensure that the correct food is on the tray

20. If a nurse aide notices that a patient appears to be having difficulty swallowing, what should she do?

- a. Notify the nurse immediately
- b. Mash up the food and continue feeding the patient
- c. Give the patient smaller amounts of food with each bite
- d. Nothing; the doctor checked the patient's swallowing already

21. How often should anti-embolism stockings be removed?

- a. Every 4 hours
- b. Every 8 hours
- c. Every 12 hours
- d. Every 24 hours

147

Prueba de práctica #1 (inglés)

22. There is a note on a patient's chart that she should be placed in the Sim's position. How should the patient be positioned?
    a. Lying on the stomach with the head turned to the side
    b. On her back with the head of the bed raised to a 90-degree angle
    c. On her back with the head of the bed raised to a 45-degree angle
    d. On her left side with the top leg flexed and supported by a pillow

23. What is the first step for a nurse aide who is about to put on sterile gloves?
    a. Use the dominant hand to grasp the glove at the cuff and slide it on to the non-dominant hand.
    b. Use the non-dominant hand to grasp the glove under the cuff and slide it on to the dominant hand.
    c. Wash and dry hands thoroughly.
    d. Put on gloves to open the packaging.

24. Which of the following is a measurement of the pressure in a patient's heart during contraction?
    a. Systolic blood pressure
    b. Diastolic blood pressure
    c. Apical pulse
    d. Pulse oximetry

25. Which of the following abnormal vital signs should be immediately reported to the nurse?
    a. Oral temperature of 99.2 degrees
    b. Respiratory rate of 5
    c. Blood pressure of 126/72
    d. Pulse rate of 59

26. Which fluids should be included in the measurement of a patient's intake?
    a. 8 oz. of milk
    b. 250 mL of intravenous fluid
    c. 6 oz. of Jell-O
    d. All of the above

27. What is the first thing a nurse aide should do when measuring a patient's height and weight?
    a. Wash her hands
    b. Verify the patient's identity by inspecting her armband
    c. Allow the patient's legs to dangle for a few moments before allowing her to stand up
    d. Assist the patient with ambulation to the scale

28. Which of the following is an example of subjective data?
    a. The patient has a pulse rate of 88 bpm.
    b. The patient states that she has a pain level of 8.
    c. The nurse aide notes that the patient has flushed cheeks.
    d. The nurse aide notes that the patient has cloudy urine.

29. While completing her documentation, a nurse aide notices that she made a mistake while writing in a patient's blood pressure. How should she correct the notation?
   a. Use correction fluid to cover the mistake
   b. Scribble out the incorrect number and write the correct number next to it
   c. Draw a single line through the incorrect notation, and write "error," along with her initials. The correct number should be written next to it
   d. Erase the incorrect notation; documentation is always completed using a pencil

30. A patient with which of the following conditions is MOST at risk for dehydration?
   a. Diarrhea
   b. Liver disease
   c. Heart disease
   d. Pneumonia

31. When caring for a patient with diarrhea, which of the following should be recorded in the patient's chart?
   a. Odor of the stool
   b. Types and amounts of fluids the patient is drinking
   c. Number of stools
   d. All of the above

32. How often should a patient who is lying on an egg crate or an inflatable mattress be turned?
   a. Never – patients shouldn't be turned when they are lying on inflatable mattresses.
   b. Every 12 hours
   c. Every 6 hours
   d. Every 2 hours

33. Which of the following is NOT an intervention a nurse aide can use to manage edema?
   a. Elevate the affected extremity
   b. Use ice or a cold pack to reduce swelling
   c. Massage the affected extremity using lotion
   d. Encourage activity or use range of motion exercises

34. A patient with a shuffling gait, difficulty swallowing and speaking, and short-term memory loss MOST likely has which of the following?
   a. Alzheimer's disease
   b. Dementia
   c. Parkinson's disease
   d. Sundowner's syndrome

35. A nurse aide is caring for a patient with Sundowner's syndrome. Which of the following symptoms should he be especially aware of?
   a. Worsening confusion at night
   b. Risk for falls
   c. Aggression
   d. Difficulty swallowing

36. What is one technique a nurse aide can use to help a patient with aphasia?
    a. Providing a time limit for the patient to respond
    b. Speaking for the patient
    c. Using a picture or letter board
    d. Giving the patient a pen

37. A nurse aide is caring for a patient who is becoming agitated. How should she speak to the patient?
    a. In an assertive and confident manner
    b. Not at all; the patient's family members or other staff should interact with the patient
    c. She should not acknowledge the inappropriate behavior and carry on as normal
    d. Calmly and clearly, while attempting to determine why the patient is agitated

38. Hospice care is appropriate for which of the following?
    a. Patients who are expected to live less than three months
    b. Patients who are expected to live less than six months
    c. Patients who are actively dying
    d. Patients who have been diagnosed with a terminal disease, regardless of their clinical condition

39. Which of the following answer choices correctly lists the five stages of grief in order of their expected occurrence?
    a. Denial, anger, bargaining, depression, acceptance
    b. Anger, denial, depression, bargaining, acceptance
    c. Depression, denial, anger, bargaining, acceptance
    d. Bargaining, denial, anger, depression, acceptance

40. Unless otherwise ordered, how often should a nurse aide record the vital signs of a patient who is actively dying? The patient has a signed DNR order in place.
    a. Every 5 minutes
    b. Every 15 minutes
    c. Every hour
    d. Never

41. While you are caring for a Buddhist patient, he mentions an upcoming fast day when he can only eat at predetermined times during the day. What is an appropriate response?
    a. Acknowledge his beliefs but explain that you can't make any changes to the facility's dining times
    b. Suggest that his family bring some food from home
    c. Speak with him to determine what his needs will be that day and coordinate with the dining and food team
    d. Apologize for not being able to help him that day

42. When caring for a Jewish patient who observes the Kosher laws, the nurse aide notices his dinner plate has a dish with pork in it. What should the nurse aide do?
    a. Bring him the food tray and see if he requests a change
    b. Call the dining/food department to order a new tray, and explain the delay to the patient
    c. Remove the pork from his plate and serve him the tray
    d. Switch trays with another patient

43. What needs are found on the bottom level (most basic) of Maslow's pyramid?
   a. Physiological
   b. Safety/security
   c. Love and belonging
   d. Self-esteem

44. A nurse aide needs to speak with a patient about the quality and amount of stool he passed that day. How can the nurse aide help the patient feel more comfortable about disclosing the needed information?
   a. Ask the patient in his room when visitors are present
   b. Ask the patient in the privacy of his room in a quiet tone
   c. Ask the patient in an indirect way and hope the patient understands what the nurse aide is trying to ask
   d. Ask the patient closed-ended questions

45. A patient states that she is depressed. Which of the following responses by the nurse aide involves the use of reflection?
   a. I'm sorry that you're feeling depressed.
   b. Why are you feeling depressed? Your recovery is moving along well.
   c. Do you want to speak with someone about this?
   d. You feel depressed?

46. A nurse aide is stocking shelves outside a patient's room when the call bell rings. The nurse aide is not responsible for the patient's care that day. How should the nurse aide respond?
   a. Ignoring the call bell until the patient's assigned nurse aide responds
   b. Getting the assigned nurse aide to check on the patient
   c. Checking on the patient right away to see what she needs
   d. Checking on the patient after stocking the shelves

47. A patient has rung the call bell for the sixth time during the first two hours of a nurse aide's shift. How should she respond?
   a. Ignore the bell
   b. Call the nurse manager
   c. Remove the bell from the patient's reach
   d. Reassure the patient she will be checked on frequently

48. A nurse aide has been assigned to care for a ventilated patient, which she has never done before. How should she handle the situation?
   a. Notify the nurse manager that she is not sure how to care for the patient, and request additional instructions or training materials
   b. Do the best she can while caring for the patient
   c. Speak with the other nurse aides to find out what additional care is needed for the patient
   d. Request to switch patients with another nurse aide

49. A nurse aide has to ask a sensitive question to a patient who doesn't speak English. How should she ask the question?
    a. Using the patient's family to translate
    b. Calling the hospital's official translation service
    c. Gesturing to the patient in the hope she will understand
    d. Looking up relevant words on the Internet before speaking with the patient

50. A patient's family asks how he is doing after his scheduled MRI. How should the nurse aide respond?
    a. He had an MRI today?
    b. His MRI results are back. Everything is normal.
    c. He seems to be in good spirits. Let me see if he's ready to visit with you and I'll find his nurse to talk to you about the results.
    d. Good. He should be ready to go home soon.

51. HIPAA guarantees a patient's right to which of the following?
    a. Confidentiality
    b. Informed consent
    c. See their chart
    d. Continuity of care

52. A patient has a few questions about the consent forms she signed for a scheduled invasive procedure. How should the nurse aide respond?
    a. Answer the questions to the best of her ability
    b. Tell the patient that she will ask the nurse to contact the doctor
    c. Tell the patient that she will have plenty of time to ask the doctor before the procedure
    d. Remind the patient that she signed the consent and that the procedure has already been scheduled

53. A family member gives a copy of a patient's advanced directives to a nurse aide. The patient is scheduled for a minor procedure the next day. Which of the following is an appropriate response?
    a. Tell them to hold onto the copies until and unless they are needed
    b. Tell the family that they are not necessary because the patient is having a minor surgical procedure
    c. Put the copy in the chart
    d. Immediately notify the nurse that the family has advanced directives for the patient

54. A patient is refusing to be turned and it has been several hours since he was last turned. The patient is alert and oriented. How should the nurse aide respond?
    a. Turn him anyway; he needs it to prevent skin breakdown
    b. Inform him that she will tell the doctor he is refusing care so he can go home
    c. Inform him of the associated risks, and then respect his decision if he still does not want to be turned
    d. Tell him whatever is necessary to obtain his consent to be turned

55. Which of the following would NOT be included in a list of patient responsibilities?

   a. Honesty
   b. Polite and respectful behavior
   c. Maintain all personal property
   d. Compliance with treatment plan

56. A nurse asks a nurse aide to give Tylenol to a patient who has a headache. The nurse is very busy with another critical patient. What should the nurse aide do?

   a. Administer the Tylenol; the nurse did the assessment and delegated this task to her
   b. Refuse to give the patient any medication – it is not within her scope of practice
   c. Find the Tylenol and repeat the order – including the patient's name, room number, and instructions – back to the nurse to confirm her directions
   d. Ask another nurse to give the medication

57. While in an elevator, another nurse aide asks you about the MRI results for the patient in room 307. The nurse aide cared for the patient while on another unit. What is an appropriate response?

   a. Refuse to answer the question; the nurse aide is no longer an active member of the patient's health care team
   b. Answer the question fully and honestly
   c. Answer the question without using any identifying information so the others in the elevator won't know who you are talking about
   d. Wait until the other people exit the elevator to answer the question

58. A patient who was injured while committing a criminal act has a right to treatment under which of the following patient rights?

   a. Right to freedom of choice
   b. Right to respectful care
   c. Right to continuity of care
   d. Right of refusal

59. A patient demands to see his medical chart. What should the nurse aide do?

   a. Give the patient his chart and leave the room to give him privacy
   b. Give the patient the chart and stay in the room to ensure he doesn't make any changes
   c. Make photocopies of the chart and give them to the patient
   d. Inform him that he will need to notify the medical records department to make arrangements

60. For what reason would a doctor write a DNR order?

   a. To prevent any care from being provided to a patient.
   b. To explain the care the doctor feels would most benefit a patient.
   c. To explain what type of emergency care a patient wishes to have.
   d. To discharge a patient into hospice care.

61. If a patient refuses a treatment and the nurse aide attempts to perform it anyway, what could the nurse aide be charged with?

   a. Assault
   b. Battery
   c. Either A or B
   d. Neither A nor B

62. A nurse aide who forgets to lock the wheels on a wheelchair (which results in a subsequent fall) could be charged with which of the following?

a. Assault
b. Battery
c. Malpractice
d. Negligence

63. If a nurse aide observes the nursing supervisor acting in a negligent way, what should she do?

a. Speak with the doctor in charge of the patient
b. Follow the institution's chain of command to determine who to report the behavior to
c. Go to the institution's president of nursing to report the behavior
d. Confront the nursing supervisor directly

64. If a nurse aide begins to suspect that a patient is being abused by a family member, what should she do?

a. Report it to the charge nurse
b. Report it to the police
c. Ignore it because the nurse and doctor probably suspect it too
d. Confront the suspected abuser

65. Who is the most important member of the health care team?

a. The nurse
b. The patient
c. The physician
d. The nurse aide

66. What is the minimum number of hours of continuing education that a nurse aide should complete each year?

a. 6
b. 12
c. 20
d. 50

67. What is the BEST way for a nurse aide to assist during a code?

a. Administer emergency medications according to the physician's instructions
b. Document the events
c. Speak with the family and answer their questions about what is happening
d. Retrieve emergency equipment, including the code cart or intubation box, and carry out other assigned tasks that fall within a nurse aide's scope of practice

68. A patient's daughter is requesting to perform morning care for her mother. The patient is okay with the request, and it has been cleared with the charge nurse. What should the nurse aide do?

a. Refuse to let the daughter assist
b. Allow her to perform the morning care and leave the room to provide privacy
c. Allow her to assist with morning care, but stay in the room to ensure it is being done correctly
d. Request that the nurse supervise the patient's daughter

69. When the nurse aide is informed of an admission, what is her responsibility?
   a. Prepare the room, including the linens, gowns, and other necessary equipment
   b. Complete the admissions interview
   c. Make sure the patient's medications have been received from the pharmacy and are correct
   d. Coordinate the patient's care with the rest of the treatment team

70. Which of the following is NOT a reason for a nurse aide to refuse an assignment?
   a. The nurse aide feels the task is unethical.
   b. Performing the task would cause harm to the nurse aide.
   c. The nurse aide had a serious disagreement with the patient's family the day before.
   d. The assignment is outside the nurse aide's scope of practice.

Respuestas y explicaciones #1 (inglés)

1. B: Water for a bed bath should be heated up to approximately 105-115 degrees Fahrenheit. Any cooler and the water will cool off too much before the end of the bath, chilling the patient. Any warmer and the water will be too hot, and could potentially burn the patient. Filling the basin should be the last thing you do; gather all other supplies first to minimize the cooling of the water. If you don't have a thermometer to measure the water temperature, make sure it is comfortably warm against your elbow or inner arm.

2. D: You should check with your institution's policies on nail care, but generally speaking, a nurse aide should not provide nail care to a diabetic patient. Diabetics have impaired circulation to their extremities, which can delay healing and even cause severe damage if the skin is injured. For that reason, only a physician, podiatrist, or other specially trained clinician should perform nail care on a diabetic. Performing perineal care, changing the linens, and inspecting the skin should be done during every full bed bath, usually as part of morning care.

3. B: A stage I pressure injury would appear as a reddened area that does not blanch (turn white) when pressed. A stage II pressure injury involves a partial breakdown of the upper layer of skin, but does not extend all the way through the skin. A stage II pressure injury may look like a blister. Stage III and stage IV injuries extend all the way through the skin. You may see the underlying subcutaneous fat in a stage III injury, whereas a stage IV may proceed all the way down to the muscles, tendons, or bones. Make sure to report any skin redness to the nurse so that the skin can be thoroughly assessed.

4. A: A patient who is about to undergo surgery or another procedure requiring an anesthetic should be NPO for a minimum of eight hours before the procedure. If the patient receives a tray, you should double check with the nurse before serving the patient his breakfast. If a procedure is scheduled for later in the day, the anesthesiologist may be okay with the patient eating breakfast.

5. C: A patient who is bedbound or spends a majority of the day lying or sitting down is at risk for developing pressure injuries. Preventing pressure injuries requires multiple interventions, including: turning the patient every two hours, doing a full bed bath once a day and partial bed baths throughout the day as necessary if the patient is incontinent (partial baths should be done whenever a patient soils himself), increasing the protein content of food, and making sure the patient is hydrated. It is not appropriate to do a full bed bath twice a day. Withholding fluids to prevent incontinence is also inappropriate.

6. D: Alcohol-based sanitizers are a great tool to avoid the comparatively time-consuming process of hand washing, and are appropriate in certain situations. The nurse aide should wash her hands with soap and water before eating, after using the bathroom, after performing a procedure that involves contact with bodily fluids (such as peri care), and when her hands are visibly soiled. She should also wash her hands periodically throughout the day to remove the buildup of alcohol on the hands. It is perfectly acceptable to use an alcohol-based sanitizer between checking on patients, especially if the nurse aide is not performing care.

7. C: If a patient is on contact precautions the caretaker must wear a gown and gloves. Using a mask or respirator is not necessary unless the patient is on droplet or airborne precautions.

8. A: When entering the room of a patient on isolation precautions, the nurse aide should put on the gown first, with the opening in the back. After tying the gown closed at the neck and around the waist, the mask should be put on next. Lastly, the nurse aide should put on her gloves, ensuring that the cuff of

the gloves is covering the cuff of the gown. When leaving the room, the PPE should be removed in the reverse order: gloves, mask, and gown.

9. A: Anything in the patient's room is considered "contaminated," so when you place the soiled linens into the plastic linen bag, that bag is considered contaminated. The nurse aide should ask a colleague to hold a second bag open at the doorway and place the contaminated linen bag in it. The second nurse aide can then put the bag on the floor outside of the room until the first nurse aide is ready to wash her hands and bring it to the dirty utility room. The soiled linens should never be shaken out because of the risk of contaminating other nearby items.

10. C: Items that require cleaning with a disinfectant are ones that come into contact with a patient's mucus membranes but don't puncture the skin. Thermometers and respiratory equipment are good examples of items that should be disinfected but don't require sterilization. Items such as scalpels that penetrate the skin should be sterilized between patients because of the high risk of contamination. Items such as stethoscopes and blood pressure cuffs that just touch the skin can be cleaned with a mild detergent between uses.

11. B: An infection that is transmitted during a medical procedure is called iatrogenic. Droplet transmission is when bacteria or viruses are released in droplets when a person sneezes or coughs. Direct oral contact is transmission between people when there is direct oral contact, such as kissing or sharing a drinking cup. Fecal-oral contamination is exactly what it sounds like: fecal material contaminates food, usually through poor hand washing or poor food preparation techniques.

12. B: A minimum of two bed rails should be raised when the patient is in bed. Raising four side rails is considered a restraint, and should not be done unless directly ordered by the physician. One raised bed rail leaves an entire side of the bed without any boundaries.

13. D: The very first thing that should be done before transferring a patient is to make sure that the wheels on both the wheelchair and the bed are locked. This prevents falls by preventing movement of the bed or wheelchair as the patient is being transferred. Once the nurse aide has verified that the wheels are locked, she can help the patient to sit up and allow her to dangle her legs for a few moments. Then, she can help the patient stand up and slide into the wheelchair.

14. C: An elderly woman who has fallen previously is at risk for falling again. However, she is still ambulatory, so the nurse aide should be within an arm's reach in case the patient becomes unsteady or falls again. This is known as contact guard assistance. Stand by assistance and maximum assistance are inappropriate because they provide too little and too much support, respectively.

15. A: Four-point technique is a great method of crutch walking for patients who have poor upper and lower body strength because it balances out the patient's weight on both arms and the alternating legs. Three-point, swing-to, and swing-through methods are all great for a patient who has good upper body strength because these gaits depend primarily on the arms to keep the patient upright.

16. B: This question can be answered using the acronym R.A.C.E. (rescue, activate alarm, confine the fire, evacuate/extinguish). The nurse aide should first rescue patients in imminent danger. Because the room is empty, her first priority should be to pull the fire alarm. If the fire is small and contained, she could try to extinguish the fire herself with a fire extinguisher using the P.A.S.S. method (pull the pin, aim at the base of the fire, and sweep side to side). If not, she should start closing fire doors and rescuing patients in neighboring rooms if necessary.

Respuestas y explicaciones #1 (inglés)

17. D: Whenever a patient is placed in restraints, the nurse aide should make sure there is an up-to-date order from the physician (within the last 24 hours). The patient should be offered the opportunity to use the bathroom or have a glass of water or food at least every one to two hours. The restraints should be checked at least every thirty minutes to make sure they are not too tight or cutting off circulation to the patient's limbs. The ties should be quick-release knots and the restraints should be tied directly to the bed frame. Restraints should never be tied to the side rails in case they inadvertently fall, which could cause injury to the patient.

18. C: A patient with an indwelling catheter has a higher risk of contracting a urinary tract infection, and so catheter and perineal care is very important. The catheter should be assessed and cleaned frequently. After putting on gloves and explaining what you are going to do, you should use warm water to gently clean the urethra and, using a circular motion away from the body, the catheter. The nurse aide should never clean upwards or use a back and forth motion because of the potential to introduce bacteria into the urethra. Make sure to dry the catheter and patient, check to make sure there are no kinks in the tubing, and then hang the bag from the bed frame.

19. D: Before taking a meal tray into a patient's room, the nurse aide should ensure that the tray is labeled with the correct name, room number, and diet. Once she has delivered all of the trays, the nurse aide can go back and assist patients who need help eating. Ability to swallow should be assessed each time a patient is eating. The nurse aide should always be alert for signs that the patient isn't swallowing properly. As she is collecting the used food trays, the nurse aide should document the intake for each patient. This is the best time to see what each patient actually ate.

20. A: Because of the serious risk of aspiration and its complications, the nurse aide should never continue feeding food to a patient with a suspected swallowing issue. She should immediately stop feeding the patient and notify the nurse. The nurse can inform the doctor and arrange for a swallowing study if necessary, or even change the patient's diet to include soft foods or purées only.

21. B: Anti-embolism stockings should be removed once every eight hours to ensure proper circulation and let the skin breathe. When removing the stockings, the nurse aide should assess the skin to make sure there are no rashes, skin breakdown, or other concerns. She should also check on the patient's toes to assess blood flow while the stockings are on. If the patient complains of numbness, tingling, or discomfort when wearing the stockings, it should be brought to the nurse's attention immediately.

22. D: Sim's position is when a patient is lying on her side with the top leg flexed towards the chest. Choice A, on her stomach, is called the prone position. Choice B, with the head of the bed raised to a 90-degree angle, is called the High Fowler's position. Choice C, on her back with the head of the bed raised to 45 degrees, is called the Semi-Fowler's position.

23. C: When putting on sterile gloves, the nurse aide should first wash and dry her hands thoroughly. Then, she should open the packaging, taking care not to touch anything inside. Next, she should pick up the glove for the dominant hand at the cuff using her non-dominant hand and slide it onto the dominant hand. Finally, using the gloved hand, she should pick up the second glove beneath the cuff and slide it onto the non-dominant hand. Once both gloves are on, she can then make adjustments to the fit, taking care to avoid touching anything unsterile.

24. A: Systolic blood pressure, or the top number of the patient's blood pressure, looks at the pressure in the patient's heart during contraction. Diastolic blood pressure, or the lower number, looks at the

Respuestas y explicaciones #1 (inglés)

pressure in the heart during rest. The pulse measures the number of cardiac contractions per minute. Pulse oximetry measures the amount of oxygen in the blood.

25. B: Choices A and D are slightly abnormal and should be reported to the nurse, although it is not necessary to do this immediately. A blood pressure of 126/72 is technically considered abnormal, but can probably be largely attributed to the stress of being in the hospital. It is nothing to be overly concerned about. A respiratory rate of five breaths per minute is very slow, and can indicate impending respiratory failure. The nurse aide should notify the nurse immediately.

26. D: All of the choices are liquids or melt at room temperature (Jell-O), and should be included in the measurement of a patient's intake. The nurse aide should also measure the amount of tube feeding (including what is used to flush the tube) and other IV medications or fluids. Total intake should be in mLs and recorded every 24 hours.

27. A: Whenever a nurse aide enters a patient's room to initiate care or perform a task, she should wash her hands, introduce herself to the patient, and explain what she is going to do. Next, she should identify the patient using the patient's armband and two identifiers. Finally, she can perform the task she came in to do, which in this case is measuring the patient's height and weight.

28. B: Subjective data is anything the patient notes or feels, such as her pain level. Objective data is information that can be measured (such as vital signs) or observed by another person (such as the patient having cloudy urine or flushed cheeks).

29. C: Making documentation errors is common. However, the nurse aide must understand how to deal with these errors. She should never use correction fluid or scribble out the error so it is illegible. A pencil should never be used for documentation. When an error is made, simply draw a single line through the mistake and place the correction, the word "error," and your initials next to it.

30. A: A patient with diarrhea is at a high risk for dehydration, so all complaints from the patient and direct observations of diarrhea should be reported to the nurse. Signs of dehydration include dry mucus membranes, weakness, and thirst. The nurse aide may also observe dark urine or sunken eyes. As long as it's not contraindicated, the nurse aide should encourage the patient to drink extra water to help replace the lost fluids.

31. D: When caring for a patient with diarrhea, it is important to note all of the information in the answer choices in the patient's chart, as it can be vitally important to the care and treatment plan for the patient. Additionally, the doctor will need the information to gauge the severity of the diarrhea and dehydration. The nurse aide should also note how much fluid is passed with each stool and how often the patient is having episodes of diarrhea.

32. D: Unless the patient is on a special bed that is designed to be used without turning, the patient should always be turned every two hours. Simply adding an egg crate or inflatable mattress to the existing bed is not enough to eliminate or reduce the need to turn the patient. An egg crate can help reduce the pressure on the patient's skin and bony prominences, but the patient should still be turned every two hours.

33. B: True edema is usually a result of poor circulation, so using an ice or cold pack would be of little use in managing it. Useful interventions help stimulate blood flow and blood return. Elevating the extremity will help promote lymphatic drainage and venous return to minimize edema. Movement through ambulation, massage, or range of motion exercises are also great ways to treat and minimize edema.

34. C: All of these symptoms are signs of Parkinson's disease. Alzheimer's disease, dementia, and Sundowner's syndrome all produce similar symptoms, which include confusion, agitation, and wandering. A shuffling gait, though, is the hallmark symptom of Parkinson's disease. A patient with Parkinson's needs special help with ambulation because their gait is so unsteady, and with eating because they frequently have difficulty swallowing their food.

35. A: Patients with Sundowner's syndrome typically have worsening confusion at night. They may become agitated and wander off the unit. During the day, patients with Sundowner's typically aren't as confused. Possible interventions include checking on and reorienting the patient frequently, and preventing day time sleep so that it is easier for the patient to sleep at night. A patient with Sundowner's may also be at risk for falls or aggression or have difficulty swallowing, but these symptoms are secondary to the confusion they experience at night.

36. C: Aphasia is an acquired inability to understand language and express oneself through speech. Patients with aphasia have different levels of ability, and should be approached with patience. Setting a time limit and speaking for the patient are not productive or helpful in terms of helping the patient relearn these skills. A pen and paper may be helpful in some situations, but many patients aren't able to read or write as a result of their aphasia. A picture or letter board is a universal method of communication, and offers an easy way to communicate because it is so simple to use.

37. D: Patients may become agitated for any number of reasons. They might be in pain or be uncomfortable. They could be hungry, thirsty, have to go to the bathroom, or even be bored or scared. Understanding what is causing someone's agitation is the best way to relieve it. The nurse aide should continue to interact with the patient in a calm, clear, and professional manner. She may need to set boundaries as necessary, especially if the behavior persists.

38. B: Hospice care is appropriate for patients who are expected to live less than six months. Patients who are transferred into hospice care typically sign a DNR order and are treated using pain relief measures.

39. A: The first stage of grief is denial that the event happened or is going to happen. Following that is anger at the situation or people involved. Next is bargaining, in which the sufferer bargains with God (I'll do_____ if you make this go away). Depression follows as the person starts to deal with their grief. Finally, the patient begins to accept what has happened and can start to move forward. It's important to keep in mind that not everyone goes through the same steps in a linear and straightforward manner. It's not uncommon for someone to progress through one stage quickly and then get held up at a subsequent stage or even regress back to a prior stage.

40. D: Generally speaking, the nurse aide should never record the vital signs of a patient with a DNR order in place who is actively dying. The clinical staff, including the nurse aide, should do everything in their power to make the patient and their family comfortable. The family may want the extra time with their loved one without being interrupted. Additionally, the act of having their vital signs taken may cause pain or discomfort for the patient, both of which should be avoided if possible. If, however, the physician has ordered otherwise, the nurse aide should defer to the wishes of the physician and nurse.

41. C: A patient's religion plays a huge role in how well a patient is able to heal and cope with their disease. The nurse aide should advocate for her patient and arrange for meals to be sent up at the designated times. She could also coordinate with the nurse and other staff members to ensure continuity. Having his family bring food from home may be one possibility, but the nurse aide should first try to make arrangements with the dining department.

42. B: Kosher dietary laws are strict guidelines that people who belong to the Jewish faith must follow. The nurse aide should be sensitive to that and arrange for another tray to be sent up from the dining department. It is not appropriate to simply remove the pork from the patient's tray or wait until the patient requests a change. The nurse aide should not switch his tray with another patient's. Each tray is specially prepared based on patients' nutritional needs and allergies.

43. A: Physiological needs must be met first, and are therefore at the bottom of the pyramid. These needs include food, water, sex, and oxygen. The next level is the need for safety and security. This isn't restricted to just physical security, but also the safety of one's family, morals, finances, employment, and property. Love and belonging (usually to a group such as a family or friends) is the next level. The final two levels are self-esteem (encompassing self-confidence and achievement) followed by self-actualization, which includes creativity, spontaneity, and morality.

44. B: When speaking with a patient about sensitive topics, it can be helpful to ask the patient when he is alone and use a quiet, sensitive tone. The nurse aide should be direct, however, and avoid using clichés or euphemisms. It can also be helpful to use open-ended questions, which gives patients the opportunity to answer for themselves.

45. D: Reflection is the process of listening to what patients say and reflecting it back to them, giving them an opportunity to further explain what they meant. This is the technique used in Choice d. Choice A is an example of showing empathy. Choice B is not helpful for the patient; they may be feeling depressed for reasons that are entirely unrelated to their illness. The response is not sensitive to the patient's needs. Choice C may be appropriate, but shuts down the conversation and the relationship between the patient and the nurse aide.

46. C: Because of the potential for a patient emergency, it is never appropriate for a nurse aide to ignore a call bell. She should respond to the bell and see if she is able to assist the patient. Stocking the shelves is not a priority, especially when it comes to patient care. It may be necessary for the nurse aide to get the assigned aide to help with patient care, but she should verify that nothing urgent is needed first.

47. D: The nurse aide should never ignore a patient's call bell because it could potentially alert the staff to a dangerous situation. That doesn't mean, however, that the patient has a right to abuse the staff and call bell system. The nurse aide should establish clear boundaries and expectations about when it is okay to use the call bell. She should also understand that it is quite likely that the patient is anxious or lonely, and should agree to check on her at established intervals. This may help alleviate some of the anxiety. The nurse manager may need to get involved if the above interventions aren't successful.

48. A: The nurse aide should never take on a patient or task that she does not feel sufficiently trained to handle or comfortable with. She should immediately speak privately with the nurse manager to request additional instructions or training. The nurse aide should never "just do the best she can" because of the potential for serious complications. Colleagues may be an additional source of information, but the nurse manager should be immediately made aware of the situation, and should be the primary point of contact for the nurse aide.

49. B: When a sensitive topic is involved, the nurse aide should utilize the hospital's translation system. This can help the patient feel more comfortable and answer the question more appropriately and accurately. Family members are a good source of assistance for routine tasks and matters that don't involve sensitive topics. Gesturing to the patient in the hope she will understand the question is not a great technique because it can easily lead to misunderstanding. Looking up words on the Internet can be

helpful, but will not guarantee that either the patient or the nurse aide will understand what the other is trying to say.

50. C: Unless the family member has a legal document stating that they are the patient's guardian or holds power of attorney, the patient has a right to privacy. Further, the nurse aide should not give results to any patient or family member. It's fine to say that the patient seems to be feeling well and offer to get the nurse to discuss details about the test.

51. A: HIPAA guarantees a patient's confidentiality and privacy. It also requires healthcare providers to provide patients with a list of policies that have been designed to protect their privacy. Only providers who are directly caring for someone should have access to their medical chart.

52. B: A nurse aide should not discuss procedures or what was in the consent forms the patient signed. Only a physician can review and inform a patient of the risks and benefits of having a procedure or treatment. A patient can always withdraw their consent, even if they're about to go into the procedure room. The nurse should notify the physician that the patient has questions so he can arrange to see the patient and discuss her concerns.

53. D: Advanced directives should be promptly placed in the patient's chart and the nurse or physician should be notified. They may need to verify the orders or write new orders for the hospital's order system. Everyone involved in the care of the patient needs to be on the same page and aware of the patient's wishes, even if they are only having a minor procedure.

54. C: A patient has the right to refuse a procedure, even if doing so is not in his best interest. The nurse aide should explain why frequent turning is important and what may happen if he continues to refuse. Asking what the patient is concerned about or why he doesn't want to be turned can be helpful in identifying solvable problems. If the patient still refuses, the nurse aide should notify the nurse, who can also speak with the patient and document the incident in the chart.

55. C: All of the choices with the exception of maintenance of personal property are patient responsibilities. Valuable items should be returned to the patient's home or stored with hospital security. Patients should be honest with their caregivers and act in a respectful and appropriate manner. While a patient has the right to refuse treatment, it is expected that they will work with the care team to develop and maintain a mutually acceptable treatment plan.

56. B: A nurse aide should never administer medication; it's not within her scope of practice. The nurse aide should go back to the patient and explain that the nurse is with a critical patient and will be with her as soon as possible. Asking another nurse to administer the medication is not an appropriate action because the nurse aide is then accepting responsibility for delegating the task to another staff member.

57. A: You should refuse to answer the question. The patient has a right to privacy and confidentiality. Even though the colleague cared for the patient in the past, she is not a current, active member of the patient's healthcare team. Therefore, the nurse aide does not have a right to that information.

58. B: The patient in this situation has a right to respectful care. All patients have the right to receive care, even people injured in the course of committing a crime or those already in the criminal justice system. Patients also have the right to receive care without being discriminated against on the basis of age, gender, nationality, or religion. The right to freedom of choice is the patient's right to have a say in their care plan, and to refuse certain treatments or refuse care altogether.

Respuestas y explicaciones #1 (inglés)

59. D: A patient absolutely has the right to see his medical chart, but he must follow the procedures put in place by the institution in order to do so. In most cases, the patient will need to contact the medical records department and submit a formal request in writing. The nurse aide should not provide copies directly to the patient.

60. C: A DNR order is written for a patient so that the health care team involved in his treatment understands what type of emergency care the patient wishes to have should he become incapacitated. It does not release the physician from providing any care, but simply explains the patient's wishes. For example, the patient may not want to be intubated, but may consent to antibiotics or a feeding tube. In most cases, pain management continues to be an important part of a patient's care, even with a DNR order in place. Often, a DNR order is required for patients entering hospice care, but it is not the only reason why a patient would have such an order.

61. C: A nurse aide could be charged with assault if she threatens or tries to touch a patient (provide care) without the patient's consent. It does not matter if she actually touches the patient or provides the treatment; the patient just needs to be afraid that she will do it. Battery refers to the actual act of touching the patient in a threatening manner or in a way that the patient has not consented to. In the situation outlined in the question, the nurse aide could be charged with both assault and battery, depending on the specific circumstances surrounding the incident.

62. D: The nurse aide could be charged with negligence because she performed a task in a way that was inconsistent with her training. Only a professional with advanced training or one who needs to maintain a license, such as a doctor or nurse, can be charged with malpractice. A nurse aide can't because they only need to maintain a certification, not a license. Assault and battery do not apply because the nurse aide is not behaving in a threatening manner.

63. B: The nurse aide should follow the chain of command when determining who to report the behavior to. It is inappropriate to contact the physician in charge of the patient's care because he does not have any authority to deal with this type of nursing situation. It is inappropriate to go directly to the nursing supervisor or president of nursing without following the guidelines set in place by the institution.

64. A: The nurse aide should immediately report the suspected abuse to the charge nurse so she can determine how best to proceed. It is possible that the suspicions have already been addressed, which is why it is not appropriate to directly report the suspected abuse to the police or confront the potential abuser. The behavior should not be ignored, however, because of the potential for the patient being harmed.

65. B: The most important member of the health care team is the patient. His or her needs—medical, spiritual, and emotional—are the most important. The patient must ultimately consent to and be actively involved in their plan of care. What the physician, nurse, and nurse aide need, recommend, or want takes a back seat to the needs and wishes of the patient.

66. B: The nurse aide should complete a minimum of 12 hours of continuing education each year to keep her skills up to date. Additional continuing education hours may be necessary, depending on the skill level and needs of the nurse aide. Her employer should provide some of the continuing education credits, but it is ultimately the responsibility of the nurse aide to maintain her certification.

67. D: During a code, the nurse aide should promptly retrieve emergency equipment or other supplies according to the needs of the physicians and nurses. That may include blood from the blood bank,

needles, syringes, etc. Documenting the events and administering medications is the responsibility of the nurse, and is outside the scope of practice of the nurse aide. The nurse aide should not answer medical questions from the family, but may be able to provide comfort or support if necessary.

68. C: In cases where the patient will be going home to be cared for by the family, it is definitely appropriate for family members to begin to assist in the patient's care. The nurse aide should allow the daughter to participate in her mother's care, but should be available to supervise and assist as necessary.

69. A: The nurse aide should prepare the room, ensuring that linens, personal protective equipment, and other medical supplies are present. The nurse aide should also help orient the patient to the unit and take vital signs. The nurse should complete the admission interview and assessment and coordinate all aspects of care. This includes contacting the pharmacy and ensuring the correct medications are received.

70. C: A serious disagreement with the patient's family is not a reason to refuse an assignment. The nurse aide must find a way to work professionally with her patient and the family. If the disagreement begins to interfere with the care the patient is receiving, the nurse aide should speak with her nurse supervisor about the steps that will need to be taken. The other answer choices are all valid reasons for refusing an assignment.

Prueba de práctica #2 (inglés)

1. If a nurse delegates a routine nursing task to a nursing aide, the person who is legally accountable for the patient's safety is which of the following?

   a. Delegating nurse
   b. Nurse aide
   c. Supervisor
   d. Director of nursing

2. How far should a slide sheet extend?

   a. At least from above the head to below the feet
   b. At least from the upper back to the hips
   c. At least from under the head to above the knees
   d. At least from the waist to below the hips

3. If a patient has just had a long-leg plaster cast applied and the cast is still damp, what should the nurse aide do?

   a. Move the cast using the fingertips only
   b. Ensure that the cast is exposed to the air
   c. Cover the cast with a blanket
   d. Avoid pillows under the cast until it's dry

4. Which of the following is an example of a food that is high in protein?

   a. Egg
   b. Banana
   c. Cabbage
   d. Bread

5. If, when assisting a patient to undress, the nurse aide notes bruising and behavior that suggest a patient may be a victim of abuse, what should the nurse aide do?

   a. Ask the patient about it
   b. Stay quiet because there is no proof
   c. Report the concerns to the nurse
   d. Provide the patient with the number of an abuse hotline

6. If planning to use a mechanical lift to move a patient who weighs more than 500 pounds, what is the first thing the nurse aide should do?

   a. Get assistance from another staff member
   b. Ensure that the equipment is in good repair
   c. Explain the procedure to the patient
   d. Check the weight limit for the equipment

7. Which food should a patient on a low-sodium diet avoid?

   a. Egg
   b. Salami
   c. Orange
   d. Spinach

8. Which of the following is true for contact precautions?
   a. Gloves are worn for all contact with the patient and the immediate environment
   b. The patient's bed must be separated from another patient's bed by at least 6 feet
   c. The patient's privacy curtain has to be closed only during procedures
   d. The same personal protective equipment (PPE) may be used if caring for two patients in the same room

9. What site is used to check the pulse of a 1-year-old child?
   a. Temporal
   b. Radial
   c. Brachial
   d. Apical

10. After helping a patient onto the toilet, what should be done next?
   a. Watch until the patient finishes
   b. Allow the patient privacy
   c. Stay close but turn away from the patient
   d. Cover the patient's lap with a drape

11. When collecting a stool specimen from a patient, what part of the stool should be collected?
   a. Any part of the stool
   b. Any abnormal-appearing part of the stool
   c. The middle of the stool and any blood, mucus, or abnormality
   d. The end of the stool and any blood, mucus, or abnormality

12. If a patient is to use a cane because of weakness in the left leg, how should the cane be held?
   a. With the tip 12–15 inches to the side of the foot
   b. In either hand that is comfortable
   c. In the left hand
   d. In the right hand

13. If the nurse aide notes that a coworker has spilled water in the hallway when delivering it to a patient, which of the following should the nurse aide do?
   a. Wait until the coworker comes back out and tell the person
   b. Wipe up the spilled water
   c. Call housekeeping to wipe up the water
   d. Tell the nurse that there is spilled water in the hallway

14. If a patient repeatedly asks the nurse aide to repeat what the nurse aide said and turns the volume of the TV up high, what should the nurse aide suspect?
   a. The patient is hard of hearing.
   b. The patient is confused.
   c. The patient is distracted.
   d. The patient is unhappy.

15. When changing the linen on a bed, it's important to do which of the following?
   a. Shake out the sheets to remove any wrinkles
   b. Bring extra linens in case they are needed
   c. Avoid touching the linen to one's uniform
   d. Place the dirty linen on the floor

16. If a patient is having trouble sleeping at night, which of the following should be avoided in the evening?
   a. Coffee
   b. Herbal tea
   c. Orange juice
   d. Sugar candies

17. If the nurse aide needs help from another team member in caring for a patient, an appropriately worded request is
   a. "Can you help me with Room 26A?"
   b. "Can you please help me turn Mrs. Brown in Room 26A for about 5 minutes at 8:30?"
   c. "I need help turning Mrs. Brown. Can you do it?"
   d. "Meet me in Room 26A at 8:30. I need help with the patient."

18. A patient complains of pain in the left leg. What should the nurse aide do?
   a. Palpate the leg to determine where the pain is
   b. Ask the patient to point to the painful areas
   c. Ask the patient which part of the leg hurts
   d. Ask the patient to move the leg around to see if that relieves the pain

19. If a bedbound patient is agitated, angry, and threatening, which of the following should the nurse aide do?
   a. Run out of the room
   b. Tell the patient that the behavior is unacceptable
   c. Stand away from the patient and near the door
   d. Yell for help

20. When the nurse aide is applying elastic compression stockings, where should the patient be?
   a. Lying in bed
   b. Sitting on the side of the bed
   c. Returning to bed
   d. Getting ready to sleep at night

21. A resident in a long-term-care facility has the right to do which of the following?
   a. Bring any personal items that the patient desires
   b. Refuse to allow a roommate in a double room
   c. Swear at staff members
   d. Make complaints about the quality of care

22. Which stool is abnormal and should be reported to the nurse?
   a. Black and tarry stool
   b. Stool with a strong odor
   c. Smooth and soft stool
   d. Dark-brown stool

23. Which of the following is an appropriate documentation of a patient's state of mind?
   a. "Patient crying throughout the morning and refused visitors."
   b. "Patient sad and depressed all morning."
   c. "Patient increasingly withdrawn."
   d. "Patient appears very down and wants no contact with others."

24. A patient is undergoing bladder training to reduce urinary frequency. What does this mean for the patient?
   a. The patient should urinate when feeling the urge.
   b. The patient should delay urinating for as long as possible.
   c. The patient should urinate every hour.
   d. The patient should urinate on a schedule.

25. A patient has scattered personal belongings around the room and bathroom, resulting in a cluttered space. The nurse aide should do which of the following?
   a. Clean up the clutter
   b. Explain that the room looks cluttered
   c. Ask the patient for permission to organize the personal belongings
   d. Remind the patient to organize the personal belongings

26. When assisting a patient with mild to moderate Alzheimer's disease to dress, what should the nurse aide do?
   a. Stack the clothing in the order that the pieces are normally worn
   b. Point out the clothing items one by one as the patient dresses
   c. Lay out all of the clothing separately
   d. Hand the patient one piece of clothing at a time

27. The nurse aide is caring for a home-healthcare patient when the patient's phone rings, and the patient asks the nurse aide to answer the phone. Which of the following is an appropriate telephone greeting?
   a. "Hello, Mrs. Brown's residence."
   b. "Hello."
   c. "Hello, this is Mrs. Brown's home health aide."
   d. "Hello, this is Sally Smith, a home health aide."

28. When preparing a surgical/postoperative bed, what is true of the top linens?
   a. They are folded toward the foot.
   b. They are left off of the bed.
   c. They include extra blankets.
   d. They are folded to one side of the bed.

29. A patient needs to use the bedpan but is too weak to assist the nurse aide. What is the first thing the nurse aide should do after lowering the patient and placing a waterproof pad under the patient?
   a. Flex the patient's knees
   b. Turn the patient to the side facing away from the nurse
   c. Turn the patient to the side facing toward the nurse
   d. Lift the legs and buttocks

30. If a patient asks the nurse aide to explain the purpose of a new medical treatment, which of the following would be the most appropriate response?
   a. "I'll ask your nurse to come in and explain that to you."
   b. "I can't give you that information."
   c. "The purpose is to reduce your episodes of chest pain."
   d. "I don't know what the purpose of the treatment is."

31. If a male patient uses a urinal while in bed, where should the urinal be?
   a. Placed under the covers beside the person
   b. Placed on a bedside stand next to the bed
   c. Placed on the overbed table within easy reach
   d. Attached to a bedrail or urinal holder on a bedrail

32. What should the nurse aide use to cut a patient's fingernails?
   a. Clippers
   b. Scissors
   c. Clippers and a nail file
   d. Scissors and a nail file

33. When transferring a patient from a wheelchair (WC) to a toilet, which of the following is true regarding positioning?
   a. Position the patient's weak side closest to the toilet
   b. Position the WC so it is directly in front of the toilet
   c. Position the WC so it is beside or at a 90° angle to the toilet
   d. Position the patient onto the toilet before loosening the clothing

34. When cleaning the mouth of an unconscious patient, what should the nurse aide use?
   a. A WaterPik
   b. A sponge swab
   c. A soft cloth
   d. A soft toothbrush

35. If a nurse aide turns a patient and discovered that the area over the bony prominence of the right hip is red and irritated, the nurse aide should do which of the following?
   a. Report this observation to the nurse
   b. Massage the area
   c. Apply lotion to the area
   d. Apply a warm compress to the area

36. If a patient's hair is badly tangled and matted, what should the nurse aide do?
    a. Apply hair conditioner to the hair before brushing
    b. Cut out the tangled and matted hair
    c. Brush the hair from the scalp to the hair ends
    d. Brush the hair from the hair ends to the scalp

37. If a nurse aide student is going to observe the nurse aide giving a bed bath to a patient, the nurse aide should do which of the following?
    a. Ask the patient's permission in advance
    b. Tell the patient in advance
    c. Explain that observation is a standard procedure
    d. Pretend that the student is another nurse aide on the unit

38. After bathing a patient, which of the following is used to help prevent friction from two skin surfaces rubbing against each other?
    a. Bath oil
    b. Lotion
    c. Powder
    d. Cream

39. If assisting a patient to brush the teeth, the head of the patient's bed should be elevated to what position?
    a. 75-90°
    b. 45-60°
    c. 30-45°
    d. 20-30°

40. With 24-hour time, how is 3 pm recorded?
    a. 03:00
    b. 30:00
    c. 01:50
    d. 15:00

41. If a patient refuses personal care early in the morning, stating "I'm not a morning person," what should the nurse aide do?
    a. Skip the personal care
    b. Ask the patient when the personal care would be convenient
    c. Insist on providing the personal care
    d. Report the patient to the nurse

42. Which term is used to describe difficulty swallowing?
    a. Dysphagia
    b. Dystonia
    c. Dyspepsia
    d. Dyspnea

43. What is the correct temperature for the water in a basin used for a complete or partial bed bath for a patient?
   a. 98-101 °F
   b. 102-106 °F
   c. 107-110 °F
   d. 110-115 °F

44. If a patient is on a dysphagia diet because of the risk of choking, at least how long should the patient remain sitting upright after eating?
   a. 20 minutes
   b. 40 minutes
   c. 60 minutes
   d. 90 minutes

45. If a nurse asks the nurse aide to deliver a medication to a patient, the nurse aide should do which of the following?
   a. Deliver the medication
   b. Explain that the nurse aide is not allowed to administer medications
   c. Ask what the medication is for before administering it
   d. Make an excuse for why the nurse aide does not have time

46. Which position is recommended to prevent pressure injuries?
   a. 30° lateral
   b. Prone
   c. Full lateral
   d. Sims'

47. If the patient's care plan states "Turn pt. q 2 h," what does this mean?
   a. Turn the patient two times per shift
   b. Turn the patient every 2 hours
   c. Turn the patient with two people
   d. Turn the patient with the bed in the high position

48. If a patient has a feeding tube, the nurse aide may do which of the following?
   a. Reinsert a feeding tube that has been displaced
   b. Check the feeding tube placement
   c. Assist with feedings
   d. Aspirate to determine the residual stomach contents

49. Which of the following is true for lifting a box from the floor?
   a. Keep the back straight and bend at the knees
   b. Bend over at the waist
   c. Use the muscles of the back rather than the legs for lifting
   d. Hold the box away from the body

50. If the nurse aide observes another staff member going through a patient's personal belongs and pocketing an item when the patient is out of the room, what should the nurse aide do?

    a. Assume it is at the patient's request
    b. Confront the staff member
    c. Ignore the situation
    d. Report the observation to a supervisor

51. If the patient's skin sticks to the sheets when the patient slides down in bed, this is referred to as which of the following?

    a. Friction
    b. Shearing
    c. Tearing
    d. Deranging

52. How should a transfer belt be applied?

    a. Over bare skin
    b. Very loosely
    c. When the patient is in a sitting position
    d. With the buckle centered in the front

53. If a patient who weighs 210 pounds must be repositioned toward the head of the bed but can only partially assist with the repositioning, how many staff members are needed?

    a. 1-2
    b. 2-3
    c. 3-4
    d. 4-6

54. If the patient's door is closed when the nurse aide arrives to give morning care, what should the nurse aide do?

    a. Enter quietly so as not to disturb the patient
    b. Knock before entering the room
    c. Assume that the patient does not want to be disturbed
    d. Return at a later time

55. What is the most effective way to prevent the spread of healthcare-associated infections, such as *Clostridioides difficile* or methicillin-resistant *Staphylococcus aureus*?

    a. Wear face masks
    b. Wear gowns when in patients' rooms
    c. Limit time with patients
    d. Use proper hand hygiene

56. If a patient refuses to get out of a chair and the nurse aide grasps the patient around the waist and forcibly removes the patient from the chair, what could this be considered?

    a. Abuse
    b. A boundary violation
    c. Battery
    d. Negligence

57. When washing the hands with soap and water, the nurse aide should lather the hands for at least how long?
   a. 30 seconds
   b. 20 seconds
   c. 10 seconds
   d. 5 seconds

58. Which of the following is part of a safety check?
   a. Ensuring that adaptive devices are stored in a closet or cabinet.
   b. Ensuring that the bed is locked in the high position.
   c. Ensuring that hearing aids are sent home so they don't get lost.
   d. Ensuring that the patient's water and call bell are within reach.

59. If a patient has violent restraints in place, what is the minimum frequency they must be checked on?
   a. Every 5 minutes
   b. Every 15 minutes
   c. Every 30 minutes
   d. Every 60 minutes

60. The nurse aide is taking routine vital signs for a 70-year-old patient. Which of the following should immediately be reported to the nurse?
   a. BP 176/100
   b. Pulse 88
   c. Respirations 14
   d. Temperature 38 °C

61. If a patient is being monitored for intake and output and drinks 6 ounces of apple juice, what is this equal to?
   a. 90 mL
   b. 120 mL
   c. 180 mL
   d. 240 mL

62. Which position has the patient on their left side with their right leg flexed so that their left arm and leg are behind them?
   a. Lateral
   b. Prone
   c. Supine
   d. Sims'

63. If a sign on a patient's door says "NPO," what does this mean?
   a. The patient is not to be disturbed.
   b. The patient is nonambulatory.
   c. The patient is nonhearing.
   d. The patient is to have nothing by mouth.

64. What is the normal range for oral temperature?
   a. 35.9-37 °C (96.6-98.6 °F)
   b. 36.5-37.5 °C (97.6-99.6 °F)
   c. 37.0-38.1 °C (98.6-100.6 °F)
   d. 38-39 °C (100.4-102.2 °F)

65. If a patient is to maintain abduction after a left hip replacement, how should the patient be positioned?
   a. With the legs apart
   b. With the legs close together
   c. With the left leg elevated
   d. With the knee flexed on the left leg

66. Which of the following is true for the nurse aide when carrying out range-of-motion (ROM) exercises?
   a. Move the joint to the point of pain
   b. Force the joint slightly past its normal range
   c. Move the joint slowly and gently
   d. Move the joint quickly and forcefully

67. A person dying of cancer is withdrawn and refusing food, stating, "What's the point?" Which of the following is the most appropriate response?
   a. "I know how you feel."
   b. "If you'd like to talk, I'll listen."
   c. "Try to concentrate on the good things in your life."
   d. "You may still have weeks of life ahead if you eat."

68. A Muslim patient has been admitted to a long-term-care facility and is nonverbal after a stroke. What should the nurse aide anticipate that the patient will probably want to avoid eating?
   a. Beef
   b. Fish
   c. Poultry
   d. Pork

69. An older adult patient is recovering from major surgery, and the nurse aide notices that the patient has become slightly confused and increasingly agitated. How should the nurse aide respond?
   a. Report this to the nurse immediately
   b. Tell the patient to calm down
   c. Ask the patient what is wrong
   d. Assume that this is a normal postoperative condition

70. What type of precautions should the nurse aide should use in caring for a patient who is human immunodeficiency virus (HIV) positive?
   a. Contact
   b. Standard
   c. Droplet
   d. Airborne

Respuestas y explicaciones #2 (inglés)

1. A: If a nurse delegates a routine nursing task to a nursing aide, the person who is legally accountable for the patient's safety is the delegating nurse. The nurse determines whether the task is within the range of functions of the nursing aide in their state and whether the task can be safely delegated. The nurse must consider the needs of the patient, the extent of the task, and the nursing aide's abilities.

2. C: A slide sheet should extend at least from under the head to above the knees. The purpose of a slide sheet is to move the patient while avoiding the risk of friction and shear. If using the draw sheet (which extends below the head) to move a patient, then one person should support the head and neck. The patient can flex the knees to assist with repositioning, if able to do so.

3. B: If a patient has just had a long-leg plaster cast applied and it is still damp, the nurse aide should ensure that the cast is exposed to the air so it can dry thoroughly. No blankets should be placed over the cast until it is completely dry. A fan may be used to speed drying. Pillows should be placed under the length of the cast, and the nurse aide should use only the flat part of the palms to move the cast rather than the fingertips, which may leave indentations.

4. A: An example of a food that is high in protein is an egg. Other high-protein foods include meat products, soy products (such as tofu), and nuts. Beans are high in protein, but they are also high in carbohydrates. All vegetables and fruits are high in carbohydrates, but they also contain vitamins, minerals, and fiber that are essential for nutrition. Bread and desserts are especially high in carbohydrates, and many have little nutritional value.

5. C: If, when assisting a patient to undress, the nursing aide notes bruising and behavior that suggest the patient may be a victim of abuse, the nursing aide should report the concerns to the nurse. The nurse can then follow up with an examination and interview and offer assistance to the patient if it appears warranted, although many abuse victims deny that they are being abused.

6. D: If planning to use a mechanical lift to move a patient who weighs 500 pounds (morbidly obese), the first thing the nurse aide should do is to check the weight limit for the equipment. Most standard lifts can support weight up to 450 pounds, but bariatric equipment that can support 500-1,000 pounds may be necessary for patients who are extremely heavy. If the mechanical lift cannot support the weight, the patient may fall and be injured. The nurse aide should never operate a lift alone; therefore, getting assistance from another staff member is also important once the appropriate lift is obtained.

7. B: A patient on a low-sodium diet should avoid foods that are high in salt (sodium chloride), such as salami. All processed meats (bologna, hot dogs, corned beef, pastrami) are high in sodium. Low-sodium foods include virtually all fruits and vegetables. Most lean meats are low in sodium. The patient should avoid foods with added salt, such as many canned foods and frozen prepared meals, and should avoid the sauces that sometimes come with frozen vegetables.

8. A: For contact precautions, gloves are worn for all contact with the patient and the immediate environment. Contact precautions are used for infections that are spread by touch, such as *Clostridioides difficile*. A gown is required for direct contact with the patient or potentially contaminated environmental surfaces, such as the bed and bedside stand. PPE should not be reused or used with more than one patient, even if the patient is in the same room.

9. D: Although the radial artery in the wrist is the site most often used to measure the pulse rate, for children younger than 2 years of age, the apical site is used, auscultating the rate with a stethoscope. The pulse is auscultated at the fourth intercostal space, left midclavicular line (the midpoint of the left side of the chest). In adults, the apical pulse is auscultated at the fifth intercostal space.

10. B: After helping a patient onto the toilet, it's important to allow the patient privacy. If safe to do so, the nurse aide should wait outside of the bathroom and close the door while making sure the patient has access to a call bell and staying close at hand to be available for when the patient has finished toileting. If the patient is using a commode, the patient should be placed behind curtains or a screen so they cannot be seen if someone opens the door to the room.

11. C: When collecting a stool specimen from a patient, the specimen should be taken from the middle of the stool and from any area with blood, mucus, or other abnormality. The nurse aide should place the specimen pan on the back of the toilet/commode so that the front part of the toilet is free. The nurse should caution the patient to try to avoid urinating into the specimen container. The patient may urinate first before the specimen container is placed if comfortable doing so. To collect the specimen, a tongue blade or spoon attached to a stool specimen container lid is used.

12. D: If a patient is to use a cane because of weakness in the left leg, the patient should hold the cane in the right hand. When the patient is standing in neutral position, the elbow should be bent at approximately a 15° angle so that the arm can straighten when the cane is advanced. The cane is usually placed approximately 6-10 inches beside the foot because the patient's gait will not be stable if the cane is held too far to the side.

13. B: If the nurse aide notes that a coworker has spilled water in the hallway when delivering it to a patient, the nurse aide should wipe up the spilled water as soon as possible because it poses an immediate safety risk to others walking in the hallway. As a team member, the nurse aide should be willing to help out other members of the staff without worrying about whose responsibility the problem is.

14. A: If a patient repeatedly asks the nurse aide to repeat what the nurse aide said and turns the volume of the TV up high, the nurse aide should suspect that the patient is hard of hearing. The nurse aide should alert the nurse. If the patient has hearing aids, the nurse aide should make sure that they have functioning batteries and are securely in place in the patient's ears.

15. C: When changing linen on the bed, it's important to avoid touching the linen to one's uniform because the linen is considered dirty, so it should be held away from the uniform. Shaking linens can spread microbes. Linen should be placed on the bed and unfolded, piece by piece. Dirty linen should never be placed on the floor, but instead in the dirty linen receptacle. Any extra linen that is not used is considered dirty and cannot then be used for another patient.

16. A: If a patient is having trouble sleeping at night, the patient should avoid drinking coffee in the evening because it is high in caffeine, a stimulant. Other foods or drinks high in caffeine include cola and many other carbonated drinks, chocolate, energy drinks, and tea (black and green). Herbal tea is usually decaffeinated and is not actually made from tea leaves.

17. B: If the nurse aide needs help from another team member in caring for a patient, an appropriate request is "Can you please help me turn Mrs. Brown in Room 26A for about 5 minutes at 8:30?" When making a request, the nurse aide should remember to say "please" and should be specific about the type

of help, when it's needed, and the expected duration. Patients should never be referred to by their room number instead of by name.

18. B: If a patient complains of pain in the left leg, the nurse aide should ask the patient to point to the painful areas so that the nurse aide can better describe the pain to the nurse. The nurse aide may ask general questions such as "When did the pain start?" and "How painful is it on a scale of 1 to 10?" but should not palpate the leg or ask the patient to move the leg around because the nurse should carry out that assessment.

19. C: If a bedbound patient is agitated, angry, and threatening, the nurse aide should stand away from the patient and near the door, especially if the patient has access to items that could be thrown. The nurse aide should speak calmly and quietly, trying to calm the patient. The nurse aide should leave the room as soon possible and report the patient's behavior to the nurse. If the patient is ambulatory, the nurse aide should leave immediately to avoid harm.

20. A: When the nurse aide is applying elastic compression stockings, the patient should be lying in bed. Compression stockings are worn when the patient is out of bed in a chair or walking to reduce swelling in the legs. The stockings should be removed when the patient goes back to bed, and they are not worn at night. Compression stockings cannot be properly fitted if swelling is already present (which can be induced if a patient is sitting on the side of the bed with their legs dangling).

21. D: A resident in a long-term-care facility has the right to make complaints about the quality of care. The Older Americans Act established an ombudsman program to identify, investigate, and find a solution to complaints made by patients or on behalf of patients who are unable to do so on their own. Any patient who asks to file a complaint should be assisted to contact someone from the ombudsman program. Most facilities limit the personal belongings that a patient can bring; for example, they may prohibit weapons.

22. A: Normal stools may vary in color and consistency, but a black, tarry stool is abnormal and should be reported to the nurse because it may indicate that the patient has bleeding in the upper gastrointestinal system. Blood appears black when it has been digested. Iron preparations and medications that contain bismuth may also cause the stool to appear black. Additionally, some foods, such as black licorice and beets, may make the stool appear black.

23. A: An appropriate documentation of a patient's state of mind is "Patient crying throughout the morning and refused visitors." This is an objective statement of what was actually observed, not a subjective interpretation of what the nurse aide thinks the behavior indicates ("withdrawn," "down," "sad," or "depressed"). The nurse aide must always try to be as factual as possible when documenting.

24. D: If a patient is undergoing bladder training to reduce urinary frequency, the patient should urinate on a schedule. The registered nurse will assign the schedule, usually every 2-3 hours, depending on how frequently the patient has been urinating. The patient should try to wait until the scheduled time to void if it can be done without discomfort or incontinence. Over time, the duration is extended.

25. C: If a patient has scattered personal belongings around the room and bathroom, resulting in a cluttered space, the nurse aide should ask the patient for permission to organize the personal belongings. The nurse aide should not handle any personal belongings without permission and should insist on moving items only if they pose a safety hazard, such as when items are placed on the floor.

Respuestas y explicaciones #2 (inglés)

26. A: When assisting a patient with mild to moderate Alzheimer's disease to dress, the nurse aide should encourage the patient to be as independent as possible and should stack the clothing in the order that the pieces are normally worn. For example, the undergarments (panties, bra, shorts, undershirt) should be on top of the stack. This allows the patient to work down the stack without getting confused about the order.

27. B: If the nurse aide is caring for a home-healthcare patient when the patient's phone rings, and the patient asks the nurse aide to answer the phone, an appropriate telephone greeting is "Hello." Because the nurse aide can't know who is calling, giving out the patient's name is not appropriate. The nurse aide is violating confidentiality if identifying as a home health aide because this is telling the caller that the patient is in need of medical care.

28. D: When preparing a surgical/postoperative bed, the top linens are folded to one side of the bed because the patient will be moved onto the bed from a stretcher. If a patient is returning to the bed after surgery, a complete linen change should be done in preparation for the patient's return. If the patient is going for a treatment via stretcher and will return to the bed, the bed should be prepared with the top linens to the side, but a complete linen change is not necessary.

29. B: If a patient needs to use the bedpan but is too weak to assist the nurse aide, the first thing the nurse aide should do after lowering the patient and placing a waterproof pad under the patient is to turn the patient to the side facing away from the nurse. The nurse aide holds the bedpan up against the buttocks, centering it and ensuring that it is back far enough, and then rolls the patient back onto the bedpan. The head of the bed should be raised to Fowler's position or a position of comfort.

30. A: If a patient asks the nurse aide to explain the purpose of a new medical treatment, the most appropriate response is, "I'll ask your nurse to come in and explain that to you." Explaining medical treatments is within the scope of practice of the nurse and not within the range of functions of the nurse aide, so even when the nurse aide knows the purpose, the explanation should be left to the nurse who should be better prepared to answer questions about the treatment.

31. D: If a male patient uses a urinal while in bed, the urinal should be attached to a bedrail or urinal holder on a bedrail. If the patient doesn't want the urinal to be seen, it can be covered with a small towel. The urinal should not be placed under the covers because the patient may roll onto it, and it should never be placed on a surface that may contain food or drinks, such as a bedside stand or overbed table.

32. C: To cut a patient's fingernails, the nurse aide should use clippers (to cut the straight across) and a nail file (to smooth and round the edges). The nurse aide should not cut the nails with scissors. The nurse aide must first get approval for cutting a patient's nails because some patients require a specialist to do so (particularly patients with diabetes). Before cutting the nails, the patient should wash the hands and soak the fingernails to soften them. The nurse aide should check for abnormal nails (thick, discolored, or cracked) and hangnails.

33. C: When transferring a patient from a wheelchair (WC) to a toilet, position the WC so it is beside or at a 90° angle to the toilet because these positions make it easier to transfer the patient. The clothing should be loosened before the transfer but lowered after the patient is on the toilet. The patient's strong side should be closest to the toilet so that the patient can assist with the transfer more easily.

34. B: When cleaning the mouth of an unconscious patient, the nurse aide should use a sponge swab. The patient should be placed in a side-lying position facing the nurse aide with a towel under the patient's

face and upper chest. The teeth should be separated with a plastic tongue depressor (wood might chip or break if the patient bites down) and the swab, dampened with a cleaning agent, is gently inserted into the mouth to clean all tooth surfaces, the tongue, the roof of the mouth, and the insides of the cheeks.

35. A: If a nurse aide turns a patient and discovers that the area over the bony prominence of the right hip is red and irritated, the nurse aide should report this observation to the nurse who can evaluate the patient's skin and advise the nurse aide of the next steps. The patient should be positioned so that no pressure is applied to this area because the patient may be developing a pressure injury.

36. D: If a patient's hair is badly tangled and matted, the nurse aide should brush the hair from the hair ends to the scalp, loosening the tangles and matted hair with as little force as possible. Though tempting, the nurse aide should never cut any of the patient's hair, even if the patient asks that the nurse aide do so. Only a licensed beautician can cut a patient's hair and only with permission of the patient or the patient's representative.

37. A: If a nurse aide student is going to observe the nurse aide giving a bed bath to a patient, the nurse aide should ask the patient's permission in advance and should respect the patient's wishes and any limitations that the patient requests. Even though teaching hospitals typically include the fact that patients may be observed by students in the notice of privacy practices, patients' wishes should still be respected as much as possible.

38. C: After bathing a patient, powder can be used to help prevent friction from two skin surfaces rubbing against each other. Areas that are often powdered include under the breasts, under abdominal folds, between the buttocks, and under the arms. Care must be taken to avoid the vaginal area or a heavy layer of powder because it may become caked and irritating, especially if the patient perspires a lot.

39. A: If assisting a patient to brush the teeth, the head of the patient's bed should be elevated to 75-90° because this lessens the chance that the patient could choke on fluid running down the throat. The nurse aide should place a towel on the patient's chest, dampen the toothbrush, apply toothpaste, and then gently brush all surfaces of the teeth, the top of the tongue, and the roof of the mouth (avoiding the back of the mouth because this may trigger the gag reflex). The patient then rinses the mouth and spits into the kidney-shaped basin.

40. D: With 24-hour time, 3 pm is recorded as 15:00. Twenty four-hour time is recorded with four digits, so 1 through 9 are preceded by a zero. The time begins at midnight (00:00 or 24:00) and increases by 1:00 each hour, so 7 am is 07:00. For afternoon times, the easiest way to translate standard time into 24-hour time is to start with 12:00 (noon) and add 1:00 for each hour, so 3 pm is 12:00 plus 3:00 which equals 15:00.

41. B: If a patient refuses personal care early in the morning, stating "I'm not a morning person," the nurse aide should ask the patient when the personal care would be convenient and try to accommodate the patient's wishes as much as possible. If the nurse aide has a busy schedule, the nurse aide may suggest options, such as "How about 9:30 or 10:00?" Although patients have the right to refuse care, the nurse aide should still try to come to a compromise with the patient and provide the necessary care.

42. A: Dysphagia is the term used to describe difficulty swallowing. Dystonia is involuntary muscle contractions that cause twisting of body parts or repetitive movements. Dyspepsia is indigestion, which may be caused by food or medications. Dyspnea is difficulty breathing. The prefix *dys-* in a word usually carries the meanings of bad, difficult, or painful.

Respuestas y explicaciones #2 (inglés)

43. D: The correct temperature for the water in a basin used for a complete or partial bed bath for a patient is 110-115 °F. Note that this is a higher temperature than what is used for a tub bath or shower (usually approximately 105 °F) because the water in a basin tends to lose temperature rapidly during the bathing process. When first starting the bath, check to make sure that the damp washcloth is not too hot for the patient.

44. C: If a patient is on a dysphagia diet because of the risk of choking, the patient should remain sitting upright after eating for at least 60 minutes. This reduces the risk of esophageal reflux, which can result in aspiration. Dysphagia is difficulty swallowing and may occur with a number of disorders, including stroke, Parkinson's disease, multiple sclerosis, muscular dystrophy, and cancers of the throat.

45. B: If a nurse asks the nurse aide to deliver a medication to a patient, the nurse aide should explain that they are not allowed to administer medications because it is clearly outside of the range of functions permitted to nurse aides. The nurse aide should remain polite but firm in refusing to deliver the medication because doing so could increase risk to the patient and could result in disciplinary action or loss of employment for the nurse aide.

46. A: The position that is recommended to prevent pressure injuries is the 30° lateral position. In this position, the pressure is on the fleshy portion of the buttocks rather than the bony prominence. The patient's knees should be flexed, and a pillow is placed under the head, between the leg, and along the back (a back wedge can also be used). Another pillow may be placed under the upper arm if needed for comfort.

47. B: If the patient's care plan states "Turn pt. q 2 h," this means to turn the patient every 2 hours. Common abbreviations include the following:

ac = before meals	Dx = diagnosis
pc = after meals	Hx = history
BID = twice daily	w or c̄ = with
TID = 3× daily	w/o or s̄ = without
QID = 4× daily	BP = blood pressure
HS = hour of sleep	NPO = nothing by mouth (nil per os)
q = every (q 4 h)	VS = vital signs (BP, TPR)
c/o = complains of	hr = hour(s)
stat = immediately	prn = as needed

48. C: If a patient has a feeding tube, the nurse aide may assist with feedings under the direction of the nurse. However, the nurse aide cannot do skilled nursing procedures, such as inserting a feeding tube, checking the feeding tube placement, or aspirating to determine the patient's residual stomach contents. If a feeding is inadvertently administered into the lungs, the patient may develop severe aspiration pneumonia.

49. A: If lifting a box from the floor, the nurse aide should keep the back straight, the feet at least 12 inches (or shoulder width) apart, bend at the knees (squat), and use the muscles in the legs to lift the box rather than the muscles of the back. The nurse aide should hold the box close to the body. Heavy lifting (including items, equipment, and patients) should be avoided if at all possible because it is a leading cause of back injuries to healthcare workers.

Respuestas y explicaciones #2 (inglés)

50. D: If the nurse aide observes another staff member going through a patient's personal belongs and pocketing an item when the patient is out of the room, the nurse aide should report the observation to a supervisor. Investigation and disciplinary actions are the supervisor's responsibility if a problem arises. The nurse aide should not confront another staff member unless what the staff member is doing is putting the patient at risk, such as if a staff member is abusing a patient.

51. B: If the patient's skin sticks to the sheets when the patient slides down in bed, this is referred to as shearing. Shearing causes injury to deep tissues because the pressure on the tissue causes the surface tissue to stay adhered to the sheet and the tissue underneath to separate and tear. Shearing is one of the leading causes of tissue breakdown and pressure injuries. Shearing is often combined with friction, increasing damage to the tissues.

52. C: A transfer belt should be applied when the patient is in a sitting position; it should always be applied over clothing and not against bare skin because it may cause irritation. The belt should be snug but not uncomfortable and with the buckle off-center in the front or the back. For female patients, the nurse aide should make sure that the breasts are not directly under the belt, especially if the patient has pendulous breasts.

53. C: If a patient weighs more than 200 pounds and must be repositioned toward the head of the bed but can only partially assist with the repositioning, the number of staff members needed is three to four. If the patient weighs less than 200 pounds and can only partially assist with the repositioning, two to three people are needed. If a patient is completely unable to assist, a mechanical lift may be indicated unless the patient is very lightweight.

54. B: If the patient's door is closed when the nurse aide arrives to give morning care, the nurse aide should knock before entering the room. Mornings tend to be noisy times, so the patient will likely be awake or have to awaken for breakfast, and the patient may have closed the door to keep the noise down. In some cases, staff members may have closed the door as well during the night to avoid disturbing the patient, so a closed door doesn't always mean that the patient does not want to be disturbed.

55. D: The most effective way to prevent the spread of healthcare-associated infections, such as *Clostridioides difficile* or methicillin-resistant *Staphylococcus aureus*, is to use proper hand hygiene, including hand washing and the use of an alcohol-based sanitizing rub, before and after contact with each patient. Most healthcare-associated infections are spread through contact, so standard and contact precautions are essential in controlling the spread of infections.

56. C: If a patient refuses to get out of a chair and the nurse aide grasps the patient around the waist and forcibly removes the patient from the chair, this could be considered battery. Threatening or attempting to touch a person without the person's permission is assault, so assault and battery often go together. It's important to get a patient's permission even though this may be difficult if the patient is confused. If the patient will not cooperate, the nurse aide should ask the nurse for assistance.

57. B: When washing the hands with soap and water, the nurse aide should lather the hands for at least 20 seconds. Washing the hands should include the area extending 3-4 inches above the wrists. The hands should always be kept below the elbows while washing and should not touch any part of the sink. The nails are cleaned by rubbing them against the palm of the opposite hand.

58. D: A safety check includes ensuring that the patient's water and call bell are within reach. The bed should be in a low position and the siderails should be up or down according to the patient's care plan.

Adaptive devices, such as hearing aids, glasses, walkers, and canes, should be within reach or easily accessible by the patient. The floor in the room and pathway to the bathroom should be uncluttered and unobstructed to reduce the risk of falls.

59. B: If a patient has violent restraints in place (indicated when the patient is actively violent toward the staff or self), the patient must be checked on at least every 15 minutes. Nonviolent restraints are indicated for confused/disoriented patients who are putting themselves or others at risk (such as mildly sedated and intubated patients who are reaching for their endotracheal tube or confused patients who are pulling out their IV or nasogastric tubes), and they must be checked on every 2 hours. A physician's order is required for the use of any type of restraint, and other restraint alternatives, such as treating pain or comforting the patient, must be tried before restraints are applied. The least restrictive restraints should be used and for the shortest possible length of time. Restraints may not be used for staff convenience or discipline, but they may be used to protect the safety of the patient or others.

60. A: If the nurse aide is taking routine vital signs for a 70-year-old patient, the vital sign that should be immediately reported to the nurse is BP of 176/100. The upper limits of normal are 140/90, so anything higher is a cause for concern, especially if this is a new finding. A sudden elevation of BP increases the risk that the patient may have a stroke. The nurse needs to assess the patient to try to determine the cause of the high blood pressure.

61. C: If a patient is being monitored for intake and output and drinks 6 ounces of apple juice, this is equal to 180 mL. In healthcare, the metric system is typically used instead of the imperial system (which includes ounces, pounds, inches, and feet) because the metric system is more precise and allows for easier measurement of small quantities, weights, and volumes. The Celsius scale, used for temperatures, is also part of the metric system, and it uses 0 as the freezing point.

62. D: If a patient is on the left side with the right leg flexed so the left arm and leg are behind the patient, this position is the Sims' (aka left Sims') position. The patient is generally placed in the Sims' position for procedures (such as enemas) more than in the lateral position, during which one leg is typically on top of the other. The prone position is the patient with the abdomen down, and the supine position is the patient flat on the back.

63. D: If a sign on a patient's door says "NPO" (from Latin *nil per os*), this means nothing by mouth. Patients may be restricted from food and drink for 6-12 hours before surgery or other procedures. The nurse aide should remind the patient and any guests or family members present that the patient cannot eat or drink because doing so increases the risk of aspiration if the patient is anesthetized and may interfere with some testing results.

64. B: The normal range for oral temperature is 36.5-37.5 °C. Temperature chart (normal range):

Site	Fahrenheit	Celsius
Axillary	96.6-98.6 °F	35.9-37.0 °C
Oral	97.6-99.6 °F	36.5-37.5 °C
Rectal	98.6-100.6 °F	37.0-38.1 °C
Temporal	99.6 °F	37.5 °C
Tympanic membrane	98.6 °F	37.0 °C

65. A: If a patient is to maintain abduction after a left hip replacement, this means that the patient should be positioned with the legs apart. Usually, a pillow is placed between the patient's legs when the patient is

in bed as a reminder to maintain the correct position. The opposite of abduction (away from the midline of the body) is adduction (toward the midline of the body).

66. C: When carrying out range-of-motion (ROM) exercises, the nurse aide should move the joint slowly and gently. The purpose of ROM exercises is to maintain function and to prevent contractures (such as after a stroke or injury), so the joint should not be forced past its normal range or to the point where it is painful. ROM exercises should be carried out on the joints as directed by the nurse, so not all patients will have ROM exercises performed on all joints.

67. B: If a person dying of cancer is withdrawn and refusing food, stating, "What's the point?" the most appropriate response is, "If you'd like to talk, I'll listen." The nurse aide should avoid making statements such as "I know how you feel" because that is likely not true and patients facing death may have a hard time looking at the positives or contemplating their life ahead. Encouraging patients to express their feelings may help to reduce some anxiety.

68. D: Muslim and Jewish patients often want to avoid eating pork because of religious restrictions, although what is true for the religion may not always hold true for the individual. Sometimes, family members are able to provide information about dietary restrictions if a patient is nonverbal and unable to communicate. Even if a patient is unaware of their surroundings, their religious beliefs should still be respected.

69. A: If an older adult patient is recovering from major surgery and the nurse aide notices that the patient has become slightly confused and agitated, the nurse aide should immediately report this to the nurse. Especially in an older adult, these may be signs of delirium. Other signs may include slow movement, drowsiness, incontinence, incoherent speech, and emotional changes. With delirium, symptoms may fluctuate.

70. B: If a patient is HIV positive, the nurse aide should use standard precautions. HIV does not spread through casual contact but rather through contact with body fluids, such as blood. Standard precautions must be used with all patients and includes wearing appropriate PPE when exposed to patients' bodily fluids. PPE may include gloves, gown, and face protection (goggles, mask, and shield). Standard precautions include appropriate hand hygiene and respiratory hygiene.

Pruebas de práctica adicionales

Proporcionamos tres pruebas de práctica adicionales para que las realices en línea, tanto en inglés como en español. Por favor, visita el enlace a continuación o escanea el código QR.

Español

apexprep.com/online387/cna-esp/

Ingles

apexprep.com/online387/cna-eng/

www.ingramcontent.com/pod-product-compliance
Lightning Source LLC
Chambersburg PA
CBHW060314240426
43661CB00059B/2763